潘军文集

第肆卷

中篇小说·长篇小说卷

文化藝術出版社
Culture and Art Publishing House

不惑之年（1996年，合肥）

潘萌十岁（1996年，合肥）

茂名笔会,与作家范若丁、文能、苏童、叶兆言、田瑛合影(1996年12月)

在北京牛汉先生书房（1998年夏）

在北京寓所（2003年夏）

在常熟柳如是墓前（2003年夏）

《秋声赋》手稿

《独白与手势》初版书影

《潘军文集》第四卷
目　录

中篇小说

秋声赋 …………………………………………………………… 3
我的偶像崇拜年代 ……………………………………………… 35
从前的院子 ……………………………………………………… 60

长篇小说

《独白与手势·白》 …………………………………………… 89
　　附录：
　　　《独白与手势·白》初版后记 ………………………… 305
　　　《独白与手势》（修订版）自序 ………………………… 307

潘军文集

第肆卷

中篇小说

秋声赋

　　我现在要叙述的是关于秋天和一个男人的故事。我公开剽窃古人遗下的这个优雅的标题，却无意去作一篇颂扬秋色的美文。我讲的这个故事像一堵土墙——没有人敢相信靠一堆泥土垒成的墙会经历几十年的风雨侵蚀而没有坍塌，然而事实就是这样。我们只知道泥土做成砖坯经过烧冶才可成为结实的砖，但我们至少是忽视了雨水照样能锻炼出坚硬的土墙，尽管理论上证明这一点尚有难度。于是我断然认为，某种时刻水火是完全可以相容的。

　　这个故事一点也不明朗，这或许与故事发生的季节有很大关系。我记忆中的秋天从来都是那么阴晦而潮湿。另一个原因，是构成故事的成分所致——它包括名义的乱伦与可能的通奸以及真实的自虐与死亡。与我以往的写作经验显著不同的是，在这个故事开始之际我便瞭望到它的结局。这让我很受折磨，我现在讲述它就是想摆脱心中持久的压抑，就像雨天回家急着甩掉一件雨衣那样。

　　我必须从很久以前说起。

1957 年

　　故事中的这个男人叫旺。这一年，旺26岁，却是菱塘村唯一的光棍。用今天的眼光审视，旺的条件其实一点不差。他身材高大，面目清秀，读过几年的私塾，会写对子，能算账。虽是孤儿，但经济殷实。土改时旺的成分划为上中农，田地虽归为公有，但政府没有没收他屋后的那片小桃林。旺本人的职业是以摆渡、打鱼为生。旺打光棍，在村里人看来是自小喝了那点墨水的缘故——旺总想找一个多识些字的女人。识字便会知书，知书也就达理。可是菱塘一带方圆几十里，又有几个断文识字的女人呢？关于这一点，我父亲的说法是另一个样子。父亲是在1957年秋天认识旺的，那时他正在主持石镇黄梅戏剧团的招生。有一天，一个书生模样的人夹着一根斑竹箫来了，这便是旺。父亲热情地接待了这个年轻人，让他放松地吹上一段。"他很腼腆，"父亲回忆起，"侧着身子对着我，最后还是用很足的中气吹了。"旺的演奏自然不成功，怎么听都不太对劲。后来我父亲发现，那根箫居然少了一只眼。我父亲认为，旺考剧团真正的目的还不是想来吹箫，他可能是指望日后在剧团内部找一个唱花旦的老婆。因为那天没有过关之后，旺不是低头就走，而是站在窗外认真地看着其他人的应试。父亲说："那时我就觉得，他一定是看上凤了。"

宽泛地讲，被称作凤的姑娘在那个年代也算是个票友。她是我母亲的崇拜者，而且胆大，时常开演之前就一直在后台看我母亲化妆。以后熟了，便去我家串门，捎上些当地的时令土产。我母亲并不怎么喜欢这个凤，但她无法拒绝凤的笑脸。凤考剧团目的很明确，就是想有一个文艺界的身份。她认为女人唱戏是最好的选择，用她的话说：上街冲开水，一路都有人看你。然而很不幸，凤的嗓子条件太差了，她是个左嗓子，这是无法矫正的。那时候干什么都还讲规矩，父亲自然没有同意。据说那天凤是一路哭回去的，倒也满足了她"一路都有人看"的愿望。

旺抢先一步回到了渡口。因为这个早上他是看着这个凤姑娘坐他的船的。但他不知道这姑娘与自己有一样的心思，也要去报考县剧团。现在旺仔细回忆着，觉得这姑娘肯定经常坐过他的船的，觉得她应该是河西陈家牌那一带的人。那可是个极穷苦的地方，解放前还时有歹人劫道。旺觉得奇怪，怎么以前就从没注意过这个凤呢？而更奇怪的是，他认为这姑娘唱得没有什么不好，只是拖腔有些飘了——凤唱的是《小辞店》的段子，是年轻寡妇夜盼情郎的内容，唱飘了固然不太好。于是就因为这一点的缘故，旺记下了凤。旺从堂房兄弟手里接过撑篙，又把这一天里摆渡的收入分一半给那人，想让他快走。那人却一门心事地向旺打听剧团是否要他？倘若要，旺肯定会从此把这条船交给他，自己去当正经的公家人。那人说：哥，你使这把箫比使这撑篙灵便。旺冷淡地说：我不会再吹箫了。说着果真把那支箫扔到了很远的水面上。堂房兄弟从未见过旺有过如此严峻的神色，便收起那把角子毛票离开了渡口。这个时候，旺才陡然感到了沮丧。这根箫是父亲手里传下的，两代人吹下来却不知缺了个孔？1957年这个秋日的黄昏，旺的心情与天气一样灰暗。唯一令他眼前偶尔一亮的，是凤姑娘那张白净的大脸盘。现在，凤来了。

凤的双眼都已哭得红肿，这使她没有心思去想摆渡的年轻艄公白天曾在剧团的窗外站过很久。对于凤，今天的打击是致命的，意味着终生梦想的突然幻灭。她明白我父亲委婉表达出的意思：不是她唱得不好，而是老天爷不想让她端这只饭碗。左嗓子好比胡琴没有调正弦，弓松了马尾，蛇皮开了口子。看着凤那副霜打的模样，旺感到心里生出了隐隐的痛。但这个腼腆的乡村青年不知该用何种方式去安慰姑娘。那时他更多的担心是河西那段小路不好走，天色将晚，那段路上有三里的乱葬岗和两里的茅草地，谁又能保证解放了没有歹人呢？

就在旺这阵担忧中，事情起了意想不到的转机。

那根被扔出去的箫，随水漂了回来，漂到了船边。凤发现了它，便挽起袖子将它从水中捞起。这时旺说：我刚才把它扔了。

凤这才慢慢想起，年轻的艄公白天也在剧团院子里露过脸的，就问：你考中了么？

旺摇摇头，旺指着往下滴水的箫说：我的箫少了个眼，吹不成调。

凤的心情开始好转，她说：可我觉得也很好听的，你再吹一段吧。

旺说：我不想吹。

凤说：你为我吹一段不中么？

旺说：你要吃鱼，明天我可以张网。箫我是不吹了。不吹它也饿不了肚子。

凤便不再劝了，叹道：我是真有好些日子没沾过荤腥了。说着，她又开始落泪了。这回她不是因为剧团落榜，而是感叹自己的身世。后来旺才知道，凤没有父亲，她不知道谁是自己的老子。她在三岁那年随娘嫁到陈家牌给陈大肚子做小。她娘出身青楼，无奈地怀上了这块药打不掉的肉。到了她十岁那年，解放了，第二年陈大肚子被镇压。眼下的光景是母女俩相依为命，日子倒也不愁过，可是娘与从前的相好还偷偷摸摸地来往，这让凤非常厌恶。凤考剧团，摆脱家庭应该也是一个原因——这是我的推断。在剧团无望的情况下，另一个途径便是嫁人。她很快就做到了。

我父亲至今固执地认为，遗传基因在这个叫凤的姑娘身上起着不可忽略的作用。他推测就在这天夜里，凤最终的选择是爬上了旺那张早已置办的新床。凤躺在年轻艄公怀里哭诉了自己的身世。几天后，旺到陈家牌给那位从前的窑姐送去了一大笔钱。那女人倒也爽快，没过多久就带着这笔钱和一个做茶叶生意的相好远走他乡，从此没有回来。父亲对这个构想甚为得意，很快将它写进了剧本。他惟一的调整是把旺送去的那笔钱改成了祖传的一对玉镯，但他没有料到当这台叫做《玉镯记》的新编现代戏上演三个月后，他因此成为"第二次深挖"出的右派。

不管我父亲的推断是否准确，有一点则是不容置疑：凤和旺睡到一张床上时，她还不满17岁。这是当时的《婚姻法》所不允许的。他们后来也没有补办什么手续，只是在村里摆了三桌酒水，由从前的族叔做了证婚人。不过从故事往下发展看，这倒也省去了许多的麻烦。

1960年

凤和旺过了三年没有怀上。

转眼旺已近了30岁，没有子嗣便是最大的苦恼。旺弄不清问题出在哪一方面，尽管凤一直是把自己看做不中用的女人。旺四处寻访了乡间郎中，替自己和凤不断地煎着中药，仍然是没有动静。日子一天天紧了，大食堂已于一年前熄了灶火。田里收不起庄稼，塘里也打不到一尾鱼，连树上的青毛桃也早早被周围的孩子全部偷光。旺舍不得去撵吓那些孩子，觉得这些孩子吃了他的桃好似嘬了一口凤的奶水——凤会有奶水么？他做梦都想女人那对并不算小的奶子里突然会射出一线白白的奶汁来。他想这第一口奶无论如何得留给自己。这种幻想竟使他变得有些疯狂，每个晚上他都要伏在那奶上认真地吮吸很久。有一天他突然惊叫道：甜！

凤苦苦一笑，摸着男人的脸说，是我抹了些甘油。接着女人坦白了一个惊讶的事实，女人说：旺，我不来红了。

旺开始是喜出望外，他知道女人不来红就是怀上了。但他很快明白过来，女人是因为什么而没来红。旺问道：几时不来了？

凤说：热天里就不来了。村里的女人都不来。

女人说着就抽泣起来，女人说：旺，村里的人差不多都肿了，已死绝了好几户，我没给你生养也算是帮你省了一张嘴。旺，你带我跑出这鬼场子吧！

旺说：一样的荒年，往哪跑呢？再说跑也得有脚力，我们能跑出十丈远吗？

凤说：我怕死呀，旺！

旺放平女人，劝道：不会饿死的，我地窖里还余了些细糠和桃干子，对付着越冬还行。熬到春上，草也就绿了，牛羊能吃的，人慢慢嚼下去也不会得病。兴许春上年成会转好一些。

旺这么劝着，心里也很内疚，觉得女人跟着自己遭了大罪。旺很想把家里几件还能值钱的东西一船送到石镇当掉，给女人换回一顿饱饭。可是这顿饭吃完，往下的日子该如何过呢？旺想着要细水长流，想着先是活命。这个家原本就少人，几代了，这个家不能再死人了。一个都不能死！

那天晚上旺就这么想了一夜。第二天一早，旺自己下灶间做了几个糠粑，把凤的那份里掺了些桃干，便匆匆去了船上。他想今天沿这条灵水河跑远一些，怎么说也得网上一碗小鱼小虾的，给女人补补身子。女人不来红还叫什么女人呢？那时分村里阴森森地透着凉气，没有人声，也根本没有鸡鸣狗吠，家家户户都闭着门。这是个有霜的早晨，东方不泛红晕，看来又是个彻底的阴天。旺缩着身子来到渡口，意外地看见一只灰鸟停在船头上，他一解缆，那鸟便扑扑地飞远了。旺看着这鸟飞翔的身姿，心情变得很复杂。他想世界上肯定没有饿死的鸟。鸟之所以饿不死是因为它有一对好翅膀，它总能找到吃的。可这只灰鸟为什么偏偏停在这儿，他感到困惑：这儿还有吃的么？那鸟的块头不小，模样有点像鹰，它到底发现了什么，还是飞累了，在这船上歇上一会？旺后悔手里没有网，要是一网撂出去，没准儿会把那鹰样的东西逮住，那可真不比一只鸡差呀！

旺惋惜地把目光从空中收回，收着缆绳向自己的船走去。这时，他又吓了一跳！他看见船舱里一堆稻草盖着一个孩子，大约四五岁的样子，看不出死活。原来刚才那灰鸟是在等这一口。旺揭开草，一眼看见这是个男孩，小鸡巴皱得像块老干姜。旺用手背放在孩子鼻孔下试了试，感到还有些暖气在慢慢呼出。然后旺发现了孩子贴胸的褂子里夹着一张草纸，上面写着这孩子的生辰八字，霎时就明白了。这一年里旺见到过不少死孩子，像这样还未断气的弃儿还是头回遇见。于是旺便拿出一块糠粑，用水化开，往那孩子嘴里喂。孩子很快脸上显了活气，肉也动弹了。等这块糠粑喂完，孩子便睁开了眼，但眼珠转动起来很困难。这孩子不哭不闹，也坐不起来，活像个木偶。他唯一能做的动作是咂嘴。旺把袋里的糠粑全掏出来，放到孩子手边，就把船调离了岸。这天风大，船虽无帆却能顺水淌得很快。旺只需用撑篙支配着方向。旺偶尔回过头看看那孩子，现在他已经坐在船的另一端吃了。旺看他时，他便停住。旺觉得自己有点喜欢上这孩子了，旺说：吃吧，都吃了。等船拐过河湾，那孩子突然站起来，扒出小鸡巴对着河水撒尿，居然撒得很远。旺看着那小指头一样的东西，心里说不出有多高兴。就叫他指头吧，旺这么想着，这算小名，大号得好好想想。

　　被称作指头的孩子到七岁那年才有了正式的名字。旺为此专门去了附近的农场，找到正在那里劳教的我父亲，谨慎地提出了这个要求：给孩子取个名，明年好送他进学堂。我父亲问旺，希望指头的名号含点什么意思？旺说：庄户人家，不指望有大出息，只要能生养接代，把日子过得红火些。于是我父亲张口就来：那就叫"火"吧。火就是生命。野火烧不尽，春风吹又生。"当我念白乐天这句诗时，"我父亲回忆说，"我发现旺的眼神有点迟疑。我想他可能很忌讳这个'野'字。"

　　1960年火还是指头，他活过来了，借助的倒不是春风而是几块糠粑。活过来的孩子和正常的孩子没有两样，他不认生。我想这不奇怪，那是个有奶就是娘的年月，那孩子的亲生父母也算是好眼力，把骨肉抱到了旺这条船上。这天，旺还是没有打到一鱼半虾。就在他沮丧地准备收网时，那孩子突然叫了一声，指着靠近岸边的草丛让旺看。旺顺着孩子手指方向看过去，很快发现那儿偎着一窝老鼠。旺迟疑片刻，对掌心吐了口唾沫，搓了搓，然后扭动身体一网向老鼠张开。那一网打起来的是七只老鼠，个个都比鸡巴粗。旺当时就把船停了，与那孩子在岸上起了火，支起陶罐烧了一罐开水，将七只老鼠全泡了。然后煺去皮毛，断其首尾，剖肚开膛，剔尽杂碎。整个过程和杀鸡宰鸭完全一样。这堆老鼠肉足有一斤多。旺小心地告诉孩子，回家后不许对娘说这是老鼠肉，否则连汤也不让他尝一口，孩子频频点头。旺摸着孩子的小鸡巴，说：叫我一声大，指头。孩子没叫，但他接受了"指头"这个诨名。1960年这个秋日，旺的脸上浮现出久违的悦色。他领着指头往回走时，西边露出了失踪一天的阳光，把男人和孩子轻捷的身影写在了地上。旺感动地看着这活动的影子，心想，身后跟着一个孩子终归比一条狗强。

那时候凤正在门口和一个鸡毛换灯草的货郎交谈，她想用一口破铁锅换取一只顶针，似乎是成交了。见旺远远走来，那货郎便摇着拨浪鼓离开了。凤这才注意到旺身后的孩子，便问是谁家的，她见着怎么眼生？旺把凤支到屋里，先亮出"兔子肉"，再把关于孩子的原委说了。凤一听就起了气：这是何年月，你捡什么不好偏要捡回来一张嘴？旺仍笑道：我还捡了根小鸡巴。不料这一说凤更伤心了，立即淌出眼泪。你这不是咒我不能生养吗？她哭诉着，你是想逼我死呀旺！旺用衣袖将凤的泪水揩了，旺说：凤，救人一命是积德。我们也不老，等年成好了，再生不迟。

门慢慢推开了，那孩子怯怯地立在门口，轻轻喊道：娘。

几十年后当我决定写这篇小说时，感到异常的困惑。五岁的指头只喊娘却不叫旺一声大，究竟因为什么？而且在以后的日子里，这个叫"火"的男人也从未称呼过他胜似生父的这个养父。他与养父平日的交往中用的都是含混的语气词，如"哎"、"嗯"之类。我在此提示这个细节，因为在我看来，它是对故事的某种暗示，而且还具有宿命的意味，这一点也不夸张。

1963 年

旺第一次对凤动粗还是在三年前的那个秋夜。起因不是那个捡来的儿子，而是一罐"兔子肉"。旺在这一天里是第二次下灶间，他用一口陶罐来煨七只剥皮老鼠。生铁锅里咕咕噜噜翻腾着开水，陶罐密封后塞进了灶膛，依靠着灭了焰的文火。不多时，鼠肉的香味便弥漫在三间宽敞的草屋里，让人直吞口水。兴许是这香味的诱惑，抑或是听见了一声渴望已久的"娘"，女人愁苦的心情在天黑之前渐渐有了好转，正着手用男人的旧衣给这孩子粗针大线地改件衣裳，她想饭后得给指头洗个热水澡，驱驱寒气。

旺没有料到老鼠的肉居然如此香美细嫩。他小心地尝了一口，恨不得把这一罐子肉全吃下去。旺不忍心留一半给下顿，就全端上了桌。他想明天再带着这鬼精的指头往灵水的上游走一趟，没准儿又能逮到一窝。

这无疑是个温馨的夜晚。一家两口现在变成了三口，还能吃上香味四溢的"兔子肉"。凤说：兔子肉真香呀，可就是个小，是奶兔子吧？旺点点头，说正好一窝，可惜大兔子窜了。凤便有些难过，说要不是碰上这样的荒年，哪忍心去害这小性命。旺说：吃吧，多吃些。说着就端起罐子把最后一点汤倒在女人碗里。指头差不多快吃光了，眼巴巴地看着旺。男人把目光飙了过去，心想这孩子肚子却一点也不比大人小。突然，他听见那孩子说了句：不是兔子，是老鼠。旺吓得一哆嗦，看见凤两眼发直，正一个劲地想呕吐。旺急忙抱住女人，另一只手紧紧捂住她的嘴，大喝道：不许吐！

凤挣扎着扭动身体，她已被旺反剪了双手。旺就这么同女人相持着，看见那孩子趁机已把凤剩下的肉和汤全吃了，旺气愤地骂道：婊子养的！指头自然知道闯了大祸，吓得躲到了桌子底下。

我现在写到这里，似乎还能记起一点指头小时候的形象来。大约就在1963年的春天，旺领着指头——那时他刚被我父亲命名为"火"不久，来我家询问关于进学堂念书的事。旺打算让指头进石镇的学堂，最好能同我在一班。那天外婆给我们蒸了一碗鸡蛋当菜，让我俩坐在水缸边上吃，拿缸盖当桌子。鸡蛋刚放稳，指头便将自己的饭卡到菜碗里，再用筷子一搅。那饭和鸡蛋搅到一块的样子十分难看。指头便是用这种方式占去了属于我的一半。多少年后我父亲说起这件事还感叹道：火这点精明全是饿出来的。

让我们再回到1960年的那个秋夜。凤终于没有把咽下去的老鼠肉呕吐出来，手臂的疼痛压制了肠胃的蠕动，以致后来给指头洗澡时都拧不干毛巾。凤没想到旺会这样对待自己，虽然她也知道男人是希望自己肚子里能多进一点油水，但她不能容忍旺骂她是婊子养的——她认定旺是在指桑骂槐，而她的确就是婊子养的。怀着这委屈，凤抱着指头早早上了床。她抚摸着孩子瘦弱的小身体，孩子却突然摸了一下她的乳房。凤愣了一下，把孩子往里边推了推，说你困吧。然而这出其不意的抚摸却唤起了凤对白天的遐想。那个贼眼溜溜的货郎进门东张西望查看旧东西，其实是侦察这屋里可有男人。凤一眼便识出这人的心术不正，可奇怪的是，她非但不讨厌而且似乎有意去等待着某种预想的结果。凤说：你看够了吗？货郎讪笑着应道：哪有够的呢？我在这地方先后跑了50里，还真没见过这等白的肉。凤说你少嚼舌根。货郎说：我晓得你身上哪块最白。说着就上手摸奶。凤打掉货郎的手，说：你滚吧，灶间有口破锅拿了去。货郎说：我这人天生就喜欢破东西。

　　现在，那耳熟的拨浪鼓又在村口响起了。这是1963年秋天的一个下午，天却仍有些闷热。凤刚刚洗完澡，她那23岁的女人之身经过一年好光景的调理，显得十分动人。凤没有生养，因此乳房还是那么结实，腰也未见粗。她的皮肤越发白皙，连她自己闲时也忍不住摸上几把。凤对身体唯一的不满意是嫌屁股小了些，她想这或许就是不能生养的关键。凤一想到这便生出了忧伤，从前她多少还怀疑旺那一方也有毛病，如今她相信问题确实在于自己。她和那个外乡的货郎偷偷摸摸地过了小一年，也仍没有怀上。凤和这人睡，最初的动意便是为了借种，以证实自己的有用，也好把这功劳记到旺头上。凤明白地告诉货郎，只要她怀上，就不许这人在菱塘露脸，否则便一刀剁了他的鸡巴。货郎自然满口答应，私下认为自己运气很好，一年下来女人居然毫无动静。但是事情渐渐就起了变化，凤很容易比较出来，外乡的货郎床上本事很大，是个调理女人的高手。凤觉得，离开这个男人也是一件困难的事。

　　那时候旺总是早出晚归，通常的情况下是天阴撒网天晴摆渡。网到鱼虾，便拿到石镇菜市上去卖，带着指头，差不多到天黑时才回到菱塘。所以只要是天阴，那外乡的拨浪鼓便在村口响了起来。

　　货郎把担子落在村口的茶棚里，喝上一碗茶后，便神不知鬼不觉地消失了。他隐身在凤屋后的桃园里，敲窗为号，再从灶间的后门潜入屋内。凤从来不许这个男人上旺的床，他们的行事一般都是在西屋指头的那张小榻上。这天货郎进来时，凤已经是光着身子躺下了。连日的晴天使货郎断了顿，掩上门便急不可待地想上身。而凤更希望男人先好好把自己浑身舔上一遍。凤说：你舔我，舔够了再许日。货郎反问道：你何曾舔过我？凤笑着说：你是臭肉，我是香肉。你今生莫作这指望。货郎自然不计较，认认真真做了起来。凤享受着这美妙的时刻，又想，自己从未要求旺这么来过。旺太斯文,做什么都一板一眼,凤觉得说不出口。旺做这事每回都要吹灯。凤的心情有些复杂了,她知道这么做很对不住旺,可身上这狗男人就是比旺做得精细,做得有劲,做得让她舒服。

这个时候,门突然开了,门口站着背着书包的火。

凤和货郎都惊吓得说不出一句话,只顾扯着被子遮身。然而火没有言语,低头退了出去,还把门带上了。凤这才后悔自己的大意,如今这个叫火的儿子上学了,回家没有准时辰。紧接着,女人害怕了,抖抖瑟瑟地穿上衣服,捂着脸哭了起来。

八岁的一年级学生火从进学堂第一天起就憎恨念书。他是班上年纪最大、个头最高、也是坐在最后一排的学生。他还是这班上唯一的乡下学生,老师们好像都不喜欢他。上学一个多月,他没有站起来发过言,也没被叫到黑板上去写过拼音。火感到有压力,感到自己是一只杂毛鸡混在鸟里。这天上课,老师说到了吃,就让同学们挨个说出一样好吃的东西来,不许重复。鸡、鸭、鱼、虾、肉、蛋、梨子、桃子、桔子、柿子、西瓜、冬瓜、黄瓜……好吃的差不多全被说光了。火坐在最后,轮到他,他说:老鼠。大家哄堂一笑,老师也笑了,就问:老鼠能吃?

火坚定地说:老鼠好吃!

老师大声说:不对!

火当时就委屈地哭了——我记得非常清楚。到了第二节课,火的影子便不见了。我想事情可能就发生在这个下午。火没有像平时那样,散学之后去菜市上找旺,径直回了家。

那个下午后来火就坐在渡口,看着天一点一点黑下来。然后他看见了旺用扁担挑着空鱼篓的身影,火便把泊在岸边的船撑了过去——这是他头回摆弄这船,却一点不显手生。旺看清了儿子,顿时有了意外的激动。这孩子长大了,长得比树还快。指头,旺说,他又改口说:火,把篙子给我。

火没给,却从怀里拖出了一条大黑辫子,递到旺手上,火说:娘走了。

旺还没来得及反应,又听见儿子说:娘跟摇拨浪鼓的走了。

1973 年

我再次见到火是在十年之后。旺盖了新屋，我父亲让我代表他去菱塘送一份贺礼。那时我已念高中，身体也开始了发育，很愿意像个大人似的到处走走。我当然也想见见火——这个只和我一起念过半年书的同学。自从凤随外乡货郎私奔后，不久火就辍学了，对此旺特别伤心，曾用竹梢子狠抽过儿子几回，可是火仍是憎恨念书。有一回旺对我父亲说，他是一心想让火念出书的。胸无点墨之人日后谈何出息？旺这么感叹道。这使我父亲很有些尴尬，因为当初旺前来替儿子择名时，并没有表达这个深层的愿望。我父亲这人虽然上过外国佬的教会学校，但骨子里十分迷信。他认为一个人的名字差不多就是一个人的命运缩写。比如说凤。凤总是这山望那山高，总是择良木而栖。所以凤的结局我父亲似乎一点也不意外。我父亲私下后悔没有给指头取名为崇文、志学之类，但他沉思片刻之后，又这样劝了旺并为自己开脱：如今不是唯有读书高的年月，你看我，头上这顶右派帽子还戴着，运动一来便躲不过。人各有志，就别难为火了。

这以后火就顶上半个劳力，随旺行船了。撒网、扳罾、摆渡，样样在行。然而旺的内心是不满足的，他对这个儿子缺乏文化深感失望。多少年后，当我和年迈的旺坐在一起喝茶时，老人仍这么叹道：火要是多念上几年书，兴许就能做个国家人了。火到底是哪根狗鸡巴日出来的？现在我对自己的推测显得很有信心，我大致能猜出那些年旺的心思了。

1973 年的秋天难得一个好天气，我在菱塘渡口见到了阔别十年的火。这个比我大两岁的伙伴却比我高出了一头，成了十分魁梧的男人。他首先认出了我，并说我和小时候的变化不大。这话让我觉得他更像个成人，而且我竟有些莫名的自卑了。火手持撑篙，左右开弓地行船英姿成为我记忆中那个秋天里最为亮丽的风景。我现在写着这篇小说，火这个年轻艄公的形象依旧那么鲜活，然而又有几分潮湿。

旺盖了当地称作"明三暗五"格局的房子。这房子让人刮目相看，主要是外墙四壁一色的青砖到顶。因为只有经济充足的人家，才可能摆出这种架势———一般人家只用半截青砖，另半截用土砖。而且除了盖房，旺同时还另请木匠重新置办了一房家具，采用的式样全是那时石镇刚刚开始流行的大衣柜、五斗柜之类。这分明是打出了一张广告，旺要替火操办婚事了。那年火18岁，也没到法定的结婚年龄。果然没有多时，上门提亲的人渐渐多了——这是我后来知道的。

那次我在菱塘住了一夜。城里人文化人这种双重身份使我处处受到最高的礼遇，而我送来的不过是我父亲书写的一副楹联。这些年我时常想，我们家对旺一家人并没有什么实际的帮助，充其量不过是替他在石镇办事找些门路而已。然而旺的回报很厚，每年的端午、中秋和春节，他都会送来几尾鲜活的鱼。送来了也就坐上一杯茶的工夫。我父亲能做的，是在剧团演新戏时给旺送去两张戏票——他的用意很明显，希望旺尽早找个伴。凤飞走的那年，旺不过30出头；即使在十年后，他也不老。旺这么些年带着火独处下来，在我看来是个谜。

我是个睡觉认床的人，凡睡另床的第一夜总是要折腾到天亮。那天夜里我与火同宿一屋，我睡在给他预备的、尚未油漆的新床上，他仍旧睡从小的那个小榻。我们说了一会话，火便哈欠不断地上来了。于是我也不好意思再说，就吹灯睡了。我翻来覆去，火已经鼾声如雷。我在想着明年高中毕业将要下乡插队的事，火或许就在梦里寻他的媳妇了。我总觉得火要结婚是一件不可思议的事情。那时我虽然也对异性有所渴望，但对结婚这个具体行为想都不敢想。

半夜里，发生了一件事。

隔着蚊帐，我看见旺掌灯轻轻推开了这扇门。他大概是起来上便桶路过这边，顺便进来看看。旺先替我压了压帐子，又检查了火榻边的蚊烟，正欲离开却又停住了，旺看着熟睡的儿子，竟慢慢把他贴身的短裤扒开，似乎要查实那地方是否生长了阴毛。那地方的确也显出了一块浅黑，旺这才满意地笑了。我隐隐约约听见了他的自言自语，他说：总该作用吧？然后他就离开了。这件事当时我觉得很好笑，事隔25年，再想便有点沉重了。我想旺对传宗接代的生育繁殖渴望到了极限，居然感到了一种巨大的恐惧。这种意识根深蒂固，也使他对这个不是自己鸡巴浇出来的儿子格外地宽容了。这个儿子虽没有一颗孝心，但有一副健康的身体。

新屋落成不久，旺便开始替火相媳妇了。然而这件事的进展很不顺利。上门提亲的那几户，旺都看不中。旺又一次采取了十几年前的老尺度，不过也略有调整，要实际得多。从前他向往女人有城里人的气味，向往女人的能歌善舞，向往女人的眉目传神，甚至向往女人的多愁善感。现在这些都已不构成主要的条件。旺要求的其实也就两条：有文化，身体好。他还委托我父亲帮他留留心。我父亲却有些诧异，质问道：你何必要求女方有文化呢？言下之意是：你那儿子又有多少文化？旺听懂了，旺说：火没念到书，要是女方也一样睁眼瞎，日后生出来的人还是一样烂在田里、淌在水上。"旺重重叹了口气，"我父亲回忆道，"在那个瞬间我好像发现这个男人一下老了许多。"

1973年的秋意日渐浓了，黄叶漂满了灵水河。盖房的劳累与替子相亲的烦恼使旺生过了一场大病。他明显地衰老了。旺新置了一条船，又养了三只鱼鹰，让火每天出去捞捕。他自己只想守着这个陈旧的渡口。那些日子正学大寨，菱塘村的主劳力都抽到后山开山造梯田去了，渡口显得十分的清冷。旺便横生出几分的孤寂，有一天，他找出了从前的那根斑竹箫，从容地又把它吹响了。不成调的箫声似乎产生了格外的忧伤，旺半闭着双眼，脑中又浮现出十几年前渡口的那一幕，凤的形象仍然那么的生动，仿佛伸手可触。凤与货郎那点事，旺其实早已看出来了，但他没有料到凤会随那外乡人飞走。旺没有惊动凤，私下也是因为怀疑自己的生育能力。旺算不上烈性汉子，但却有着惊人的忍耐。

有人要过渡了。

是个看上去20上下的姑娘，剪着齐耳的短发，穿一件暗红格子的衣裳，脚上还是凉鞋，但又穿了袜子。这个发现给旺带了一点愉快，因为这一带的姑娘穿凉鞋是从来不穿袜子的。

旺问道：过渡么？姑娘？

姑娘说：我想听你吹箫。

这又让旺感到惊讶，这一带的女人都认为这是笛子，她们从来就不知道"箫"。不用说，旺对这姑娘产生了好感，就又问，姑娘，你叫什么？

姑娘说：我叫霞。

旺拾过一根树枝递给姑娘，说：你写给我看看。

于是姑娘就在地上写了个"霞"。

旺满意地笑了。这一带的女人有几个能写得出这一堆笔画的"霞"呢？

1973年这个秋日下午，旺在渡口与陌生的霞姑娘进行了热烈而认真的交谈。他很快了解到，霞是后山刘湾人，小学毕业，今年21岁，而且待字闺中。然而问及霞的家庭，姑娘便不言语了。几天后，旺托人打听到，霞是地主刘双秀的小女儿，前些年"文化大革命"正热火时，红卫兵从刘家抄出了一张作书皮的委任状，于是刘双秀又成了现行反革命被公安逮捕，一判就是十年。

又过了几天，旺去刘湾上门提亲了。我父亲认为旺是经过一番思想斗争才决定下这着棋的，因为那是个极端黑暗的年代。而我对此持异议，我认为这是旺的个性所致。即使面对黑暗，人的态度也是大不相同的。有人敢于反抗，有人逆来顺受，有人忍耐，也有人视而不见。对于一个盲者，黑暗的意味又是什么呢？

旺很顺利地结上了这门亲。

据说火不满意。火嫌霞比自己大了三岁，又嫌霞屁股太大，"像稻箩一样"。旺并不感到生气，旺看中这个霞自然与这屁股有关的。没过几天，旺就代表儿子去公社把结婚纸裁了。办登记的人开始不同意，说火的年龄还差一岁多。旺便给那人带了一篓大鲫鱼，解释道：女方年龄超了，来回扯扯，就不差了。于是这门婚事就这么扯平了。

1975年

这年春节过后，我便经过联系来菱塘插队。其时霞刚刚生下一个八斤重的儿子。所以给这孩子取名的任务，旺郑重地交给了我。而我已摸透了旺的心思，就给这孩子命名为"书"。但是旺觉得"书"与"输"读音一样，让我再想。我正动着脑筋，这时听见霞说：就叫"平"吧。平平安安的"平"。霞这么说着，两眼很快就湿润了。这一刻屋里变得特别安静，好像连空气也重了。旺点点头，脸上的笑容已敛了去，旺说：就叫平，平安、和平，好。

霞这次给我留下的印象很深刻。我觉得，霞不像个农村女人，尽管屁股大了些。她算不上漂亮，但一双眼睛很有内容。霞平时不爱说话，要说也十分简洁。这个年轻的农家媳妇也谈不上是"王谢之燕",但言谈举止中总还沾有一点大户习气,比如说她总是愿意在玻璃茶杯上盖上一块手帕,在椅子上加放一块花布角对成的坐垫。桃花开时,她每天都要采回几枝插在瓶里。她还把那根箫挂在墙上,并在箫的末端拴上了红毛线编成的缨子。霞从不当人面奶孩子,也从不在白天去倒马桶。总之,在我眼中霞至少看上去像个城里人。我甚至这么嘲笑过火:人家哪点不强似你呢?屁股不大,能给你生出八斤的儿子吗?那时火已感到很幸福,一直是笑而不答。我父亲后来多次表示旺这着棋走得不错,他又抖落出解字的老套子,说:霞为火之形,火乃霞之神,形神兼备,这缘分倒也是前定。可实际呢?

我不知该怎样来表达旺对孙子平的喜爱。这孩子实在是可爱,白白胖胖的小身体,胳膊腿像莲藕一样。圆圆的脸圆圆的眼睛,一头乌亮略稍卷曲的头发,两片红润的嘴唇。而且这又是个聪明的孩子——看出来的聪明,他的眼睛跟着霞的手指灵活转动,到了这年秋天,学语的平可以摸着墙壁移步了。而旺更多的是把孙子扛在肩上,有时候孩子撒尿了,做爷爷的也不落下。这年旺42岁,是菱塘村最年轻的爷爷。菱塘这一带的方言里,对爷爷的称谓实际唤作"爹爹",而对父亲的口语表达又很丰富,可以喊"大",喊"伯",也可以喊"爷"。霞来菱塘后,对旺称爸,这是历史上的第一回。霞想把"爹爹"纠正为"爷爷",但是火不同意,火说:这么一改不就乱了吗?霞说:不改才叫乱呢!说着就拿出字典来验证,刚查着又合上,这时她才记起年轻的丈夫只会算账却认不了几个字。

火至今没有喊过旺一回"大"或者"伯"的。霞过门不久就注意到了这个事实。有一回,霞在床上问男人:我怎么从来没听你喊过爸呀?

火没有言语,装作没听见。

霞便有些困惑,还是追问。火这才冷冷地说了句:他不是我大。

这天夜里火简单地对女人谈了自己的身世,女人感到吃惊,表情却十分复杂。最后女人说:火,你这养父可一点也不比生父差呀!

火说:我晓得,可我喊不惯。

自从有了平,火便随儿子喊旺作"你爹"——你爹呢?到你爹那儿去,让你爹带你玩。霞这才觉得舒服一些。我一直认为,火那天夜里的轻描淡写是霞认识旺的真正开端，她对旺的敬重由此产生。但是后来的事实证明，我的判断是过于肤浅了。

这年秋天最后的日子发生了一件事。是公安局来了通知，说现行反革命分子刘双秀在服刑中意外死亡，让家里派人速去劳改农场收尸。霞的哥哥远在新疆教书，姐姐又要伺候长年瘫痪在床的娘，这收尸的事便落到了她身上。霞接到通知时并没有表现出过分的哀痛，她琢磨着怎样才叫"意外死亡"。那时候旺已经在安排木匠赶制棺材了，他这样劝着儿媳：人都得走这条路，这一走也就了了。

第二天天刚蒙蒙亮，白坯的棺材便抬上了那条旧船，旺和霞上路了。那时分灵水河的两岸都是静悄悄的，河面上散落着芦花，情景煞是悲凉。旺使劲撑着篙子，他们要逆水行舟30里才能接近那个劳改农场。不多时，船把菱塘村甩到了身后，水面也豁然开阔了许多。旺这才对儿媳说：霞，想哭就哭吧！

于是霞的哭声惊起了芦苇中的点点白鸟，它们在人的上空盘旋一圈后，向明亮的地方飞去了。这是1975年秋天里一个寒气浓重的黎明，我能想象出它的颜色和它的表情，我从中再次听到了那根少了一个眼的斑竹箫的阵阵悲声。很多年后，当我决定当一名电影导演时，我便时常想到这个逝去已久的黎明，它像一张负片的效果呈现于我的眼前。

河水悠悠，然而霞那时还不知道，她的父亲刘双秀就淹死在这条河的上游。当霞得知父亲是落水而死便感到十分惊讶，因为父亲是懂水性的。直到1980年的秋天，县法院才寄来一张纠错说明，那上面用简单的文字改变了对刘双秀死因的说法，指出：因抢救国家财产不慎身亡。那张纸同时也表示，刘双秀的现行反革命罪由于缺乏有力的证据，不予确认。而这一天，差不多就是刘双秀十年刑满释放的日子。我十分的不理解，既然那个刘双秀是"因抢救国家财产"而死，为何不说"不幸身亡"而要用"不慎"呢？这一字之差却是天壤之别，因为它意味着该由谁承担责任。再有，"由于缺乏有力的证据"一说是何意思？是否认为那张用于包书的委任状还算证据之一呢？还有，那需要用人命抢救的究竟是什么样的"国家财产"？关于这一点，当时任何方面都没有更多的解释。1993年，当我重返菱塘着手写一部长篇小说时，霞才告诉我事情的真相。原来那所谓的国家财产只是一堆牛吃的干草。消息来源于当年同在那个农场劳改的犯人,他也曾参加了抢救,他说山洪冲走了草垛,犯人们下河捞草,湍急的河水把人和草搅到了一块。

霞叹了口气,想说什么却终于什么也没说。那时的霞已有些衰老了。

那年秋天,旺和霞往返用了四日。等他们安葬好刘双秀回到菱塘时,家中的平已经高烧了两天。平染上了急性肺炎,正在石镇的医院注射链霉素。孩子的病起因是受了风寒,为此,他们夫妻发生了一次激烈的争吵。霞责怪火没有带好孩子,一定是只顾自己睡了而忘了给孩子盖好被子。看着孩子青紫的屁股布满了针眼,霞气得骂出了一句粗话:就顾着自己摊尸!

火也跳起来骂道:我摊尸?你老子才摊尸呢!

这句话无疑刺伤了正值丧期的霞,她浑身抖瑟得说不出话。这时旺走了进来,扬手就对儿子一耳光,骂道:你是吃屎长大的?滚!

那天夜里,火到我这儿住了一宿。我也说了他几句。我说你无论如何得向霞认个错,这句话确实太伤人了。火望着煤油灯,答非所问地说出了一句没头没脑的话,他说:霞看不起我。这很让我意外,我说:她看不起你还能做你老婆,给你生儿子?火重重叹了口气,眼睛也跟着潮了。这句话当时我并没有往心里去,好几年后,当这一家出现惊心的一幕时,我才蓦然觉得火所吐露的确是肺腑之言。

平的病不多天便好了。但是,这个病过一场的孩子好像一夜间改变了模样,很乖,很腼腆,也不整天呀呀个不停,像个懂事而胆小的女孩。起先大家都没有当回事,只觉得是尚未复原的缘故。有一天吃中饭时,家中的那只大花猫突然挠翻了热水瓶,发生一声爆响。大人全吓了一跳,只有平若无其事地在一旁玩着皮球。霞立刻意识到了什么,便抱起儿子喊道:平,亲亲妈妈!平不理睬。霞又高声重复着,孩子仍然毫无反应。霞一下就哭了。

第二天石镇医院证实:平因注射链霉素的副作用导致了失聪。

1977 年

三代人出门求医已过去了一年多。所到之处差不多都是一样的回答:这种药物导致的失聪目前国际上都无法治愈,只能面对现实。而现实就是这个活泼的孩子已成了聋子,也就和哑巴没有区别。医学现在能够证明,人类没有天生的哑巴,都是因先失聪而后失语。所以从前的那些聋哑学校今天都改成了聋人学校。当一个孩子在没有掌握语言表达能力之前而失聪,那么这孩子自然就成了哑巴。

平掌握的语言只有"妈"和"爹"。平还没有来得及喊"大"就因火的疏忽患病失聪。在霞看来,这似乎也是一种报应。这报应是双重意义上的,其中包含着对火忘恩负义不尽孝心的惩罚。我时常想,霞对火的怨恨从平失聪那时起实际上就形成了。但还没有达到厌恶的程度。这一点,旺是很容易发觉的。于是在火离家打鱼的时候,旺总要对霞劝上几句。旺说:毕竟夫妻一场,这事就带过吧。趁着年轻,给平再添个弟弟妹妹。霞不吱声,默默地淌着眼泪,把平搂得紧紧的。

到了这年秋天,霞又产下一子。这回她给儿子取名为二平,于是原来的平便成了大平。从这时起,大平和爹爹睡一张床了。无论是对长孙的关注,还是对残疾人的同情,旺对大平都看得格外的重。健康的人对残疾人的观察角度一般都是变形的。在旺眼里,大平对事物的反应十分敏捷。或许是这孩子失去了听觉,所以他的视觉功能异常突出。一根针落到角落里,他很快就能找到,而他替霞穿针引线也只是眨眼工夫。这个失语的孩子每天对旺只吐出一个含混不清的"爹",而这一字千金的呼唤足以暖热旺那颗日渐衰竭的心了。尽管这两年里跑过不少医院,失望而归的旺对孙子治愈的信念都不曾有过动摇。旺总觉得这孩子命中是不该聋哑的。他依稀记起"文化大革命"那阵子,有一部《无影灯下颂银针》的电影,讲的就是用祖宗的针灸使聋哑人开口说话。片中还唱着一首嘹亮的歌子,头句就是:千年的铁树开了花,万年的枯枝发了芽。旺怀疑铁树开花和枯枝发芽,但他相信孙子终有一日会开口说话。这不移的信念使这个中年男人变得兴奋而固执,他决定上北京一趟,去找中国最好的医院,寻最好的针灸医生。

第二天,旺在饭桌上宣布了这个决定。火立刻就反对,火说:聋哑是治不好的,就死了这份心思吧。这一年里也不知花了多少冤枉钱。旺说:我不花你一个子。霞当时在里屋给二平喂奶,外面的话她都听见了。霞也知去北京不会有意外的结果,但她明白这次出门与其说是给儿子治病,倒不如说是为公公寻医。而且她实在听不下去丈夫对钱财的计算,好像大平不是他的儿子似的。于是霞出来说：爸，去吧，我随你去。

旺摆摆手说：二平离不开身，就我和大平去，你放心。

霞说：我带着二平。我嫂子娘家在北京，有个熟人要方便些。

火瞪了媳妇一眼，想说什么，却被一旁的大平出其不意的一声"爹"给打断了。

几天后的一个阳光明媚的早晨，两个大人带着两个孩子上路了。他们将从石镇坐汽车到省城，然后再改乘傍晚发出的那趟直达北京的火车。旺在那一天里心情特别好，就像一个在大漠里跋涉的旅者突然发现了绿洲那样，阳光里的旺显得激动而精神抖擞。但他不知道这时自己离命运的阴影只有一步之遥。

我此刻在北京的寓所里写作这篇小说，已是20多年以后的事了。我越往下写，心情就变得越沉重，也越发复杂起来。几个小时前我在靠近什刹海的一条老胡同里闲逛，没有人会注意我这个外省人在想什么。我在想这附近的一座聋人学校。去年的秋天，我为一家影视机构拍了部电影，讲叙的是一个乡下老人与城市孩子短暂而欢乐的相处。剧中的孩子就是个十岁的聋人，小演员便是由我在这所学校挑选的。最初，制片商主张用健康正常的孩子来模仿饰演，他担心沟通的困难会使拍摄进度延缓。而我坚持要用聋人，我说：不是任何东西都可以模仿的，你能模仿聋人的心灵聋人的感情吗？那天我来到学校，一眼便注意到了靠窗的那个孩子。我从这孩子难以察觉的忧郁表情里发现了大平昔日的面容，继之想到饱经沧桑的旺……

我已经在台灯下静坐很久了，几次把笔提起来又放下。望着烟缸上燃烧的香烟，我开始意识到，这个故事往下发展有多种的可能性，因为素材本身充满着矛盾与悖反，而且隐喻与暗示的指向也十分难以确定，比如已经出现的那把少了一只眼的斑竹箅。所以我必须申明，我只能做出一种朴素的选择，而把另外的选择留给我的读者。

这天，他们来到了北京一家著名的医院。办完挂号手续，一位看上去很慈祥的女大夫接待了他们。与以往不同的是，这回一见面旺就说大平能说话，只是打错了针。大夫迟疑地看着。为了让大夫相信，旺打着手势比划，让大平来喊自己。结果孩子还真的喊了一声响亮的"爹"。大夫也真有点意外，但她还是耐心地说服着旺。大夫说，像这种耳膜高度损伤的情况，靠针灸也是解决不了的，倒可以借助先进的助听仪器来提高一定的听力，但目前国际上的研究还有待发展，中国就更谈不上了。刚刚粉碎"四人帮"，一切都得从头来。大夫建议说：你们夫妻最好把重点放到孩子的口型练习上，模仿口型实际上是在帮助发音。你们夫妻对孩子……

旺打断说：我是孩子的爹。

大夫说：是呀，我没说错，你们夫妻……

霞插言道：大夫，这是我公公。我们那边的"爹"不同于这边的"爹"，是爷爷的意思。

大夫这才醒悟，红着脸说对不起。

往往就是这样，人的心如同一根弦子，不经意地拨动了，便会产生震颤。女人更是如此，因为女人的心更敏感也更细腻。这个女人就尤其如此了——我甚至可以把一种假设追溯到1973年的那个秋天，霞去灵水渡口安静地听着刚刚步入中年的旺吹箫。那忧伤的箫声唤起了霞对狱中父亲的思念，也唤起了对自身命运的感叹。在经过短暂接触后，霞实际上对面前这个如父如兄的男人也产生了好感。所以几日后当她在厨房里得知是旺来提亲时，最初的一刻竟以为自己将以身相许的人就是那个沉着清秀的艄公。她凭女人的直觉感到，这是个可以信赖可以依靠的男人，尽管比自己大了整整20岁。霞读过孙中山和宋庆龄的故事，就不觉得十分意外。况且那时的境遇也容不得她多作挑剔。但是，这个男人是为18岁的儿子来提亲的，这倒成了真正的意外。

然而霞还是同意了。她根据什么决定自己的终身大事，我想原因不会太简单。这其中是否也包含着已形成了的对旺的眷恋与信任？为什么霞在那根箫上缀上红缨子并一直将它挂在自己屋里？更奇怪的是，这个叫平的孩子一生只学会了喊"爹"喊"妈"——霞会怎么想？霞从中得到的又是怎样的慰藉？

我不认为我的解释是牵强附会的演绎，我会逐步证实我的假设与推断。

可以想象出北京的那几夜霞内心的不平静。这个女人此时已明确地站到了两个男人之间。她敬重这个并不老迈的公公也就意味着轻视那个小于自己的丈夫。所以本质上这是一个女人对一个男人的敬重，其中的同情与爱怜是无法剔除的因素。事实上，这个女人已在虚妄中与渡口吹箫的艄公温情地度过了多年。

在返回的火车上，霞注意到了旺的一个变化。他没有像来时那样把大平抱坐于膝，而是让孙子隔在了他和她之间。火车在动人的激越音乐中缓缓驶出了北京站，旺便和衣假寐了。男人有意的回避反倒向女人泄露了心思，霞仿佛得到了某种印证，女人的心像突然打开了一扇窗似的射入了强烈的阳光，一种前所未有的温暖正紧紧逼近了身体。

1978 年

我在菱塘插队的那两年经常去旺家吃饭。旺与我家走动多年，实际上我早已把他看做了一位亲戚。早先，凤没有私奔时，我喊旺叫姨夫。后来凤飞走了，我便改口叫叔了。我母亲把我联系到菱塘用意很明显，就是图旺一家人对我的照顾。有一个时期，那是 1977 年的下半年，我被借到公社中学教英语。大概每个周末我都去旺家吃顿晚饭。有一天我去的时候，家中就只有霞在收拾屋子。她当时坐在旺的床上，正注视着一根辫子——我还以为是她的，就说：这么好的辫子真不该剪。霞显得有点慌张，说这辫子不是她的。说着便匆匆将那根辫子重新包入一块红布，塞进了垫絮下。我这才意识到辫子可能属于一个叫凤的女人，但我已经记不起她的形象了。后来霞认真地告诉我这件事千万别说出去。霞说：我是无意翻到的，大平尿了床，我晒被絮……

霞拿出北京带回的香烟招待我，又问我：男人是不是都喜欢梳辫子的女人？我说我是喜欢的，我还说我喜欢电影《苦菜花》里娟子留辫子的样子，后来剪掉就觉得不舒服了。说着，我突然意识到不对，就解释说：我不过是随便说说，不是说你留短发不好。霞笑了一下，说：我如今想留辫子也迟了。

但是她还是留了。在我离开菱塘去上大学的时候，她的辫子差不多到了腰间，只不过没有放下来，而是编好之后盘在头上。这个 26 岁的女人其时已是三个孩子的母亲了——她又生了个儿子，取名三平。关于这个孩子，我印象中她是不想再要的。我记得有一次火大发脾气，把一面穿衣镜给砸了。那天我刚从学校回来，想收拾行李回石镇准备参加第年的高考,火气冲冲地来了,要我把住处的钥匙给他。他说:老子不与她睡了!我弄不明白这小两口究竟因为什么闹翻了,霞这才刚刚出远门回来。我就说:有什么好吵的?小别胜新婚嘛!火便气更粗了,说:什么新婚?回来就让老子戴套子!那东西是人戴的吗?

  因为避孕,他们闹成了这样。然而春节过后不久,霞的肚子又显了。我父亲认为,霞这都是为了满足旺的心愿,旺这辈子就想着儿孙满堂,从前那些年他太孤单了。我想这大约不错,但我没有料到这个三平在腹中就惹下了许多麻烦。那时农村正抓计划生育,霞再度怀孕的消息一经传出,公社的干部就上门了。先是罚款两千,旺二话没说,把钱码上了桌。接着是谈人流,公社干部让霞第二天就上医院。旺还是二话没说。但是翌日一早他就让媳妇随船走了,不知把女人藏到了什么地方。旺在这条河上跑了几十年,谁也无法知道沿岸有多少他的朋友。这个秘密旺对谁也没讲,包括儿子。他担心贪杯的儿子会不慎泄露,只说:等生下来了,我俩去接。旺的举动被视为对抗基本国策,他不仅再次受到罚款而且还在公社关押了七天。

  多少年后,我父亲才转告我,那个早晨旺逆水走了十几里,把霞交给了一个花容不再的女人,就是凤。这真令我难以置信。"我也是很迟才知道的,"我父亲回忆说,"但我弄不清这两个人是何时重逢的。"凤自从与外乡的货郎不辞而别后,有过一段欢乐的时光。后来货郎患上了肾病,这好日子就到头了。1993年我回到菱塘,一个秋阳软软的下午,霞曾与我有过一次长谈。她提到了1978年春天的逃亡生育,但更多的是对凤的印象与感激。霞说凤与她的想象很接近,只是比实际年龄显得老一些,看上去像一个在幕后帮腔的过时演员。她是一个得男人喜欢的女人,她就是活脱脱的女人。不过那时她的境遇不好,男人像风中的芦苇一样整天披着一件灰衣,摇摇晃晃的。"他们都是好人,"霞这样说道,"他们让我觉得,人活一遭实在不容易。我好像比旺更近他们一些。"霞在谈话中第一次改口叫旺,我注意到了。于是我便对传闻中的某些事改变了一些看法,那时我想,命中注定的事都在情理之中。

  1978年的秋天对这家人来说是一个极其阴冷的季节。就在三平出世不久,村里隐约传出了这样的风声:谁是这孩子的父亲?人们联想到一年前的那趟翁媳结伴的出门远行,又结合眼下逃亡生育的事实,民间关于"扒灰"的津津乐道便不胫而走。人们越这么想,这件事就越像真的。连从三平的长相上似乎都得到了某些印证,比如说他们的额头都很高,耳朵都显小。让我困惑的是,倘若是谣言中伤,这家人怎么没有一个站出来挺身驳斥呢?但我很不愿意传闻就是事实。我心目中的旺不是这个样子。我就要离开这里,我真不希望这家人再有灾难。那天,旺摆了丰盛的酒菜为我饯行。他泰然自若的神色给了我很大的安慰。他破例喝了几盅白酒,叮嘱我好好念书,将来也好把他这几个孙子带一带。旺特别提到了大平的助听器,让我帮着打听,一有消息便立刻汇款。谈话的气氛我认为很好,但就在这时,火插上了一句话,他说:我也想走。霎时安静了,火进一步说:我想去温州跑生意。

旺咳嗽了两声,表态说:三平才满月,你媳妇一个人拖三个伢,你好意思走?

火说:我又没有奶,在家也是多余的。

霞说:你想走就走吧。

火说:你以为我不敢?老子什么都敢!

旺把酒盅猛地摔到地上,让霞把孩子抱走,旺厉声说:你敢什么?厨房里有刀,有斧子,你拿来砍了我!

我不知如何是好,正想劝,忽然看见大平扑通对旺跪下了:爹!

这个场面至今让我心酸。带着这沉重的心情,我告别了菱塘村。我后来在电话里还曾交代父母,抽空去看看旺那一家。我父亲说:都过去了,他们现在很好。父亲说火最终还是选择了做买卖,在石镇街上开了一家鞋店,还买了一辆进口的摩托车,这已是几年后的事了。

1983 年

这年秋天我到北京出席一个笔会,住在西直门外的上园饭店。正巧,这家饭店同时接待了一个医疗器械方面的订货会。我便去了会务组,询问助听器的事。工作人员向我推荐了一种瑞士进口的产品,说是专门供给聋哑学校学生的,效果不错,当然价格也不便宜,合人民币两千出头。我迟疑了一会儿,想想还是买下了。笔会结束,我就抽空回了故乡石镇。我记得那是中秋节后的第四天或者第五天,石镇的街头还摆满着没有销尽的月饼和糖炒栗子。我在街上转悠，想找到火开的那家鞋店，把给大平买的助听器交给他，并对他讲清如何使用。结果很意外，那个被称作平安鞋庄的店铺已经转让了，正在改头换面地布置成一个发廊。我心里不禁顿了一下，想火没准儿是把鞋店开砸了。所以回到家，我就对父亲提到了这件事。父亲也觉得意外，因为他以前听到的消息是鞋店的生意一直很红火——为此他还很得意，似乎火能有这运气与他当初的命名很是有关。不会吧？我父亲思忖着，节前火还给我和你妈各送了一双保健鞋呢！那时候我母亲正在院子里晾晒咸鱼，这鱼也是节前旺送给我家的。她忽然想起什么似的走过来，说：是不是出什么事了？要不父子俩怎么不一块来呢？我母亲仔细回忆他们分别来时的情形，说旺先来，像往常一样扔下了几尾鱼，不过这回连一杯茶都没喝。我母亲还提到了旺的左手，她说：那只手一直缠着纱布，春天里就这么缠着，总不见好。旺说是扳罾时给篾划破了，我催他去医院换药，别感染了。他倒是也去了医院。这一说，我父亲就困惑了，因为有一次他向火问起旺的手伤时，火说是被蛇咬了一口。我父亲还追问是什么蛇，倘若有毒，可千万不能大意。

火来我家送鞋是在中秋节的前一天，不是骑那辆进口摩托车来的，我母亲还笑他车是不是给人偷了？火说：我把它卖了。然后他就把鞋拿出来，非要让我父母当面试一下，若不合脚他便去店里换。做完这些，火又问家中可有什么力气活需要他干的？我母亲说没有，但火还是帮他们把夏天乘凉的竹床架到了阁楼上。火在我们家跑了这么些年，我母亲感叹道，这回才让我觉得是真的懂事了，好像变成了另一个人似的。

我一边听着一边踱着步，心里感到很不安，那气氛很像一场巷战中的短暂间隙，充满着恐惧的静寂。这天夜里我差不多失眠了，很迟才入睡，而黎明前的一场噩梦又使我惊醒。我梦见了赤身裸体的火。我梦见火在火中。我梦见熊熊烈火中的火在以一种挣扎的姿势舞蹈，很像这地方业已失传的傩的形象。一种不祥的预感折磨着我，于是当天色大亮后，我便骑上自行车奔菱塘而去。这又是一个阴晦的天气，天空灰蒙蒙的令人厌倦。我沿着灵水河西行，河的两岸正是芦花怒放，不禁让我想起白乐天那著名而忧伤的佳句："霜叶荻花秋瑟瑟！"大约两个小时以后，我到达了渡口。隔岸望去，旺的那条旧船静泊在岸边，船头停着一只黑鸟。

我没有见到旺的踪影，而其他的渡船似乎也没有人管理，整个河面安静得像一面玻璃。就在我踌躇中，忽然对岸传来了锣鼓唢呐声，通过错乱的树枝，一支出殡的队伍闯进了我的视野，我的心一阵紧缩，然后我看清了一切……

28岁的火选择一个中秋月圆之夜作为自己人生之路的尽头，已是15年前的旧事。时至今日，他的死仍像一道鸟翅掠过的阴影让我战栗。火死在自家屋后的那片桃园里，但谁也不敢相信，那根由几股红毛线搓成的细绳会悬起一具青春的身体。从前，这东西是拴在那把少了一只眼的斑竹箫上。

关于火的死因，民间至今仍有不一的说法。而我的分析与这些传闻截然不同。当1993年我住进菱塘后，我便更有理由来坚持自己的见解了。这当然得助于一个女人的坦率与磊落。当我还在为谨慎的措辞与询问的角度犯难时，霞的一席话让我茅塞顿开。以下便是霞在1993年秋天的叙述，我不过对某些字句作了些技术性的处理——

我是爱旺的，你想说的意思我明白。我没有理由不去爱这样的男人。你要是女人，你也会爱他。说实话，我生这几个孩子，都是为了旺。他孤单了一辈子，孤单怕了。我不能让他再孤单。我与火过不到一块去，这你在村里插队时或许已经看出来了。火除了上我的身子就不会再想别的。当然，后来他做了生意，腰里钱多了，也就不再稀罕我了。我知道他在石镇有相好，做女人的知道这个很容易。但我希望他这样，真的希望，有一回他做梦抱着我喊别的女人名字，我弄醒他，让他看我的脸，我说：我们也签一张合同，这辈子就只做挂名夫妻吧。他冷笑着，说想不到你还嫌弃我了？我说对，我就是嫌弃你。你就是有一座金山，我照样是嫌弃你。他盯着我看了半天，突然说：你真的和老东西搞上了？我没理他，躺下哭了。那时我就觉得自己命苦，这辈子都会毁掉。我是真想马上就跑到旺那间屋去，抱着他好好痛快地哭上一场。

那年从北京回来，我就有了找旺的心思。我敢这么想，除了我爱这个男人、舍不得这个男人，还在于这个男人与我丈夫血缘上实际一点关系没有。我私下感谢这个，真的感谢这个！因为这让我心里干干净净的，我为什么不去找旺呢？我当然要去。

那时候火常到温州、南京一带去进货，我找旺很方便。于是有一天晚上，我就早早把大平抱到了我这屋。那天正好停电，旺去石镇看戏去了。我帮他换了一床新被单，替他备好洗澡水，还有意把煤油灯撤了，换上了一座蜡烛台——那烛台还是凤手上置办的，多少年没有用过。然后我就静候他回来，那个春夜，我有意穿了件很薄的衬衫，把盘在头上的辫子梳得整整齐齐，放了下来，它差不多到腰下了。我对着镜子照了很久，觉得自己还真有几分好看。大约到了下一点的光景，我听见村里的狗叫了，接着便听见了旺的咳嗽声。我突然就觉得心跳加快了，咚咚响，那一刻我实在想哭。旺回家了，见我的房门关了，就没有来抱大平。我在黑暗中等着，等着他把澡洗完。等那声洗澡水倒过之后，我便轻悄悄地推开了他的房门。他正在解衣扣，见我进门便怔了一下，然后转过身又把解开的扣子给扣上了。这时我走近他，我说：旺，今夜我睡这张床。

旺仍背着身，没有接话。

我从他面前走过去，准备把被子打开，这时他一把拽住了我，说：我是你孩子的爹！

我说：可你不是我公公！

旺说：我怎么不是？

我说你就是不是！我说你苦够了，我也苦够了，我今天就是死也要死在这张床上！

旺使劲捏着我的手，浑身哆嗦着，眼泪像孩子似的一条线往下淌。我也在流泪。我们真是泪眼望泪眼，苦心对苦心啊！突然，他松开了我的手腕，我以为他会抱住我，哪知道他转身抓起了那座烛台，用烧红的烛签往掌心一扎……

霞说到这里号啕大哭起来。她抽泣着说：可他怎么知道，那烛签是在扎我的心啊！

我真想作一幅插图，放在这篇小说里。我担心一些人不明白什么叫做烛签。那是用铁打成的一根钉状的东西，但它是棱体，顶端尖锐，约四寸长，足以穿透一只掌心。烧红的烛签与皮肉交融发出的滋滋声响与焦糊味，成为我对那个春末之夜的烙印。旺以这种方式斩断了女人的情思，也抑制了男人的欲火。他不惜毁灭生命的辉煌来维护道德的尊严，可我却无法再有更多的感叹。我的记忆中最后只剩下了一片衰败而惨烈的色彩。那是红色，一种接近黑的红色。

1993 年

往事如烟，十年又过去了。

我带着一部长篇小说的提纲由省城回到石镇，原想在家里静心完成，却正赶上房屋的装修。于是我便决定去菱塘。我给村里挂了电话，让他们转告霞，给我腾出一间屋子。今年是火辞世十周年，我也想去山上看看他的坟。

第二天，大平便来接我。转眼工夫，这孩子已经是18岁的小伙子了，个头比我高过不少。大平继承了父亲健壮的体魄，而相貌上更似他的母亲。我父亲却从孩子腼腆斯文的表情中发现了旺从前的身影。他说1957年旺报考县剧团，差不多就是这个样子。他又强调道：神似比形似更重要。

大平在市聋人学校读了七年，精通流利的手语，也能模拟一些口语进行简单的交流，他在石镇摆了一个刻图章的铺子，也偶尔写些楹联、画一些花鸟虫鱼，据说还很受农民的欢迎。他的进一步梦想是当一名替身演员，因为他自觉会些武功，而且敢于吃苦。这便让我想起凤来，几年前她便像走亲戚一样，每年都要去菱塘看看旺的一家。旺受伤的左手就是由凤治好的，大概是用了一种什么民间偏方。不过后来我才知道，这说法并不准确，至少是片面了。

这天，我是坐船去菱塘的。大平撑船的能力显然是在两代人之上，灵活而轻捷，每一篙都十分有力。那天正好又是顺风，船行在灵水河上就像剪刀裁开一面缎子，我感到十分舒畅。

旺又重新盖了房，是两层八间的楼房，并且前后都打了院子。后院那片桃林业已改成了竹园，我想这自然是想忘掉十年前那沉痛的一幕吧。我被安置在楼上一间明亮的屋子里，隔壁是大平的卧室，他还另设了一间所谓的办公室，里面挂满了他的字画和史泰龙、施瓦辛格、成龙的剧照，还有他平时习武的剑与棍棒。二平和三平合住一屋，他们都已是高中的学生，住校，只有到周末才回来。

我到的这天旺不在家。霞说，凤那边传话过来，那从前的货郎病情加重，旺便带着几千块钱去了。旺捉摸着那人不会拖过多日。霞不禁感叹道：我现在是真的相信命了。后来我们便去院子里慢慢谈起来。霞的情绪很镇定，好像谈论的并不是她自己，这和她的坦率一样让我吃惊。直到谈起那把烛签时，她才涌出抑制不住的泪花。这时，大平已从渡口回来了。我便独自在村里转悠，尽可能地回避熟人。我觉得勉强的寒暄会令我心烦意乱，宁可沉浸在悲伤之中。于是我抄小路去了河边，那时日头刚刚落入西山，天空的晚霞都异常绚丽，仿佛火一般燃烧着。

突然身后有人叫我。

转过身，我才注意到一个粗糙的男人从一棵同样粗糙的杨树后面闪出，怯怯地向我走来，这人便是旺的那个堂房兄弟，一个游手好闲的无赖。他递给我香烟，我没有接。我问道：有事吗？

他憋了半天才说：你是来调查的吧？

我觉得奇怪，就反问他：你怎么知道的？

那人越发胆怯，两只手像动物一样端在胸前，他说：我晓得你如今是省里的公安……

我知道他弄错了，把我老婆的身份移植给了我，菱塘人有不少这么认为的，甚至有人托我疏通关系从大牢里放人。眼下这人是何居心我尚不清楚，但我突然意识到可能与火的死有关。我咳嗽了两声，拿出一副胸有成竹的姿态，对他说，既然你知道我是来调查的，有什么话就如实说吧。

说着，我还有意掏出了笔记本和钢笔。

那人果然谈的是火。在他后来断断续续言不成句的交代中，我却意外地获得了一个基本完整的事实，它帮助我证实了火的死因。如果不是刚才霞告诉了真相，我真有可能遁入曾经多次被我否决的那个焦灼不安的思路。

传闻与火的警惕是同一时刻形成的。但我认为，火脑中的这根弦一直没有松懈。这个缺乏文化但天生精明的男人对另一个男人的认识始终困顿而迷惘，他以男人对男人的方式去了解这个孤身独处的养父，根本不相信一个男人会清心寡欲几十年。火在15岁那年便燃起强盛的欲火，时常幻想着与女人交欢。他摆脱不掉多年前目击的那个肉欲的场面，以致在后来烦恼的时候便认真去想凤的那对雪白的乳房和乌黑蓬松的阴毛。火偷看过村里姑娘上茅房，甚至企图强奸一只鹅。我想当年旺急着给儿子找媳妇，除了子嗣这个原因，还在于他早就看出这是根过早不安分的鸡巴。结婚以后的火由于性欲的满足有过一段美妙时光，然而很快就意识到，霞的心思并不在他身上。他们的第一次争吵起源于那把箫——火不想这东西挂在自己屋里，在他眼中它就是另一个男人鸡巴的象征，他早就想一刀把它劈了！然而霞没有允许，霞明确地告诉小丈夫她喜欢。霞在火愤怒的注视下平静地用红毛线搓成一根细绳，再把它编成一束红缨缀在箫的末端。但那时她根本不会想到，多年以后这根红绳会成为丈夫结束生命的有力帮手。

火在煎熬中选择了逃避，但此时这个精明的男人更多的是阴险。他的逃避可以看做一个圈套，他坚信终有一日会抓到把柄，并一举将另一个男人摧垮。火开起了鞋店，经常出远门进货，但没有人知道他在村里安排了眼线，并给这人每月开出200元的工资。这个人就是旺的堂房兄弟。

1983年的那个春末之夜，这人因在麻将桌上作弊被逐，百无聊赖地在村里转悠。他当然照例要在旺的屋后巡逻一会儿。频频的徒劳而返使他心灰意冷，他担心这样下去不仅得不到那只渡船，还会让每月兑现的200元飞掉。然而这个深夜他有了好运气，他仿佛听见旺的屋里传出了女人的声音。于是他精神为之一振，迅速钻过桃林潜到窗下，这时屋里的灯光突然灭了！接着他听见了女人的惊叫和男人沉重的呻吟……

这都是真的。在河边，这人这样对我说道：我没有瞎编，一点都没有。过了几个月，火从温州回来，我便对他说了。我还说这事算了，让他想开些，我说，我说……

你不要说了！我厌恶地将这家伙甩开，继续沿河边走去。望着渐渐黝暗的灵水河，我心里纳满了悲怆。我想起几十年前在这个荒凉的渡口，年轻的旺救起一个行将饿毙的小生命，但这孩子果断地拒绝喊出一声"大"。那时候，这孩子才五岁！他为什么不喊而且在以后二十几年里一直把这个字咬紧？一个五岁的孩子能知道什么？能预见什么？难道这一切果真就是天意？

天苍苍。心亦苍苍！

第二天上午，霞陪我去后山看望火的坟茔。火葬在朝南的一面半坡上，坟上的草已经到了枯萎的季节。坟的后面是一片桃树，我想这肯定是从那屋后移植的，倒也构成了一种风景。霞说每年的桃花都开得很茂盛，奇怪是这些树移上山后便不再结果了。

后来，霞仔细回忆了火死前的情形。霞说火那次从温州回来之后，当夜便同她打了一架。起因还是那把箫,火这回是真的想把它劈了,手里攥着一把斧子。霞当然要制止,她把箫抱在怀里,说:要劈就连我一块劈了!她说火气得浑身发抖,最后狠狠地抽了她一耳光,骂道:你这贱×!

我无法忍受,霞回忆说,第二天一早我便带三个孩子回了娘家。那时候旺去看凤了,她男人正在石镇医院抢救。我记得那是中秋节的前一个星期。我回娘家之后,旺才回来。我担心家中会发生什么事,就让二平回来看看。二平后来对我说,他爸爸把鞋店很便宜地卖掉了,摩托车也卖掉了。我没多想,只以为他又想抽出钱去搞别的买卖。但我怎么也没料到,他这是在安排后事!他把所有的钱以我的名字存进了银行……

霞不禁眼泪溢出,但很快又让自己平静下来。她把坟上的杂草一一剔掉,然后说:有一件事我至今不明白。

我问是什么事?

霞说:二平说他爸爸嘴里老念着"纸",好像到处找纸似的。火死后,村里不少人也曾对我说,火那几天嘴里也总是纸呀纸的。他要纸干什么?村里人就怀疑他是想要纸钱,可我不相信,也不明白。

霞用寻求解答的眼光看着我。

我又能说什么呢?

1998 年

我的小说已经走到了结束的时候。这是 1998 年的冬天,我蛰居在北京靠近天坛的寓所写着这篇忧伤而潮湿的小说。秋天的时候我赶回了故乡石镇,然后又同我的父母去了菱塘,吊唁我们共同的一位朋友旺。

旺死于心肌梗死,这是医生作出的结论。我只知道这个命运多舛的男人走得异常平静,不想惊动任何人。在他去世的前半年,他把丧夫的凤接回了菱塘。我见到凤时她已明显地老迈了,而霞也比五年前更为憔悴。这两个女人在悲伤中把旺送上了山,葬在火的坟之前——当初那个位置,旺是替自己预备的。旺的棺木中同时放了三件东西:一根箫,一条辫子,和另一条辫子。三件东西用那根红绳拴到了一块。

在清理其他遗物时,意外地发现了一只藏在旺床底下的藤箱。两个女人与我父亲商量后,撬开了锁,里面盛满了一堆草纸。这些草纸一律裁成了五寸见方，每张上面都印着暗红的血迹和浑浊的脓斑，令我很不舒服。我父亲仔细查看了它们，然后用不容置疑的语气说：这是旺擦手用的。我父亲还找到了一块拇指大的薄物，说这是伤口上的痂，显然是旺自己撕下的——旺有意不让受伤的手好起来。我怔怔地看着这一箱的草纸，突然明白了旺的此举用心。而且我对当年火嘴里念叨的"纸"的困惑也一下解开了——如果我的理解没有偏差，我相信以下的虚构会令人诚服。

请跟我一起回到1983年的秋天，回到中秋前一周或者五天的那个夜晚。当时，天上的月亮还没有圆满，但它的倒影映在灵水河里仍不失为一种美丽的凄迷。我们看见旺的船泊下了，他端着受伤的左手，另一只手简单而笨拙地拴好了缆绳。真不敢相信这个男人一只手怎么能撑动这只旧船，而且逆水上行十几里。或许是霞真情吐露的折磨，抑或眼下凤艰难处境的困扰，这个晚上男人格外地感到心情沉重。但他还不知道更大的灾难在家中静候着自己。

旺推开自己的房门，看见明亮的灯光下小桌子摆了几道凉菜和一瓶酒，他还来不及意外，火便从帐子投下的阴影里走出了。火开门见山地说：我们得把账清了。

旺迟疑片刻，坐下来问道：如何清？

火也坐下来，先斟好酒，然后撩开西服从怀里摸出了一把斧子，放在桌上。

旺说：要我转过背么？

火冷冷一笑：你错了。我不杀你，是要你砍了我。我这条命是你捡来的，你想要，随时我都会交。

旺说：我没想过要你的性命。

火说：我宁愿你取我的性命也不许你碰我的女人！

旺正视着火，一饮而尽。

火说：你那鸡巴是次品，最好的女人给你都是浪费。可你又不是个省油的灯，这我懂。

旺厉声说：你就懂个鸡巴！

火说：对，我就懂这个。我不相信你是怕腥的猫，我今天要听你一句实话。

旺说：你想听什么实话？想晓得我喜欢你老婆吗？

火说：对。也一饮而尽。

旺调整了一下身体，说：我喜欢你老婆，喜欢霞。这小半年来，我夜夜都想她。我当初真不该把这么好的女人交给了你，这才真是浪费！

火点点头，说：好了，你可以砍了。你要我转过背么？

旺说：我要你面对着老子！

说着，旺抬起左手，把缠绕的纱布一层一层地撩开，亮出受伤的创口——这创口已经又一次结痂了，然而旺却果敢地把它揭了去，刺心的剧痛令他眉头一锁。火虽然不知所措，但也暗自心惊。他实在不愿意多看这血脓交加的伤口一眼，但旺把手亮到他的眼前。

旺说：畜生，你好好看看！我要让你晓得烛签是如何穿透这块厚肉的！

但是旺修改了事实真相。他把那次霞的行动改作了自己的企图，他说如果不是听见熟睡的大平梦中喊出了一声"爹"，他就不想拿起这座铁铸的烛台。

旺说：没有男人不想女人的。可有些女人再好也容不得你多想，容不得！天理容不得！

这时，旺从床底下拖出了那只旧藤箱，打开锁，火便看清了一切。火怔惊得嘴唇发抖，眼前掠过的是旺不停地撕痂、不停地擦血揩脓的惊心场面，火觉得这堆草纸上的血迹脓斑像一只只剜下的眼珠，他被这一堆眼珠愤懑地蔑视着，他竭力想从这些眼珠中挣脱出来，他只希望这就是一张张平常的纸。

火大叫一声：纸！

一连几日火都在念叨：纸、纸、纸！

火没有焚去这堆纸，最终却被这堆纸化成了灰烬。

15年后的秋天，这堆纸在两个男人的墓冢之间付之一炬。那时我在现场，我目睹了它们焚烧的全过程。那被火蒸腾随烟而起的灰屑呈现在我的视野里，如同一群纷飞的黑色蝴蝶，直到现在仍在我的窗前萦绕。秋天过去了，我的故事结束了，但我怀疑冬天。

1999 年 3 月 16 日　北京天坛之侧

（原载《花城》1999 年第 4 期）

我的偶像崇拜年代

　　每个人都有所谓的偶像崇拜年代，每个人崇拜的偶像各有不同。有人很早就崇拜英雄，有人一贯崇拜领袖，这样的人——当时他们都是孩子，不过那会儿就已经被大人看好了，舆论普遍认为他们将来会成就一番大事，具体地说，这些孩子最终都会做官。石镇在历史上做过府县两级的衙门，因而人的眼光就格外高。尽管那时全国都在说"工人阶级是领导阶级"，但我敢打赌说，没有人家情愿自家的孩子——哪怕是女孩，去当一名工人。在他们看来，工人从来就只有当劳模的份儿，与领导是不相干的。我外祖父一生所得的奖章有半斤重，1974年退休时仍然是工人，只在前面多了个"老"字。外祖父最大的愿望是盼着有朝一日我能当上科长，哪怕是膳食科也行。可惜他阳寿不高，只活了69岁。要不然，我想我就是不择手段也要满足他老人家这一心愿的。我真是个不肖子孙！

　　其实我小时候属于被看好的一类。我算得上品学兼优，而且一进校门，我就一直担任班级的行政职务，当过学习委员、文体委员，最高爬到过副班长。有一个时期，大概是四年级吧，我是十分崇拜英雄的，但他们都是电影里的英雄。我特别痴迷王心刚演的洪常青，喜欢他那副被拷打后头破血流的样子。他颤颤巍巍地大笔一挥写下"砍头不要紧"，他傲然挺立在熊熊大火中高喊口号，啊，我简直激动得要命！那以后我就愿意穿旧衣服，甚至幻想自己有一天摔断了胳膊扎着绷带去上学。我也喜欢赵丹扮演的许云峰，他在酒楼被叛徒甫志高出卖，拿着礼帽那么从容不迫地一步一步地走下楼梯，很长一个时期里都是我私下模仿的对象。可是我一点也不喜欢李玉和与郭建光，虽然他们的照片铺天盖地，但我发现他们的服装全是上等的呢绒毛料所制，补丁是假的，伤痕也是假的，从头到尾全是唱，怎么看都还是戏——我在剧团里待厌了，那些演员刚才在台上还是呼天抢地，一到幕后就乐不可支，又抽烟又擤鼻涕，实在叫我不舒服。我想那时候我是一个不折不扣的现实主义者，对虚拟的东西很排斥。这与多少年后我的观念完全背道而驰。

英雄崇拜的时期我很充实。唯一的苦恼是在我有限的接触里找不到可视为偶像的英雄。电影里的那两位不过是我心目中英雄的化身而已，电影也还是假的，他们和剧团的那些人本质上毫无区别，我欣赏的是英雄的造型。就是说，我无法见到真实的英雄，偶像就更是无从谈起了。我想活着的英雄一定很少，英雄之所以能成为英雄，最关键的是最后他们都舍弃了性命，就义了或者牺牲了。要是没有这个他们就当不上英雄。于是我们对英雄的向往只能往下降一格，把见到"我是某某生前的战友"那种人看做了一个愿望。这是一种印证的心理，我只能通过生前战友的介绍来树立我的英雄偶像。不久，机会真的来了。

我们省那时名气最大的英雄是为保卫一座大桥光荣牺牲的。这天我们学校请来了英雄生前的战友。这无疑是一件大事，学校像过盛大节日那样布置得张灯结彩。但是，英雄生前的战友对此有看法，认为铺张浪费而不严肃，他说我们今天学习英雄，其中一条就是要学习他的艰苦朴素，据他说英雄的一双袜子就缝缝补补地穿了四年。校长很尴尬，说您一来就给我们上了生动的一课，连忙叫人把那些彩条什么的弄掉了。报告会在操场上举行，四面都接了高音喇叭，生前战友不标准的普通话却非常洪亮，回声不绝于耳。但他的报告我觉得一点也不精彩，我想听的是关于英雄的故事，可他基本上是在说他如何如何地学英雄。比如说他坚持每天背诵两段毛主席语录，坚持每周给五保户挑一缸水，坚持每月给家乡的小学寄五块钱。他引用毛主席的话说：一个人做点好事并不难，难的是一辈子做好事。可谁能保证他能一辈子做好事呢？但是，有一件事却令我们震惊不已。生前战友说为了能每时每刻和毛主席在一起，他把一枚领袖的像章别在了胸肌上。说着，他突然就敞开了胸襟，证实了自己的言论——他的胸前果真有枚像章扎在肉里，盖住了小奶头。生前战友走到大家中间，让同学们井然有序地进行参观。大家不敢大口吸气了，那情状就像面对一颗随时都会爆炸的地雷。一个叫许言敏的女生突然面色苍白晕了过去，会场嗡的一声有些乱，于是这场报告会就以生前战友抱着许言敏去医院抢救而结束了。

这个画面至今还很清晰地保存在我的记忆里。我们跟着生前战友一口气跑到了石镇医院，他的力气并不大，一路上都是气喘吁吁跌跌撞撞。我们真想上去换他一把，可是又不敢提出来，因为像这样的英雄行为似乎就该属于他这位生前战友，我们不能抢而且我们也不配。结果他妈的糟透了，许言敏倒是吊过一瓶葡萄糖就没事了，那位生前战友却大吐了几口鲜血，在石镇医院住了半个月。随行的几个同学后来都受到了不同程度的处分，老黑被取消了红卫兵资格，大头被勒令全校作检查，我则被撤去了副班长的职务。最惨的要算白皮，他犯了双重的错误，因为他在同学中还散布过错误言论，说生前战友在别领袖像章时打过麻药。白皮的处分是开除留校察看一年。我们几个一夜间就这么成了后进的学生，在同学中很孤立，座位也全都调到了后排。这是1968年的秋天，是我英雄偶像梦破灭的年头。但是很奇怪，我虽然对英雄没有了兴趣，却时刻幻想着自己身上有一种英雄行为和英雄气概。我不想当英雄，因为我怕死。怕死的人是当不了英雄的，不死的人也当不了英雄，充其量不过是生前战友——那又有什么劲呢？那人要是真有劲我们几个也就不会倒霉了。老黑说许言敏不重，有一回下雨天他背过她。那个人就是没劲儿。我却不这么看，我觉得那人是在乎自己抱着的是一个女孩，他不敢抱紧，一直虚托着，这就很累了。大头说归根结底还是没劲儿，要是他能像电影里的"狼牙山五壮士"那样，不要说是托，就是举也会把许言敏举到医院，医院离我们学校还不到两里路呢！我们争论着，只有白皮一言不发——这家伙可不敢再瞎说了。

我们几个总想找机会改变形象。对校方的处分我们内心是不服的：我们并没有干什么，我们只是不想去抢英雄的饭碗。现在落到如此下场我们怎么能服气呢？那个委屈劲儿真是没法说。不久，学校掀起了"学英雄见行动"的热潮，同学们三五成群的组成了"学雷锋小组"，我们四个人很自然地到了一块，恨不得把天下的好事全做完。但是我们又不想去做那些过于平常的好事，比如说给五保户挑水什么的，我们要的是让人吃惊刮目相看的效果。于是脑筋就朝着一些稀奇古怪的方面动了。老黑提出要教隔壁的哑巴背诵毛主席语录，那哑巴至少有70岁了，是个单身孤老，老黑平时喜欢和他一块下棋，因此会一些简单的手语。我们觉得这个主意很好，立刻就着手实施，我还为这个计划取了个代号叫"铁树行动"。开始的几天，老哑巴表现出异常的兴奋，跟着老黑比划着一些诸如"千万不要忘记阶级斗争"、"向雷锋同志学习"之类。但就是这么简单的话手语表达也还是不利索。比如说"阶级斗争"，比划出来的就是一伙人和另一伙人在打架。"雷锋同志"也成了打雷和刮风的人。我觉得很好笑，就私下对老黑说，这恐怕不行吧，弄不好全成了笑话。老黑说，怎么不行，意思一点也没有歪曲呀？手语就只能比划个意思。再说石镇有几个人懂他妈的手语呢？我也就不再说了。可是新的问题来了——老哑巴不干了。那天我们去的时候他硬是不开门。结果大头气急了，抄起一块砖头砸了玻璃，老哑巴才颤巍巍地把门打开。老黑激动得比划威胁，那意思大概是：你要是反对学习毛主席语录你就是反革命，我们就叫镇上的专政队来抓你！老哑巴"说"，他要做生意，他的茶摊已经好几天没摆了，饿死了谁管？这时候白皮就掏出了两块钱给他。白皮说以后每月支付哑巴五块钱学习费，要是他一个月能背诵30条语录就再奖励两块。白皮让老黑把他的话翻译给哑巴，老黑又把五块变成了六块，两块变成了四块。这我们一下就识破了，老哑巴很高兴，白皮却生气了。白皮说，反正我只出五块，另一半你们摊。

这件事引起了我们内部的矛盾，白皮差一点儿就想退出了。白皮家有钱，因为他受的处分最重所以他愿意出一半。我觉得"铁树计划"主要靠老黑，于是就同大头商量，另一半的五块我可以出三块，他出两块，老黑就算了。用今天的眼光看，这就是开了个袖珍的股份有限公司，老黑算是技术入股了。总算平息了事态。不过那时候的十块钱可是大钱，菜市上的猪肉才卖七毛三一斤，鸡蛋最便宜时六分一个，我们等于每个月要给老哑巴进贡15斤猪肉或者150只鸡蛋，真他妈有点冤。对于我，钱从哪儿来还是个问题。我没有零花钱，早点都是外祖父专买。我唯一的办法就是从大人口袋里偷，而且一次还不能偷得太多，以免动静大了被发觉。三块钱我至少要偷五次。但不管怎么说，我们的"铁树计划"在顺利地进行，舆论也很快出去了，终于引起了校方的关注。校长亲自带人调查，他们被老哑巴流畅的比划弄得目瞪口呆，校长立刻就表扬了我们，而且当天就把这件事报告给了县革委会。县里也很高兴，让政工组的人赶快整理材料往地区报。没过几天，地区报社派了个记者，要对我们的先进事迹进行采访,还拍了许多照片。记者看好一片葵花地,让我们四个人围着老哑巴手捧一本毛主席语录,做出孜孜不倦的样子。不久,这张照片就登上了地区报,我们几个都成了石镇的名人!原先的处分自然全撤销了,我不仅恢复了副班长的职务,而且还被推荐为县里学毛选的积极分子,将于年底去省里参加"积代会"。但是我却有些不自在,因为"铁树计划"是老黑的创意,我出的钱也没有白皮多(这一点我们当然一直隐瞒着),让我一个人如此突出肯定不妥。我其实也看出了他们几个心里的不愉快,现在我们在一起时似乎没有什么话说了,而且在给钱的问题上也出现了扯皮的迹象,白皮就两次暗示说他最近想装一台无线电收音机什么的。老黑则说自己的手语词汇不够用了,再教下去有困难。大头说干脆算了吧,不如换点别的事做,比如说包一条街扫扫。这种情绪让我心里很不舒服,可我又不知这台戏该如何收场。

然而不久事情就起了大变化。

十二月的一天,省里来了一批人要在石镇召开现场会,内容还是围绕着如何活学活用毛主席著作。县里挑选了各式各样的人物登台介绍情况,其中就有那个老哑巴。这一下可闯了大祸,因为省里那批人中有一位手语专家,是专门来鉴定这个哑巴的学习水平的,以便作进一步的宣传。但是看过老哑巴的表演后,那专家就吓得脸色苍白——很长时间以后我才知道,那天老哑巴在台上紧张得不行,以为要批判他,就率先把我们几个给揭发了,"说"我们如何对他进行软硬兼施让他背诵"一伙人和另一伙人的打架"。结果台下的人热烈鼓掌,哑巴却吓得尿了裤子。

有一天上课时许言敏悄悄递给我一张纸条:你们都是骗子。我吓了一跳,放学时把她叫到操场上。许言敏就说了关于教老哑巴学语录的事,说你们胆子太大了,居然骗到了省里。许言敏的爸爸是县政工组的副组长,我想她的消息肯定可靠,再说我早就怀疑老黑那家伙所谓的手语水平了。我很害怕,可奇怪的是没有人来追查我们,没过几天我还是照样去省里开会了。那时快过春节了,学校放了寒假,那个冬天真叫我魂不守舍。从省里回来,我想想还是把许言敏的话对他们几个讲了,我说我们犯了错误,老黑就涨红了脸很快哭了起来。白皮说哭什么,你早干什么去了?你当初就不该逗这个聋!大头说白皮你也得凭良心,要是没有"铁树计划"你那处分能拿掉吗?白皮一下给噎住了,过了片刻才说,走着瞧吧，真金不怕火炼，我们一定要做出些事情给笑话我们的人看看！看看谁是孬种！

不用说我们的思想压力有多大了。那个寒假我们一天也没有闲着，一早起来就他妈的扫马路，然后又去给几条街上的军烈属挑水，一天下来累得腰酸背痛像狗一样，可也没见什么人夸我们几句，好像我们是劳动改造立功赎罪似的。春节一过，新学期跟着就来了，我觉得老师看我们几个的眼光都有些异样，总是似笑非笑的。但是仍没有人来揭露，非但不揭露，而且一有像样的活动就会提到那件事，说我们如何克服了重重困难让最高指示深入到了一个哑巴的心中。一天，县里要组织学毛选的队伍去邻县传经送宝，其中又点了我的名。可我一看见许言敏那双好看的大眼，耳根就立刻热了，我心里发虚，只好装病不上学了。家里的大人觉得奇怪，怎么突然就病了呢？我母亲替我量了体温，一看，还真是不低，到了38.59C。我整个就是给吓病的。

我在家里躺了三天。老黑他们一放学就过来陪我。现在我付出代价了，他们好像也不再对我有什么看法。四个人的关系明显地好过以前。大人不在场时，他们就通报了学校的情况，说一切看起来很太平。只是许言敏像一颗定时炸弹，随时有可能爆炸。不过，老黑说，她好像很买你的账，不会捅出去的。我苦笑着，我说你们真是头脑太他妈的简单，许言敏不说难道她父亲也不说吗？我的意思是这事早晚得亮到台面上来，我们好看的日子在后头呢！大头说，那他们为什么按兵不动呢？他们等什么？是呀，他们等什么？这个问题我们总是想不明白。正说着，忽然听见外面响起了警报声，我们愣了一下，以为一年前平息的武斗又闹起来了。再一听，又觉得不像，武斗的那种警报要刺耳一些。这时大门"吭"地推开了，白皮一脸是汗地冲进来，上气不接下气地说，快！造纸厂失火了！于是我们便随白皮跑了出去，跑到河堤上就看见了远处的造纸厂上空火光冲天浓烟翻腾。那时大约是夜里九点多钟，外面的风很狂，真他妈的冷呀！但是很快我们就跑得出汗了，个个像马一样地大口喘气。我们一口气跑到失火现场，消防车还没来得及打开水龙头，只有一些人在排队传水来救火。我们加入其中，盆呀桶呀地传来传去。我们并不感到累，反而越干越兴奋。失火的地方是造纸厂的草料库，那些越冬的干草太他妈的容易烧了，靠几盆水是扑不灭的。没一会儿，水龙头接通了，可是掌头的消防员手没抓稳，水枪一歪，把这边的人扫倒了一片。最要命的是高压水枪激起的草灰喷了我们一身一脸，个个像皮蛋似的。我们几个浑身全湿透了，冷风一吹，每个人的身体便像筛糠一样抖个不停。这罪可他妈的遭大了。就这样折腾到了天亮，火终于扑灭了。我后来在作文里这样写道：望着扑灭的火，我们的脸上都露出了胜利的笑容。这时，一轮红日正在我们身后冉冉升起……

救火使我们从过去的"铁树"阴影里走了出来，这一回我们是自己给自己平反了。我们获得了一种真正的英雄气概。我记得那天早上，当我们又湿又脏地从大街上走过时，那些买菜的大人全都看着我们，那感觉就像是刚从战场上凯旋的将军，用今天的话说，绝对是他妈的一个酷。

我已经说了，对英雄由于缺乏身边的偶像，崇拜的日子一晃而过。但是对领袖的崇拜却一直伴随着我。这又与电影有关。你看过《列宁在十月》和《列宁在1918》吗？前苏联演员史楚金演的那个列宁真叫盖了帽。他演得比真列宁还列宁，我特别喜欢他走路的那种快节奏小碎步，一只手总插在口袋里，肩膀有点歪，太让我痴迷了！给列宁配音的那个中国演员（很久以后我听说是张伐）的声音语调也了不起，时常给我们错觉，好像列宁是中国人。我开始模仿了，我模仿列宁的步伐走路（至今我的肩膀还有些歪），模仿张伐的声音说话。"安静点同志们，苏维埃政权目前正面临着危险，我们的敌人正从东面和西面向我们发起进攻。"就是这样！我模仿列宁（实际上是史楚金）的眼神与手势这么说着，老黑俨然一副华西里的姿态站在我身边。"但是，"我走到桌子上，"苏维埃政权是不可动摇的！"我身体前倾，左手斜插腋下，右手伸出去。大家热烈鼓掌，这时候我身后"砰"的一响，许言敏这个女特务向我开枪了，我便倒在了老黑怀里。

我们当然也崇拜毛主席，但是不敢模仿。毛主席太伟大了，我从来就没有见过街上有人留他一样的发型。大头的爸爸原先下巴上也有一颗肉痣，"文革"一开始他就去医院把它弄掉了。我想这是对的，中国有七亿人但毛主席永远只能是一个。可我们只能从电影上或者从画报上见到他老人家。他总是在《东方红》的曲子中出场，满面红光，但他好像不爱说话——我们从来就没有听见过他的声音，于是这个问题就成了悬念。我们为此着急也为此幻想，不知道毛主席该用怎样的声音说话。我们恨那些拍新闻电影的家伙,凭什么不让我们听一听毛主席亲口说句话?有一天,石镇的电影院张灯结彩,要放映毛主席第几次接见红卫兵的宝片了,我们学校自然要组织集体观看。放映之前每个班都要唱语录歌,一阵接一阵地唱。我们班由我指挥,我觉得唱得最好。我们唱"世界是你们的,也是我们的",唱"我们都是来自五湖四海",那场面真叫声势浩大。电影开始了,毛主席乘着敞篷吉普车通过了天安门广场。红卫兵们欢呼不已,个个热泪盈眶地高呼:毛主席万岁!突然,毛主席大手一挥说:人民万岁!我们愣了一下,因为这句话是毛主席亲口喊出来的!这太让我们意外了!于是立刻有人带头高呼:毛主席万岁!大家全体跟着喊起来,那一刻我们好像也到了天安门广场。但是我隐隐约约地产生了一种难过的情绪,我觉得毛主席的声音太高也有点细,与我想象中的伟人之声完全不一样。我当然不敢把我的想法说出去。这个悬念已经解开了,我真不希望这样。

那一年,石镇的革委会主任去北京参加了国庆典礼,归来时带回了两件有伟大意义的东西,一瓶金水河里的水和一只芒果。这东西陈列在县工会礼堂,各单位组织参观。芒果我们从来没听说过,猜想是一种可以吃的水果,要不毛主席怎么会把它送给工人阶级尝呢?我们不止一次地去参观了,那只芒果放在一只玻璃匣子里,模样像个大猪腰子,橙黄橙黄的。大头悄悄地碰了我一下,说,是甜的。我反问道,你怎么晓得?大头说他一嗅就知道。回来的路上,大家就嘲笑大头,说他的鼻子比狗还厉害,隔那么远就知道芒果是甜的。大头说,不是甜的难道还是苦的吗?大家还是嘲笑。忽然白皮说,一个县有那么多的工人,一个芒果怎么吃得过来?老黑说这芒果不是让人吃的,是纪念品懂吗?大头说本来就是吃的东西,怎么个纪念法?不吃可就烂了。我就说,也许最后要奖给县里最好的工人吧。

但是没过几天,我们听到了一个惊人的消息——那只芒果让人给偷了!消息还是许言敏带来的,我们当然也就不怀疑。第二天,许言敏又告诉我们,说那只芒果并没有全给偷走,只是有人在上面咬了一口。于是我们就笑大头,说真是英雄所见略同。不料大头翻了脸,说你们要是再这么说我可要把"铁树"的事揭开了!我心里一惊,觉得大头不该动要挟之念。大头平时是很憨的,怎么连句玩笑也挨不住了?第四天,我们正上着课，忽然校长来了，把大头叫了出去。校长一脸的严肃，大家就很紧张。伸头一看，操场上还站着两名白衣的公安。他们很快把大头带走了，教室里顿时就乱了。校长返身回来，宣布了大头的罪行——原来果真是这小子偷吃了芒果。

这在当时无疑是个大事件。如果不是大头年纪小，加上他舅舅是地区的什么核心小组的成员，他肯定就得被判刑了。大头被拘留了15天，开除了，准备转到很远的农村去上初中。临走的那天，我们瞒着家中的大人去同他告别。大头好像变成了另一个人，眼光十分呆滞。我们送他一些钢笔日记本什么的，却不知该怎么说话了。大家闭口不提芒果的事，只说要保持联系，经常写信。大头一语不发，到了临上车的时候，这小子忽然问道，你们想知道那只芒果是什么味吗？我们还没反应过来，这小子接着说，它没有味，它是蜡做的。

我们就这样读完了小学，那是1970年的秋天。我记忆里的那个秋天一点也不明朗，雨季很长，石镇的每一条街脚都起了青苔。大头走了，一直不给我们几个写信，我感到说不出的失落。那一年学校提前放了寒假，我们百无聊赖地待在家中，也不再想去做好事了。天一放晴，我们就去附近的农村钓鱼。马上就上中学了，我们好像一夜间长大了很多，觉得像个男人似的。于是关于女人的话题渐渐代替了英雄和领袖的话题。女人也是我们需要的偶像，可我们身边根本找不到配做偶像的女人。他们老说许言敏对我有意思，我压根儿不往心里去。我嫌她嘴太大而且一口四环素牙。我喜欢《英雄儿女》里的王芳，如果将来我找老婆就找这样的人。很多年后，我在北京的街头看见一件双排扣的女式秋装，便毫不犹豫地买下，邮寄给了我妻子。但她一点也不高兴，她说，这件衣服早就过时了。

才13岁，就这么不安分了。钓鱼的时候我们通常要跳到河里洗个澡。秋水很凉，一上岸我们就冷得不行，裤裆里的那件小东西一点尊严都没有了，像块嫩生姜。不过有一天我们发现了奇迹——老黑那个地方居然长出了几根毛！这当然也算一件大事，因为这是个信号，就像一声雷之后必定会有雨。我们围着老黑起哄，那家伙却扭扭捏捏地害起羞来，而且此后也不和我们一块钓鱼了。但我还是很兴奋，那以后我便时常躲在厕所里偷看自己，他妈的就是没有动静。老黑却越来越摆谱了，有意与我们拉开距离，一有空就去和初三高一的人打篮球，那分明是一种傲慢，似乎仗着那几根稀毛，在他眼里我们都成了小孩。到第二学期的时候，问题变得更复杂了。

这又关系到那个许言敏。这个总以公主自居的女孩有一天居然和老黑偷偷摸摸地去看了场电影，正巧给白皮撞上了。但白皮没有惊动他们，观察得倒很仔细。一散场白皮就来找我，说得明明白白生动得叫人受不了。灯一暗老黑的一只手就他妈的不见了，白皮说，不晓得伸到哪儿去了！我就问另一只手呢？白皮说，另一只手始终放在她的肩上。我又问，后来呢？白皮说后来他们去小巷子了。你是不是很难过？我心里顿了一下，我说，我他妈有什么可难过的？我早就说我根本不喜欢许言敏。那你气什么？白皮这狗娘养的好像是幸灾乐祸地看着我。我一下站起来，我气了吗？我只是觉得他妈的好玩。

我当然是气了。白皮不说我自己也感觉得出来。我想我真是有些古怪了，以前许言敏老对我递眼色，还送我一些画报彩笔什么的，我都不觉得有什么，现在老黑上前了我突然就受不了了，好像老黑抢了我的饭碗。第二天，我注意观察他们的表现，觉得情况并没有白皮说的那么严重。老黑在课堂上一副认真听讲的样子，发言积极，不过回答的问题基本上是错的。许言敏就更像什么事都没发生似的，一直在埋头做笔记，我看她时她也不看我。我倒他妈的心烦意乱，眼前总晃动着老黑在黑暗中消失的那一只手。它会往哪儿伸呢？

我后来对白皮说你他妈的骗我吧？白皮说我要是骗你就是孙子。那我怎么一点也看不出来呢？我这样问道。

白皮就把我拖到一边，样子神秘地说，这就对了！这就说明他们是来真的！你见过做贼的人像贼吗？

我说做贼心虚，可他们不是这样。

信不信由你，白皮说，我反正是为你好。

这怎么叫为我好呢？白皮的意思好像许言敏是我家的一件东西，比如说伞，你不用别人就用了，而我只能淋雨。那一天里我越来越不舒服了。我想不管怎么样我得点许言敏一下，这很有必要。于是下午放学时我故意让她留下来帮我出黑板报，让她抄稿子，她的字向来不错。正好这一期有她的一首诗《葵花朵朵向太阳》。我把它安排在最醒目的位置上，还特意配了一幅尾花。她很高兴，说你喜欢这首诗吗？我说喜欢。我接着又说老黑比我更喜欢。许言敏用困惑的眼神看着我，说，他还没看到你怎么就说他更喜欢呢？我没接话，使劲用彩色粉笔描着葵花。许言敏嘟哝道，你这人真有意思。我冷笑道，比昨晚的电影还有意思吗？

我不知道当时许言敏是怎样的表情，因为说完这句话我就把粉笔头一扔，提起书包头也不回地走了。我知道我点中了，很怕她当我的面哭。回家的路上我心里沉得要命，我有点后悔，觉得这样对待许言敏很不公平。那个黄昏天又下雨了，我坐在后院的屋檐下，眼前的雨一排排落在石板地上，溅起的水花像小奶嘴似的。我一点口味都没有，晚饭不想吃了。我很想到许言敏家去一趟，这种心情以往是没有过的。大人觉得很怪，外祖父摸了一下我的额头，以为我闹病了。他那粗糙的手弄得我很不舒服。我看着天一点点地黑下来，然后就上阁楼准备去睡觉了。我躺在床上翻来覆去，似乎又看见老黑那只手朝帐子里伸来。没多会儿，我听见外祖母在楼下喊，小敏来了。

用多少年以后的话说，这算得上是心有灵犀。我还真他妈的激动了一下，但我的脸上很无所谓。而且我终于用许云峰被捕时的步伐下了一回楼。我说，你怎么来了？

我不能来吗？我有话问你。

电影的事吗？你不说我也知道。

你知道什么？

我什么都知道。

你知道个屁！

许言敏既委屈又愤怒的样子让我有些害怕。我担心她会当着外婆的面与我吵起来。那时候老人正在厨房里洗脚，迟疑的水声令我分心。我外婆倒是喜欢这个小敏，在她眼中这女孩很乖巧，斯斯文文的，每回来我家都是礼貌有加谦虚有加。于是我们就上楼了，窗外下着小雨，室内亮着一盏台灯，气氛突然就变得神秘起来，我想这也有点怪。而更奇怪的是有一段时间我们居然无话可讲。屋顶上的雨声越来越响了。

后来，许言敏说清了这件事。原来是老黑这小子打着我的旗号去送票给许言敏的。老黑还说我怕别人讲闲话不好亲自来，请她原谅。到了电影院又继续撒谎说我万万没想到今天是我妈的生日，我来不了就让他来陪。这个狗娘养的把我整个地卖掉了!

第二天我找到老黑说,我们该把账清清了。这家伙一听就明白是怎么回事,却满不在乎的样子,说,怎么个清法呀?我说放学后在北门小河边见。说完我就走了,心想这小子真是越来越狂了,竟然一点不含糊。他不知道要打架吗?他不知道他从来就打不过我吗?以为裤裆里比我多几根鸟毛就能赢我吗?

果然一放学我们就在小河边见了。他还比我先来,双手插在裤袋里,一条腿还叛徒一样地抖动着。我把书包一扔,说,你知道我为什么要揍你吗?

老黑说,我们是决斗。

我差点想笑。决斗?为许言敏决斗?我说,不是决斗,你和谁好我不管,但你他妈的不能败老子的名声。我今天就为这个揍你!

老黑听了这话突然有些紧张,说我怎么败你名声了?他的表情却给我信任,那是很难装出来的表情。于是我就把昨晚许言敏讲的那些全说了。老黑一下就流出了眼泪,说,怎么会是这样呢?她明明对我说是她爸爸单位发的票,让我陪她的,还叫我别告诉你呢!

我给弄傻了。他们说法不一却又一样诚恳一样流泪。我该信谁?

直到今天我也没弄清楚究竟是怎么一回事。不过我和老黑那天没动手,我后来的力气全用于劝这小子想开点去了。没有人劝我想开,我也很难想开。但是这件事让我暗地里伤心了好一阵子。现在看来我的伤心不无道理。"我该信谁"对于我永远都将是一个问题。我的前半生如此运气不佳,十有八九是因为栽在女人和朋友手里。可我又怎能去过没有朋友没有女人的日子呢?

我不知道该怎样来说那个许言敏。她和我同岁,我们从幼儿园起就是一班。有一个时期我们的母亲还是同事,都在石镇剧团,后来她妈妈嗓子倒了,就改行去做了会计。那时候剧团的人老爱拿我们开玩笑,说我是她家的小女婿(剧团演过这出戏)。我在十来岁时就与女婿这个词有关了,但是不懂其意。有一回我问许言敏,你知道什么叫女婿吗?她想了想,说,就是以后做我老板的人吧——石镇的女人喜欢叫自己的男人做老板。我觉得好奇怪,接着问,那我们是不是要结婚?她说当然要,不结婚怎么能做老板呢?

结婚好玩吗?我好像挺有兴趣地问道,你说结婚是怎么一回事?

结婚就是我们并排睡在一张大床上。

就这么简单？

对，像我爸和我妈、你爸和你妈一样。

那我们现在不就可以结婚了？

现在不行。结婚是大人做的事。

他们在床上还做别的事吗？

不做，就并排躺着，躺过一阵就要生小孩了。你知道小孩是从哪儿出来的吗？

不知道。我想女人身上肯定有一个小洞洞。

屁话，小孩是从腋窝里出来的。

腋窝里有洞吗？

到时候它会裂开一个口子。

那一天后来我们就并排地躺在床上，谈着这些古怪的事，一边看着一本《人民画报》，上面有很多毛主席接见红卫兵的照片。许言敏指着一个戴帽子又戴眼镜的女人说，你看，这就是毛主席的老婆，姓江。毛主席是她的老板。

我吓得坐起来，你别乱说！

我没乱说，她就是毛主席的老婆。

毛主席没有老婆，从来没有！

毛主席是不是男人？是男人就会有老婆！

你这话反动！

你才反动呢！你连毛主席讨个老婆都不肯，让他老人家打光棍怎么的？

我们不欢而散。许言敏一走我的眼泪就淌下来了。我从来就没想过毛主席也有老婆。毛主席怎么会和石镇的男人一样有老婆呢？很多年后我还为这种奇怪的心理发笑，但还是不很明白那时的我怎么会那样去想。那个时候，我心目中最真实的毛主席是我们学校大门口巍然屹立的毛主席塑像，他的手比一顶草帽还大。到了尼克松访华那一年，我从电影上看见毛主席才突然觉得他很像一个老人，而且觉得他走路的样子和我外祖父差不多。

许言敏是个很有趣的女孩，如今虽已是一个15岁孩子的母亲了，但是心理上仍不失一分天真。1993年长江发大水，我们省灾情严重，于是就有四方捐款，其中包括一些影星歌星。但是有个专演毛泽东的特型演员没捐，许言敏听说了就气得不行，说，他居然还演毛主席，他也配？此后她再也不看那人演的电影了。据说她还给电影厂写过信反映此事，要求把那个演员开除掉。

那件事谈开后我和许言敏的接触便不像以前那样随便了。平时在班上我们几乎不讲话，因为我不再相信她。但是很怪，她好像比以前漂亮了，而且越来越漂亮。冬天来了，她穿着一件黑呢大衣，那是她妈妈的旧衣改的，但我觉得很合身。她的辫子也长长了，辫梢齐腰，是最好看的阶段。我尤其喜欢她戴口罩的样子，不仅遮盖了那一口四环素牙还平添了几分神秘感。最要命的是她的胸脯一天天地高了起来，爱在我眼前晃来晃去。我真后悔那次没有和老黑在河边打一架，那天要是我不问，老黑也就不会主动说，我也就只信了许言敏一个。我们真该说打就打。老黑比我还伤心，一想起他那天哭的样子我他妈的就受不了。老黑那天之所以敢同我交手，是过分相信了爱情的力量——这是很长时间以后他亲口对我说的。又过了很长时间，年近40的老黑在南方某个城市遇见我时又反过来说，爱情是他妈的最没有力量的。那时，他第二个老婆刚与一个做拉链生意的温州小白脸儿私奔不久。

那年冬天许言敏真是差一点和我好上了。然而即使是这样，她也与我心中的偶像沾不上边。偶像这种东西就是可望不可及，哪能唾手可得呢？哪能在石镇的街上随便乱窜呢？

但是不久我觉得下这个结论还为时过早。

石镇是个典型的本地和尚念经不灵的地方。比如说剧团，本是省里挂得上号的，但在石镇的演出就很少有过客满。可是邻县的某个破剧团来演几天，弄票还得找关系。这地方人的好奇心出奇地旺盛，屁大的事会闹得满城风雨。谁结婚了谁死了或者谁偷人了谁坐牢了，那消息传开只是一会儿的事。你走到街上不出十步就会碰见一张熟脸。于是生人落户便自然地引起全体人民的关注。如果这生人不仅是个女人而且还是个漂亮女人，那么这女人无疑就成了那个阶段石镇的明星。

1971年春天，一批省戏校的毕业生分到了石镇剧团。突然间来了十几个青年男女，而且还是文艺工作者，产生的轰动效应可想而知。他们穿着统一的练功服装，三五成群地在街上晃悠，简直成了一道亮丽的风景。剧团特意给他们组织了一次专场演出，想借这批新生力量振作一下。演出可谓盛况空前，连演三场都座无虚席。但是舆论没过几天就起了变化，那几个男的普遍受到了批评，不是对长相的挑剔就是对演出的责难。喉咙像拉大锯似的，身板硬得像石头，这样的人石镇街上有的是！言下之意他们是多余的。反过来说，女生得到了肯定。分来的那几个女生共同的一点就是皮肤都很白，于是便一白压三丑了。我从小在戏园子里长大，日久天长自然就有了所谓的专业眼光。我并不像街上那些人那么认为，倒觉得有两个男的条件不错。戏校的学生住在剧团的老宿舍，离我家仅隔了一个莲花塘，没事的时候我就去找他们玩。他们其实也比我大不了几岁，又一律喊我母亲老师，所以我一去便受到热情的接待。这样一来与老黑白皮的接触明显减少了，而我却不觉得。有一天白皮在莲花塘边截住了我，这小子用警告的口气对我说，要是我再和戏校那些家伙混在一块儿，我们的友谊就一刀两断！我着实吃了一惊，没想到事情会这么复杂。

他们有什么呀？不就是每月18块钱吗？白皮不屑地说道。

他们是我妈的同事，家又不在此地。我这样解释，我不过是把他们当客人待。

你是不是看上中间某个女的了？白皮突然冒出这么一句。

你他妈的屁话！我连他们的戏都懒得看还有兴趣看人吗？说着我就生气了，脸涨得通红。

白皮这才软了口气说道，不是就好，免得伤了许言敏。

这与许言敏有什么关系？

你不是又和许言敏好了吗？

谁说的？

老黑。

老黑的话你还信吗？

许言敏也承认了。

她承认什么？

她说你们谈开了。

谈开了就是散了，你见我这些日子理过她吗？

你不理就是你的不对。

我为什么非要理她，我又没有和她干什么！

其实我觉得许言敏不错。

那你去和她好吧！

她喜欢的一直是你。你也在心里喜欢她，这事你瞒得了别人可瞒不了我。要不你会去找老黑算账？

我不过是要把事情搞清楚。

既然已经搞清楚了你就更不该不理她。

谁说我搞清楚了？

你自己说的。

我只是想搞清楚但不可能搞清楚我干脆就不搞了！

和白皮吵过，我心里很不好受。我知道那件事要搞清楚很容易，只要把他们找到一块儿对质就妥了。可是我担心甚至害怕这样一来三个人都会很难堪，我会因此失去他们两个。我不想这样。真的不想。我只希望这件事就这么淡过去。可是白皮如此上心倒出乎我的意料之外。这事最先就是这小子挑起的，现在当和事佬的也是他，我真给这家伙弄糊涂了。关于白皮我后面再谈，现在我接着说戏校的那些人。他们当中的五个女的在我看来都很一般，从她们身上我看不出一丁点儿艺术气质，充其量和石镇医院的护士差不多。我最受不了的是她们拿我当孩子看，好像她们是我妈的同事于是也就可以全体当我妈了。她们大呼我的乳名，有一个姓秦的黄毛还动不动摸我的脸。另一个姓马的大脸盘每一次见到我都要拿糖给我吃，这个方式对我妹妹倒十分合适，我想要是她递给我一支香烟我肯定会对她改变看法的。总之，这五个女人我都觉得没劲。

那时候剧团正在大搞移植革命样板戏，所有的服装道具都是从北京买的，布景也必须按书上规定制作。剧团的美工是从乐队改行的一个跛子，手艺很一般，这样团长就叫我去帮忙。在石镇，我的绘画颇有名气，耸立在镇中心十字路口的《毛主席去安源》就是我和文化馆的人一块临摹放大的。所以只要有空，我便去剧团画布景了。那活和刷墙没什么区别，还得登高爬低的，几天忙下来我就毫无兴趣，但又不敢撂挑子——这可是他妈的政治任务啊！有一天我正画《红灯记》的海报，边上围了很多人，七嘴八舌地夸我，说李玉和的眼睛怎么怎么有神，铁梅还真有点像我们的小吕呢！我一愣，剧团哪来的小吕？这时我听见身后的一个女声说，我哪有这么好看呀！我就侧过身子，很快就看到了一张陌生而漂亮的面孔，我想这恐怕就是那个小吕了。

后来我才知道，小吕也是这一批从戏校分来的，因为有病推迟报到了两个月。听我母亲说，这一批学生中小吕是成绩最好的，本人的条件也最好。那年小吕19岁，称得上豆蔻年华如花似玉，而且还有大城市人的气质——气质是个什么东西我说不清楚，但我能感觉到。不知从何时起，我对略有病态的女人十分欣赏。这也许与我偷看《红楼梦》和《家》有关，于是在那个黄昏，林妹妹梅表姐的形象和小吕的脸重叠到了一起。

那以后我闭上眼就再也看不见许言敏了。

我几乎每天要去一趟剧团。他们排戏，我就坐在后排看着。他们以为我在看布景的效果，没有人会知道我是在看小吕。有一种女人是百看不厌的，那时我就觉得小吕是这种女人。看了，便想接近，一起说会儿话。她们都住单身宿舍，但是我不能只往小吕屋里去。通常是在其他人的宿舍转上一会儿，再去她那儿。她的房子布置得像她本人一样，怎么看都舒服。墙上有许多从过去电影画报上剪裁下来的明星剧照，每幅四边都用废弃的油光彩纸镶着边框。这是一个细心的姑娘，也是一个整洁的女人，她的屋子历来是干净的，称得上一尘不染。

这天我又来了。我到的时候屋子里没人，门虚掩着，她可能去街上打开水了。这是一个星期天的下午，老宿舍里没什么人，显得很安静。我突然就有了莫名其妙的心慌，总觉得会有事情发生。来时我已想好了理由，托她在省城的熟人给我邮寄几本画册。我想这样也许她会提出让我给她画一张素描肖像，我随身带了画夹和写生工具。我会理直气壮地看她很久，而且我相信我们会有很多的话说。这应该是一个完美的设计。我等待着，但我的眼睛却被一件小东西抓住了。那是她的胸罩，晾在衬衣里面。1971年的石镇是看不见这种东西的，我也只是从形式上作出了判断，这一点不困难。问题是这个东西给我的刺激太强烈了，在我眼里它已经不是胸罩而绝对就是女人的乳房。她的乳房！我甚至想动手去摸摸它了！那前后几分钟里我简直像个贼，激动和恐慌搅和到了一块儿。就在这个该死的时刻，我听见了她的脚步声。我刚一回头，她已到了门口，手里拿着几朵栀子花，香气顿时溢满了屋子。

小吕看见我总是很高兴的样子，一点也不吃惊。但是我却还没有缓过气来，仿佛真的偷了她的一件东西被她捏住了手腕。这花漂亮吗？她一边把花放到玻璃杯子里用水养着一边说，你看它多香，我真该再多买一点。

　　我说那我去为你再买吧。她说算了，说过几天再买。她问我要不要喝水？我说不要。我说我到这儿来找颜料，见她的门开着，就顺便过来看看。说完，我就离开了。那一刻我就想早点离开，14岁的家伙能有多大的出息？但是一离开我又后悔，恨自己太他妈的窝囊。我要是能拿出对付许言敏那一种风度就好了。这真是个要命的毛病。男人如果见到真正的美女内心一定是胆怯的——这是我很多年以后的总结。

　　事情并没有完。这天夜里我第一次做了个幸福而可耻的梦。我梦见了小吕的身体，我拥抱着那柔软的身体，把头埋在比身体还要柔软的两乳之间。我对女人身体的神秘感并不是十分的强烈，因为我在剧团美工那里偷看过徐悲鸿的素描和外国的油画，但是像这样把女人的身体和一个具体的女人联系起来并且享用，这还是第一次。我想我们应该是做爱了。在那个遥远的深夜，我的少年之躯诞生了一种前所未有的愉快。那不过是几秒钟的事，但却是永世难忘的几秒钟。我从那极度的愉快中醒来，感到两腿之间是彻骨的冰凉。我朦胧地意识到奇迹发生了！我仔细检查着我的身体，它的周边也终于呈现出了浅浅的黑色。现在，它已经很伟大了。

　　然而新的苦恼接踵而至。我陷入了一个怪圈——我越是喜欢小吕就越去想她的身体，越做那种幸福而可耻的梦，梦醒之后便会对自己深恶痛绝一番。那时我不知道"亵渎"这个词语，我只是觉得那么想那么梦很不应该。我认为好女人都是干干净净的，也许连屁都不会放，我怎么能让我的偶像在梦里一丝不挂呢？

　　我变得有点怕见她了。因为一见面我就觉得她在我面前是裸体。天渐渐热了，夏天是个危险的季节，而我处在危险的年龄。但在女人问题上，我显然还不敢冒险。

　　有一天我在新华书店遇见小吕，她开口就问，你怎么不上我那儿玩了？我说学校正忙着排练欢送高年级毕业生上山下乡的晚会节目。她就很好奇地问道，这儿的学生也下乡吗？她的意思是说这儿已经是农村了。我说当然要下，下到真正的农村去锻炼。我心里突然有些不舒服，我不希望小吕把石镇看作农村。我匆匆走了，小吕可能还在琢磨什么才是真正的农村。不过没多少天这个问题便解决了。那年五月间剧团组织送戏下乡，这回他们是去真正的农村。而我却去了真正的城市——上海。

去上海的决定很突然。我们的校长刘大肚子有一天在《解放日报》上看见了个独幕话剧，认为对教育革命很有好处，就立即组织人员去上海观摩。一行三人，由一位家在上海的老师带队，另外两名学生是我和许言敏。上午通知，下午就出发了。我母亲只给了我15块钱。我们由石镇坐汽车到水市，再从那儿改乘轮船直达上海。对于我，上海是城市的偶像。虽然大家都唱过"我爱北京天安门"，报上也一直在说"北京是世界革命的中心"，但自从那年我妈从北京串联回来说"北京一点也不好玩"后，北京在我心中就失去了位置。我还是相信我妈的。我不明白毛主席为什么偏要选一个不好玩的地方待着。我对上海的了解是从我家那只浅绿色帆布旅行袋开始的，那上面印有外滩风光的图案，让我觉得像是外国，像欧洲或者美国。它们都是臭不可闻的资本主义国家，不过风景又都很好。现在我就提着这只上海旅行袋去上海了，我还真他妈的激动了一宿没怎么合眼呢！另一个原因是许言敏和我在一起——我虽然暗地里喜欢小吕，但是也不想拒绝许言敏喜欢我。用现在的话说，这很排场，我居然搞起了一龙二凤式的小三角。我和许言敏爬到最顶层，看着长江两岸的灯火，我很自信地对她说，我身上只有15块钱，但照样去上海遛一趟。许言敏说，你知道为什么挑你来吗？是我向刘校长说的。

我很吃惊，刘大肚子和许言敏的父亲既是同乡又是同学，这话有可能是真的。我突然觉得很难受，刚才的激动便化掉了。

许言敏说刘校长想要排这个戏，我就说只有你能排。

许言敏说我知道你对我有意见但我有好事还会先想到你。

许言敏说和你一块出来我很高兴我没有别的意思我不过是……

不过什么？我打断她，你以为你是校长的校长吗？你以为你怎么说我就怎么信吗？我可以回去但你有本事把戏排出来吗？

我们一下就闹翻了。许言敏犯了一个致命的错误，不该拿一个男人的自尊心开玩笑，哪怕是一个14岁的男人。

第二天傍晚，船抵达了上海十六铺码头。望着乱糟糟的一片破败景象，我不禁倒吸了一口凉气。我的城市偶像便在这个瞬间变得破烂不堪。

很多年后，我因业务关系几乎每年都要来上海两三次，没有一次是乘兴而来开心而归。在那个自以为是的城市里我一点也找不到感觉，我想这与我第一次来时的印象不好有关。我宁可守着那个旅行袋上的上海，它至少给我以想象力。

我在上海前后待了两个星期，回来时已是那一年的五月底了。我身上的15块钱除了给家里买了一把大汤勺基本上都买了美术资料。我给白皮和老黑每人买了一条仿军用皮带，还为小吕买了一对琵琶样式的发卡，她别在头上一定会很好看的。那时剧团正在农村演出，我在家中只住了两晚就借白皮的自行车进山了。田里的稻子转黄了，一片丰收在望，山清水秀，鸟叫蝉鸣，和上海相比山中多了一大块的安静和一大片的蓝天，空气明显地清新了。我一口气蹬了30公里，到了目的地，天色已近黄昏。刚到村口我就远远看见一个人像是小吕，但不明白她为什么要打一把伞，太阳软了，还需要遮阳么？当演员的就这么娇气。我加速蹬过去，喊了她，她便吓了一跳，说是你呀，你这么快就回来了？上海挺好玩吧？

我说上海不好玩。她的话我听了很不是滋味。怎么叫"这么快就回来了"呢？我并不觉得快。但是见到她，我还是很高兴的。我不明白她为什么没有晒黑，是这把伞的功劳吗？我就说，你真娇气，太阳快下山了，你还打伞。她一下就笑了，她说哪里呀，我是要上厕所，这里的厕所都没有门呢！说着，她便把伞递给我，又说，那你替我看着点，我一会儿就好。

我突然觉得心里有些异样，我想这应该是很大的信任，这和一个女人向你托付终身没有多大区别。这时候剧团的人陆续过来了，我便有些紧张，就赶快撑开伞遮挡了过去。我好像听见我妈在说，那边那个人是不是我儿子？

那天我就住下了。剧团的人分别睡在两个大仓库里，蚊子出奇地多，那些男人的汗味脚臭更让我无法忍受，我干脆就不睡了。外面是一片月光，蛙声此起彼伏，微风吹过来很舒服。我沿着一条通往河边的小路慢慢走着，想明天什么时候把那副发卡送给小吕，我该对她说些什么？我意识到这将是一个大动作，是毫无遮掩的暗示。她会感动吗？

正想着，忽然听见左边的小树林里传来一男一女的说话声。那男的好像是拉二胡的麻子程兵，女的竟然就是小吕！他们在商量一件什么事，麻子说，你别怕，天塌下来有我呢！小吕说，天塌不下来，但我可能从此就塌下来了。他们向远处走去了，我的脚不知不觉地软了起来。我想他们的确是在商量一件可怕的事。他们或许不怕，害怕的是我。那个晚上太他妈的折磨人了。我想到极不愿意想的地方再往回想，等于是把自己吊起来再替自己松绑。我不过14岁呀，我哪能承受类似老婆偷人的痛苦呢？所以天一亮我就蹬车回了石镇。这天又是一个星期日，石镇的天空万里无云，可我心头却在下雨。我站在大桥上，望着东去的琴河，一种很苦很恶心的感觉在胃里翻滚。车胎爆了，我沮丧地推着这辆破车向车铺走去。我觉得街上的人都在看我，听见有人把痰吐得很响亮。没过一会儿，身后传来了许言敏的声音：你昨天去乡下了？刘校长让我们去汇报呢！我看着许言敏，就见她的嘴还在动着却听不清她又说了些什么。那一刻我真想扑到她怀里痛哭一场！

　　我父亲曾经郑重指出，我是一个睡得着醒得快的人。这话对于我接近真理。对于14岁的我来说那就是纯粹的真理。现在我已经40了，患上了严重的神经衰弱，睡眠成了人生的一大问题。这两年我在北京做事，有一天去长安街上溜达，我突然发现脚下的身影已完全是个标准的中年人身影，那么缓缓地移动着，让人很容易联想到你的前列腺不健康。那天晚上我去北京音乐厅听了一场音乐会，坐在我前面的是一对少男少女，看上去也不过十四五岁吧。我不禁想到了1971年的我。石镇历史上从来就不曾有过什么音乐会。我为我的故乡所作的贡献之一是填补了舞台上话剧的空白。我得感谢那个莫名其妙的话剧，它帮助我摆脱了1971年的苦恼。那些日子我的全部精力都投入到话剧的排练中，只是偶尔从抽屉里见到那副琵琶发卡，心里才有了一点不好受。我想这情绪可以算得上是忧伤了。这发卡我得找机会送给小吕，无论她是否和麻子干了什么。

　　一个月后，话剧正式在石镇剧场演出了。学校为了重视，请剧团的人来帮助化妆。来人中就有小吕，而且她指名要替我化。这是我们距离最近的一次接触，她的手无比痛快地抚摸着我的脸，我能感觉到她皮肤散发出的动人气息，然而我的心跳却没有增快。

　　用我父亲的话说，那个时刻我大概是睡醒了。

　　不久，暑假又来了。这个假期我准备和老黑白皮去罐子窑学制陶器。那是我母亲的出生地，我已有好几年没去了。临出发的前一天，我到剧团去向小吕辞行，想把那副发卡亲手交给她，但我不想说这东西是几个月前在上海买的。那天剧团不排戏,她应该是在宿舍里。我从那片莲花塘前走过时,看见满池的莲花都开得像小孩子的脸。走到老街口,忽然见到几个白衣公安押着一个男人正匆匆朝这边走来,后面跟着许多围观的人。近了一看,那人是麻子程兵!他被麻绳五花大绑着,脚上只有一只鞋。我一下意识到是他和小吕犯事了,心跳得自己能听得到响声。这时人群中走出了白皮,他说,这小子栽了!我便问如何栽了?白皮说,他摸高压线呢!剧团那个小吕是军婚你难道不清楚?

我还真不清楚。那会儿我真替小吕着急,就连忙往老宿舍奔了。但是小吕的房门紧锁着,只开着半扇窗。我立在窗前,看见她的蚊帐都已经卸了,猜她八成是回了省城家中。我去附近小店里买了一块手帕,把那副发卡仔细地包好,从窗口扔到了她的床上。

事情的真相并非如传言所说。小吕其实不过是曾经与一个军人恋爱,在分到石镇之前,她就动过想断的念头。是恋爱那就属于双方的事,小吕没有非爱军人不可的义务。这在当时我就明白。我不明白的是这么一个如花似玉的姑娘为何要去爱一个拉胡琴的麻子?这件事在石镇闹得沸沸扬扬,几天后,麻子程兵被挂牌游街,那巨大的牌子上赫然写着"流氓分子"。麻子没有坐牢,大约在拘留所关了两个月就释放了,但受够了皮肉之苦。小吕不久也回来了,她好像一下子长大了许多,看上去已是个典型的妇女。到了这年的秋天,有一天我母亲回来说,小吕找团领导要开介绍信,准备和那个程兵登记结婚。母亲说,看不出,小吕还是个有骨气的女人。

但不知为什么,他们的结婚报告迟迟没有批。很多年后我才听说,原来是县革委会的一个副主任在暗地里作梗。那个人的老婆得了乳腺癌,一时又死不了,于是那人就想把小吕这张牌扣在手里。1993年我在海口办公司,一个阳光明媚的上午,我接待了来自故乡石镇的一位面目清秀的年轻人,他是来求职的。在简短的寒暄后,我才知道面前的小伙子就是小吕的儿子,已经18岁了!他还给我看了一张照片,说是他母亲交代的,送给我既是纪念又是证明。照片上的小吕抱着两岁的儿子,依旧是那么的美丽。而让我怦然心动的却是她头上别的正是我的那副发卡!那个瞬间我几乎是落泪了。我感到一种酸楚的幸福在我的体内涌动着。我知道我那幼稚的爱获得了深厚的证明。时间实在是流得太快了,不经意中就过去了20几年。我留下了这孩子,并安排他去驾驶速成班学习。小伙子倒是很聪明,没多少天就能熟练地开车上路跑了。那时我很想与小吕通一次电话,也想邀请她来海口玩玩,却终于没有做。我觉得过去的事还是保存在记忆里比较好。一天,小伙子紧张得跑来说他出事了,因为喝了点酒,开车撞倒了一个路边小摊,幸好没把人弄死。我一听就火了,扬手打了他一耳光。这个鲁莽的举动让我们都有些意外。我生气地叫道,你知道我为什么揍你吗?他吓得不敢做声。我想他不会知道。他怎么会知道那冲动的一刻我已把他当成了自己的儿子?那天晚上我不禁想到了22年前的那个秋天。我记得有一天打开水遇见了小吕,当时我们都有些不自在,随口说了几句天要下雨之类的废话,然后她就离开了。那正是她一生中最艰难的日子,而我却不再去看她了,我想她心里是有数的。其实我没有一点嫌弃她的意思,我不在乎别人怎么说她,但是我不愿意看见她和另一个男人在一起。我怕的是这个。

　　我又回到了朋友中间。那个暑假我的情绪恶劣到了极点,去罐子窑学制陶的计划也临时放弃了。后来还是老黑提议说去看看大头,这小子和我们有一年多没联系了,即使是春节也不回石镇。我们就搭车去了那个公社,一路问过去,直到天挨黑了才找到大头的亲戚家。可是大头却不在,那亲戚说他去邻县的一个铜矿上做小工了,每天能挣八毛钱。我们只好给大头留下一封信,让他过年一定回趟石镇。

　　那个暑假后来我们什么也没干。有一天我突然心血来潮地想写小说,而且想写长篇小说。我就去街上买了一摞稿纸,成天躲在小阁楼上爬格子了。最先知道这件事的是许言敏,她是听我妹妹说的。为此她还让我妹妹带来一张条子,上面就写了一句话:你的小说里有我吗?这倒给了我启发,我为什么不能写写自己呢?可是细一想又发憷了,我总觉得我们几个干了一大堆坏事,而我们又个个希望自己能成为英雄,这好像很矛盾。我把这心事曾对白皮吐露过,他倒很不以为然,他说你斗私批修呢,你没有一分为二地看待自己,我们不是还救过火吗?

　　可这种事太少,我说,再说写起来总觉得有点不好意思。

　　有什么不好意思?难道还有假吗?

　　我总不能自己夸自己吧?

　　那你就夸我吧。将来你的小说出名,我就跟着出名。这没什么不好。

出名有意思吗？你走到外地谁会知道你是石镇的白皮呢？

报上会登很多照片的，慢慢地就认识了。

认识了又怎么样？买东西能少给一分钱吗？

倒也是。我家对面的鞋匠长得就像陈永贵，但他还是修鞋。

算了，我不写了。

也许你将来会写。

这个无聊的暑假总算是混过去了，开学没多久天气便转凉，树叶不知不觉地落，但是很怪，这个秋天缺雨。秋干冬冷，这是我外祖父的预言。他还说来年的年成不会太好，因为雨水都攒在那儿，一下起来就会没完没了。我们不关心年成的好坏，就想早点毕业，去过那种自己挣钱自己花的日子。念书没有意思，没有一门课让我们感兴趣，老师也懒得教，时常叫大家自习。于是就有人在教室里用从化验室偷来的酒精灯烤花生吃，弄得一屋子都香。有一天上几何课，驼背汪老师正在黑板上画梯形，猛听见"砰"的一声爆竹响，吓得差一点儿晕倒。但硬是查不出是谁放的爆竹。驼背恼羞成怒，大喝一声，猪！你们这些无知的活猪！大家一下笑了起来。驼背便立即去找刘大肚子汇报了。下午，广播通知全校开大会，一看校长之流铁青着脸坐在台上，我们就以为要集体受到死整。老黑低声对我说，坏了，我要倒霉了。我这才明白那爆竹是这狗娘养的点的。我骂道，你活该！你他妈的太过分了，你那鸟毛算是白长了。老黑狡辩说，我以为是烟火，没想到响了。这时，刘大肚子拍拍麦克风，用力清了一下嗓子，说，注意了，现在传达中央文件！关于林彪反党集团反革命罪行的报告。

我们一下子就吓呆了。这怎么可能呢？但是谁敢瞎说？！

我觉得以"林彪事件"作为我的偶像时代的终结点是非常合适的。所以我的这篇小说到此也就可以结束了。为了使"这个故事"相对完整一些，我想对故事外的若干情况再略作交代。去年秋天我回了一趟石镇，是来参加大头的葬礼——他死于非命，一辆卡车撞掉了他半个脑袋。在殡仪馆，我们只见到了他的身体，看上去还是很魁梧。大头叫张顺强，生于1958年9月，死时刚过40岁生日没几天。大头在农村只念完了初中，后在赤岭铜矿当临时工、合同工，1989年起带着老婆和两个儿子回石镇，开了一个日杂商店，据说生意还不错。除了老黑，我们原先的同班同学基本上都来了。老黑原名李龙，后改为李朝阳，当时他正在四处寻找他的第二个老婆，就发了一份唁电，并给大头的亲属电汇了一千元。大头下葬的那天，白皮和夫人许言敏乘一辆奥迪车从省城抵达，两人都十分悲痛。白皮紧握着大头妻子的手说，你生活上还有什么困难，要不要我和县长打声招呼？白皮大号王奇志，1982年大学毕业后就留在了省直机关，现任省外办第一副主任。他在大学毕业后的第二年与在部队医院当护士长的许言敏结婚，但他们是从何时恋爱的我不得而知。

这几年我走南闯北地四处瞎撞，虽然家在省城，但和白皮也是难得一见。所以那次碰到就想一起好好聊聊。于是他在县招待所包了间房，让许言敏带孩子住回了娘家。他女儿长得不像他而像许言敏，因此我敢断言这孩子是第二胎。白皮委实吃了一惊，说你怎么知道不是头胎？我说一望便知，是头胎必像父亲无疑。他就很腼腆地笑了，说还真让你说对了，就是二胎。他说这事至今无人知晓，那时他还在大学念书呢，就把一个女兵的肚子搞大了。我说，你这家伙手段够高明的，难怪人说会咬人的狗不叫呢。白皮说，要是我那时不把她拿下，她也许就嫁给另一个主任了。我当时心想，如果我和许言敏当初就正儿八经地好上，那孩子就该长得像我了。我不知道我为什么要这样想。

那天晚上我们聊得很迟，又喝了不少酒，却毫无睡意。想起20几年前的那些事，又联系到大头的死，一种很复杂的气息在我们之间穿行着。外面的鸡开始打头遍鸣了，电视机里正播放着《风雪山神庙》，白皮就评论说这东西拍得很臭，还没有我们那回救火好玩。我同意他的看法，我说电视剧就是个破东西，却时常有人让我去参加什么艺术研讨会。电视剧还有艺术吗？他说还不如来研讨研讨我们呢。说着，他很神秘地凑近过来，问道，你知道那场火是怎么回事吗？

我看着他，片刻之后说道，我刚知道。

然后我们就哈哈大笑起来。

1999年5月　北京—合肥
（原载《时代文学》1999年第5期）

从前的院子

命运对于过错总是盲目的,只要有一点点的放纵,命运就会变得冷酷无情。

——豪·路·博尔赫斯

1

去年秋天我计划写一部长篇小说。和以往一样,每写一部长点的东西,我首先想到的不是内容而是所谓的形式。在那部想必是忧伤而潮湿的故事中,我企图做一次叙事的冒险——除了文字,我还准备掺进大量的照片和绘画,后者当然不是插图,它应该成为叙述的另一种方式,构成另一个层面。

这样,我便需要回故乡石镇拍一些照片,同时把尘封已久的写生作业翻检出来。在我决定去当一名小说家之前,我的理想是当个有才气的画家。这个从前的理想已经疏远了我二十年。不过我相信,再过二十年它又会回来——六十岁之后我不想再与文字打交道了,面对小说我已毫无才华可言,而绘画除了满足我残余的想象,还可以延年益寿。

我是秋天行将结束之际回来的。那天是个阴雨天气,石镇的街上人影稀疏,看上去有些清冷。我记忆中的秋天从来都不明朗,但我似乎对眼下这个萧瑟的季节格外关注。这有点怪。

第二天放晴了,阳光很好。我便带着一架尼康 F2 开始实施我的计划。我首先要去的,是位于后街那个从前的院子——我在这里生活了近二十年。石镇现存的老街只剩下两条半,应该是民国初期遗下的,建筑风格类似江南的徽派民居。不同的是,徽派民居的格局都是一个整体,石镇的老街却是独门多户。一个门洞向后延伸扩展，住着十几家，由回廊连成一个整体，这便形成了所谓的院子。没有围墙的院子。在我看来，这种结构更接近上海的里弄，不过是低矮一些，最高的也就是二层。我一直觉得，现在的房屋结构是造成今天故事缺乏的一个不可忽视的因素。虽然大家住在同一幢楼上，但是平时几乎没有交往。每家的门都是紧闭着，每家都有防盗门，据说家用报警的装置已经开始出现。这样的时候，我便不由得怀念起从前的院子来。然而一想起这个院子，我的心又开始变得沉重了。这就是我为什么迟迟不肯写它的原因。

从前的院子位于半边街。

半边街坐北朝南，总长不足一公里。南边临着一条活水河，名字很好听，叫琴河。它发源哪里我不清楚，但我知道它九曲八弯之后，另一端通向长江。早先，半边街是个商埠，外江的船在这里停泊，进行盐、布匹、陶瓷以及鸦片的交易。我一直疑心从前的半边街上设有烟馆和妓院。琴河流经半边街时造成的形势很有趣，它可能在上游某个洲嘴绕了个弯子，所以看上去水势是往西淌。河的沿岸一律用不规则的石头垒砌成坡，有一丈高。我们下河沿需要踏过二十几级台阶。半边街的街道也有丈余宽，除了沿河堤植有一排杨树，街道上全都是铺着浅褐色的麻条石，雨天是很好看的。

当年这院子住的人家差不多都相继迁走了。院子本身却没有多大的变化，只有当中的那棵枣树伐掉了，低矮的树桩上晒着一双圆口布鞋。我依次拍下门前、窗台、楼梯、回廊和小青瓦的屋脊，似有些怅然。这大概与我的怀旧倾向有关。阳光下的这个墙角爬满青苔的院子，现在有一半处在自身造成的阴影中。我突然意识到，院子的记忆是一个现成的故事，而且这个故事中的人一部分已经死去了。在这个秋阳明媚的上午，我的心情却渐渐转为凄凉，但感觉上又是困顿而迷惘的。我似乎是第一次真正地看到，从前的院子竟是那样的深不可测，仿佛隐匿着人生的扑朔迷离。我点上烟，想沿着这条即兴的思路走下去，这时听见身后传来"噗噗"的声响，是一个男人在阳光下拍打着那双圆口布鞋。这是嘉林，我一眼就能认出。嘉林现在应该有五十的光景了，但看上去和从前似乎没有什么变化。嘉林就像一块化石，印证着这个院子。他还是一副清秀的模样，一头蓬松的黑发，一张永远微笑的脸。他身上穿的还是那件浅绿色的毛线背心。然而他不会知道此刻站在他边上的是他从前的朋友。他大概和我成为朋友不久便不认识我了。

我想，这个故事就从嘉林讲起吧。

2

嘉林在 1976 年春天与我成为朋友。其时我在离石镇三十华里的梅岭公社插队，嘉林则已是梅岭中学的语文教师了。他是师范专科毕业，虽为工农兵学员，但能力足以胜任工作。嘉林的父亲原也是位中学教员，后来大概因为历史上有"三青团"一页，便收了他的教鞭，给了他一杆铁笔，让他在教务处刻写钢板。嘉林的妹妹嘉秀是我的同班同学。有一段时间，学校里传言我们有恋爱之嫌。但嘉林与我做朋友，并非这个缘故，相反，那阵子我觉得他超越了做哥哥的权限，兼有护花使者的使命，对我充满敌意。这家伙甚至还威胁过我一回，拿着一把生锈的大剪刀对准我的喉部，质问我对他妹妹可曾动过邪念？逼我招出与他妹妹相处的种种细节，比如说是否摸她的奶了。这实在是无稽之谈。我就说，我连对嘉秀动美好念头都没有哪能动什么邪念呢？这家伙一听更是火冒三丈：你是说她还不配让你小子动邪念？我真不知该怎样解释。但我私下认为，嘉林的理解并无偏差。

那年春节刚过，因为梅岭中学的一位教英语的女老师调往南京，我便临时借调到职。我原以为这是嘉林在背后帮的忙，好让我从田里爬上来歇息一阵，以减去皮肉之苦。后来才感觉其实不然，对我的到来他似乎没有我预想的欢迎态度，显得很烦躁，就像我抢了他的饭碗似的。这让我很是困惑，我们现在宿舍住隔壁，我们石镇的家又是同一个院子，他没有理由讨厌我。所以平时一有空我就带上一包好烟去找他聊天，装出一副若无其事的样子。嘉林表面上也还不失谦谦君子之风，并说公社早就应该把我调来，以加强英语的教学。但这些话绝对是言不由衷的，而且我一看他的表情就知道这家伙心不在焉，好像在想什么心事。对这个比我年长七岁的男人，我没打算去揣摩他的心事，也没想着日后与他做朋友。我不喜欢他那种神神秘秘的样子，也反感他的过于整洁。

那时候还没有双休日一说。一般每个星期六的下午我都回石镇，星期一早上再赶回来。我自然要邀嘉林同行，但他说：我骑车呢。他有一辆崭新的"飞鸽"牌自行车，是院子里的碧霞帮他从百货公司内部买的。这样我就只好一个人去公社的汽车招手站等候过往的班车，而更多的是指望能搭上便车——同院的司机老于天天都在这条路上跑，碰巧了我就省了钱。从学校到汽车招手站大约三华里，往往都是嘉林用自行车把我带过这段路，然后他就骑车先走了。不过有一点我感到很奇怪，明明他是走在我前面的，可是一路上却看不见他的影子。到了石镇也还是看不见，去问他家人，都说他这个星期天不回来了。他父亲说，嘉林刚刚提拔为教导主任，有很多事缠着，我便不再多问。学校星期日从来就不加班，除了厨房的那个老头，全体老师都回家了，有什么事可缠呢？

一个阴雨的周末下午，我在公社又一次巧遇了老于的那辆大解放。走到半道上，我突然想起宿舍的房门没锁，就只好让司机调头回去。搭便车本来就有心理负担，再这么一折腾我就更不好意思了。于是我谎称明天学校有会，不回去了，请老于给我家里捎个话。我匆匆走回到学校，老师们差不多都离开了，只有那个炊事员老头在那边铲煤。天色已开始转暗，雨也渐渐大起来。我感觉身上有点酸，便想蒙头睡上一觉，等醒了自己拿煤油炉下碗面对付一顿。关好门，拉上窗帘，我躺到了床上，睡意却消失了。这种微暗、寂静以及均匀的雨声，又让我想入非非。我想这时候如果有一个女人与我并排躺着，肯定是人生一大美事。那时我十八岁，还没有初识云雨的经历，但对性事充满幻想。我时常幻想着与电影上的某个女主角同床共枕，有一回还想到了院子里的碧霞——我觉得她和某部电影的女主角相像。当时碧霞已是一个三岁孩子的母亲，比我至少大五岁，所以我更多的是在想她的脸。

我正这么胡思乱想着，忽然听见隔壁嘉林的房门开了，受潮的门发出难听的声音，开得轻巧关得果断。嘉林没走我很高兴，心想晚上可以与这家伙一起聊天了。学校没有什么人，我们可以海阔天空胡说八道。这时，我好像听出隔壁是两个人的脚步声，接着又听见嘉林语气亲切地说：淋湿了吧？然后是倒水和洗脸的声音。我期待着，好一会儿才听到一个女声说：小琴今天有些闹人，险些过不来了。

我着实吓了一跳，这分明是碧霞的声音，小琴是她的女儿。我一下子就明白过来了，原来嘉林和碧霞还有这么一腿！很奇怪，我居然也他妈的兴奋了，而很快心情又转为复杂，弄不清是羡慕还是嫉妒。最后是偷窥的念头占了上风，但是这堵土墙找不到任何缝隙。外面的天完全黑了，雨声淅淅沥沥，不时伴有轻雷和闪电，古今中外这都是做爱的最佳时机。我现在耳边还似乎萦绕着那一刻他们在床上发出的声响，我甚至都能从这不绝于耳的声响中分辨出做爱的阶段与细节。可以想象出那一时刻我是多么的备受煎熬。如同一个陪斩者，别人的事很快就完了，我却惊魂难消。我在黑暗中捉摸着自己的身体，也捉摸着隔壁那对男女从何时起就滚到一张大床上的。碧霞的丈夫根男以前是侦察兵的一个连长，一次训练中弄伤了左眼，现在成都附近的一家兵工厂当车间主任，身份还是现役。军婚是高压线，碰不得的，这么一想我便替嘉林感到担忧。纸包不住火，天长日久这事肯定就会捅出来，嘉林便没有什么好果子吃。可是我又不便对嘉林暗示什么。我此刻都不敢弄出一点动静来。他们在隔壁大大咧咧地做人生最开心的事，我在这边挨饿憋尿连大气也不敢喘。他妈的那一夜可要了我的命了！

我原想天一亮就逃走，不料隔壁那对人又来了精神，似乎在半梦半醒中又做了一回。我只好继续装聋作哑，趁着雨急时站在窗口哆哆嗦嗦地把尿放了，又一头栽到床上，不多时也就睡了去。我还做了个骄傲的梦，梦里的伟人我当仁不让了，我骑在碧霞身上，但是除了她的脸，别的地方还跟以前一样的不清晰，怎么看都不真实。那身体仿佛是平面的，没有弹性没有温度。我正苦恼着，猛听见有人敲门，空洞的声音令我慌张，好像我刚才真的做了什么。我透过门缝先看了一下，门外居然是衣着整齐的嘉林。在他身后，阳光照在沾有雨滴的树叶上，绿得叫人睁不开眼。我故作哈欠连天来掩饰我内心的慌乱，懒散地打开门：天晴了？

嘉林把一封信递给我，什么也没说就回他屋里了。我好奇怪，外地没有谁知道我已到了学校，而且字迹也很陌生，连邮票都没有。我拆开信，就见上面只写了一句话——

我们不容易，求你保密。

我立刻明白这是碧霞所为。可他们怎么知道昨夜我缩在隔壁呢？这时，听见炊事员在喊我和嘉林吃饭。我想大概是这老头今早对嘉林说了些什么，才引出眼下这堆尴尬来。嘉林这家伙还在等待我作出反应呢！于是吃过午饭，我就去了他的房间。我还没来得及说，嘉林便先开口了。

他说自己和碧霞一直相爱,而更多的是说碧霞作为女人如同守寡的日子是多么多么的不容易。那语气给我的感觉是他一直是在埋头苦干地做好事,在舍己救人。我还能说什么呢?我只能表示我很理解,我说,碧霞的确不错。这家伙好像受到了极大的鼓舞,刚才凝重的表情一扫而空,几乎有些神采飞扬了,他划动着双臂激动地说道:我的朋友!我嘉林的眼光是绝对不会错的!在石镇你上上下下地瞧瞧,有几个女人胜过碧霞的?我不在乎她结过婚,我不在乎她有孩子,我只想这辈子和她在一起!

面对这个假想的情敌我不知所措,完全被他的气势震慑住了。等气氛有所缓和,我才又回到两年前那个庸俗的话题上,我问:你最初对碧霞动的是不是邪念?

他爽朗地一笑,说:邪念是对一个好女人的最佳评语。

3

很多年后我才真正懂得这样一句话:少妇的魅力是无法抗拒的。和姑娘相比,少妇显得热情大方而毫不羞怯。这当然只是肤浅的理解了。1976 年我虽然还不知道少妇碧霞内心的隐秘,但从那个雨夜隔壁的动静里,我已深知这是个拥有过硬的床笫功夫并能使男人愉快的女人。嘉林的评价毫不过分。在石镇,包括剧团、医院里的那些女人,能把碧霞比下去的还真是不多。那年碧霞二十四岁,白皙光洁的肌肤使她看上去比实际年龄要小。她有着标致的五官和丰满而不失苗条的身材。没有人相信她已是一个三岁孩子的母亲,但都清楚这是个已婚的女人,尽管她梳着两根齐腰的辫子。这个百货公司的业务员是骄傲的,也是风骚的,喜欢以与众不同的穿戴来强化自己鹤立鸡群的地位。

"隔墙有耳"之后,最初几回我见到碧霞都有些不自在,总觉得她那一对丰满的乳房很活泼。她却没事似的,还时常托我给嘉林偷偷捎去一点吃的用的。作为回报,她把公司清仓打折的处理品,比如电池呀枕巾呀水果罐头之类,优先替我家留上一份。有一回她还给我张罗了一件橡胶雨衣,说是军用品转地方内销的货色。她还说她丈夫根男的那个厂就是生产这类东西的。我听着听着突然就笑了起来,碧霞却认真地说道:我没骗你,是真的呀。我就越发笑得厉害了,她这才醒悟过来,使劲捶了我几下，说你这该死的！碧霞离开后，我似乎有了些惆怅，脑中倒是真的生了邪念。我想像碧霞这种什么都"过来"了的少妇，倘若真下决心勾引大概也不是难事。她既然看得上嘉林也就不该有理由轻视我——我自觉一点也不比嘉林差。我和嘉林的区别在于：他想到做到，我是光想不做。我还在欣赏碧霞的脸时，他就已经把这个女人弄上床了。

我把那件雨衣抖开，上面确实有一方注明"军用品"的图章。这时，听见对面司机老于的女人吴玉芳在喊我，还一个劲地招手。吴玉芳原是纱厂的挡车工，因患风湿性关节炎病休在家两年了。以前她是个很讲究的女人，虽然没什么文化，长相却不可思议地有些洋气。据说当初老于和她恋爱，还以为她是大户人家出身。这个女人天生心灵手巧，她的衣服都是她自己动手做的，穿出来很别致。在我看来，吴玉芳的致命弱点有两个，一是和谁都处不好关系，所以她病休在家，厂子里从来就没有人上门来探视过，也没见有人来催她上班。二是不会生孩子，她和老于结婚差不多近十年，也没见她大过肚子。但她自己总对人说，问题出在老于那方面。当然这个解释并没有人相信，我外婆就不信，老人说：能不能生，一望便知。她这个长相就不是做娘的命。

我跳下回廊，走过去问道：吴大姐，有事吗？

吴玉芳放下手里那只大黄猫，低声而有力地说：你不要和碧霞那个狐狸精搞到一起。

她的口气比我妈还严厉，我就解释：碧霞替我买了件雨衣，很便宜。

便宜没好货，吴玉芳说，她自己就是个贱东西！

我感到诧异，实在不明白这个吴玉芳怎么对碧霞怀有如此大的仇恨。这个人几乎是半瘫痪状态，足不出户，何以知道三十里外的风花雪月？倘若是信口开河，这样的话要是传到碧霞的耳朵里岂不是惹火烧身？我就打圆场说，碧霞就是这么个热心人，有什么好事就会先想到这个院子。

吴玉芳却不以为然地冷笑着，说你还小，有些事不懂。她说：哪有男人长年不在家，脸开得像桃花一样的女人？

正这么说着，老于回来，手里拎着一摞子中药。司机好像已经猜到自己女人又在数落什么，一进门就把她架到里屋，说：你这人，腿闲了嘴又不闲！

吴玉芳还在嚷着：你巴望我闲着是不是？我就是不闲！

门"砰"的一声关上，后面的话我就听不见了。

这件事当时并没有给我留下什么印象。重新关注它是在一年之后。不过吴玉芳的话让我觉得很好玩，她的意思是：独身寡居的或者长期分居的女人如果脸色鲜美，那无疑就不是好东西了。这样的女人就活该是霜打茄子的模样。我很想把这种理解告诉嘉林，想提醒他，知道或者猜想到他和碧霞有关系的，那院子里并不只是我一个。但是我又觉得自己的解释似乎显得没有什么力量，也就不打算说了。嘉林是个敏感的男人，我怕表达含糊，反而引起他对我的误解。这是完全可能的。我记得有一次碧霞当着嘉林的面夸了几句我的画画得不错，嘉林的脸色便不那么自然了。我敢打赌，事后嘉林肯定要对女人啰嗦一顿。或许是这个原因，这以后嘉林就特别希望我对他妹妹嘉秀有好感。他说嘉秀如何如何聪明，如何如何贤惠，而且对我历来印象很好。说这话时，嘉林正在用那把生锈的剪刀剪趾甲，好试穿碧霞给他织的毛线袜。我看着那把剪刀直想笑。两年前，这东西曾抵着我的喉管呢。

然而嘉林的好梦在这年秋天即将来临前就结束了。我记得那是一个晴朗的星期日，碧霞为嘉林的父亲买到了一台黑白12吋电视机。在当时，这种东西是要凭票才能购买的。由于县里还没有建立差转台，要接收来自水市的讯号必须竖立天线。这样嘉林就得从阁楼翻上屋顶。他上屋的动作称得上是敏捷。我们都热情地帮他往上面递材料，正忙着热火，忽然就听见刚从河边洗衣回来的嘉秀大喊道：危险！

所有的人都吓了一跳，吓过了又都很疑惑，因为大家不知道危险何在。

我就问她有什么危险？我的意思是这屋子并不高，即使是嘉林从上面摔下来也没什么大不了的。

嘉秀的脸顷刻就红了。嘉秀平时是不爱脸红的。她不再做任何解释，只说：哥，你赶快下来吧！

嘉林反倒生气了，在上面冲了妹妹一句：你乱嚷嚷什么？

正说着，门口热闹起来，原来是碧霞的丈夫根男从成都回来了。这是我第一次见到碧霞的男人，与我感觉中的很不一样。根男很魁梧，尽管左眼如今有点斜视，但还是一副忠厚的样子。他看上去比碧霞年长不少，像她的一个叔叔。那时碧霞正在院子里洗头，她的辫子松开头发显得特别多。即使这样，透过这茂密的发丝我也能看见她的表情在那个瞬间变得异常复杂。当她把头发拢起来，过来接丈夫的行李时，她的脸色已有些苍白了。碧霞说：怎么也不提前说一声？根男说：我打过电话，公司里说你调休呢。根男说着便开始给大家散发香烟和糖果，散了一圈，又仰起头对屋上的嘉林说：嘉林，下来抽支烟吧。嘉林说：我戒了。根男说：你手指头好像还黄着吧，抽吧。嘉林说：我是真的戒了，不信你问碧霞。碧霞正试着丈夫给她带回来的一把漂亮的红色尼龙伞，随口答道：人家不抽你何必呢？根男便笑着说：我最佩服戒烟的男人。这时突然传来哗啦一声大响，大家又是吓了一跳，看见屋顶上的嘉林果真摔倒了，刚竖起的天线也跟着倒下来，险些砸了我。碧霞脱口而出：嘉林，算了吧！

　　这时远远地听见一个女人在大笑，不用看我就知道是吴玉芳。

4

　　吴玉芳不合时宜的笑声令我吃惊。我甚至对这种病态的幸灾乐祸很反感。可是，由此给我带来了另外的情况却是我始料不及的。嘉林最后还是把天线竖立好了，他从屋顶上下来，没有回家去调试电视机，而是去了吴玉芳那里，指着身上的浅绿色的毛线背心对她说：吴大姐，我刚才摔倒，人没事，就是把这件背心划了个小洞，你手巧，帮我补补吧。

　　吴玉芳说：你这洞我补不了。

　　嘉林说：我看行吧。

　　吴玉芳说：看上去行，实际上很费事。破在当中，所有的线头都断了，除非拆了重织。

　　嘉林说：我早该知道这个道理。可是我不想把它拆了。

　　吴玉芳说：即使补了，也不是原来那个样子了。

　　嘉林说：我还是不想把它拆了，我穿习惯了。

　　这天黄昏，我和嘉林吃过晚饭去河边散步，他的情绪自然不好。可我又不知道该怎样劝他，就说：你们得当心点了，这院子里有人背后都长着眼睛呢。嘉林却故作轻松地说：你是说吴玉芳吗？

　　不等我回答，他又说：她不会。她也不敢的。

我便有些困惑，说：嘉林，你别太不当回事了，那女人可是嘴不饶人的。

嘉林停住脚，稍微犹豫了一下，然后就对我说了这样一件事情。那还是几年前嘉林在水市读师范的时候，有一天，嘉林正在宿舍里看书，忽然进来了吴玉芳。女人是来水市检查身体的，想让嘉林帮她找个熟悉的妇科大夫。嘉林便知道，这女人还是对自己不能生育的事实难以接受。尽管这样，嘉林还是请假陪她跑了两家医院，结果都很含糊。其中一家要在第二天进行化验。于是嘉林就带她住进了一个刚回家生孩子的老师宿舍，这样可以省下房钱。晚上，嘉林还准备请女人去下馆子，女人却不肯，硬是要买菜回来自己动手做，女人说：嘉林，你还没有吃过我做的菜呢。嘉林只好同意。这女人果然手巧，嘉林回忆说，没一会儿工夫，就张罗好了四菜一汤，样样可口。两人就这样吃着喝着，到了快十点的光景，嘉林便起身告辞，这时吴玉芳突然就不说话了。我预感到会有什么事情要发生，嘉林说，我自己的心也骤然跳快，但我还是想走，就在我转身的那一刻，她从后面抱住了我。我感觉到她的乳房紧贴在我背上，热烘烘的，然后我就转过了身，我说：这好吗？她使劲地点头，伸手就摸我的下身，接着就把灯关了。

于是在这个春意融融的夜晚，十九岁的嘉林把童贞交给了二十三岁的吴玉芳。他们在一起过了三天，每天至少做爱三次。到了第四天，吴玉芳一早就提出要走，因为丈夫老于将在今晚跑长途回来。这个女人把一切都算计好了。临走时，女人把利用三天的时间织成的一件毛线背心交给嘉林，说：你要一生都穿着它。嘉林说：我会的。女人又说：我这回要是怀上了，孩子生下来就叫小林。嘉林说：你千万别这样，这件事就算是在梦里做的。两人竟也是洒泪而别，但是以后嘉林就不再想了，因为他在这不久便爱上了班上的一个女生。这年的暑假，嘉林一天也没有回来，实际上他是以这种方式通知了吴玉芳，他们的戏是真的说完就完了。嘉林唯一对承诺的兑现，是至今还穿着那件浅绿色的毛线背心。

对这个结果，我猜想吴玉芳是不甘接受的。而更不能使这个天生好胜的女人面对的，是这年的年底院子里搬进了另一个女人，就是碧霞。据说碧霞之所以要搬到半边街住，是因为很久以前她死去的母亲是在这里出生的。她说她喜欢这里的水土，尤其喜欢那条西去的琴河。这个叫碧霞的女人不仅比吴玉芳年轻貌美,还比她具有女人的活力,尽管她的丈夫不在家。而且,这个女人一来,就立刻吸引了嘉林的目光。

这应该是吴玉芳仇恨碧霞的真实原因所在。可是她又奈何不得,她所能盼望的就是碧霞的丈夫回来,那么,现在她倒是如愿以偿了。

我和嘉林沿河边走着,正好遇见碧霞和根男下河沿洗衣。男人拿着洗衣凳走在前面,女人端着盆跟在后面,他们的女儿走在父母的中间。见到我们,女人便借着理头发把目光虚了过去。嘉林就叹息道:他妈的女人。叫人爱不够,也叫人恨不够。

我不知道他在说谁,就问:你和吴玉芳的事碧霞知道吗?

嘉林说:告诉她干什么?这事与她没有关系的。你看,她那斜眼男人一回来,她就不往我这儿看了。

这话我听得不舒服,明明是你嘉林占了便宜的,再有所抱屈就不应该了。我就说:碧霞也确实不容易。

嘉林鼻子里哼了声:我倒要看看,她男人走了怎么办。

然而我们都没有想到,根男这回不是短期的探亲,他是正式调动回来的。事先没有任何的消息,连他的妻子碧霞也不清楚。半个月后,根男被任命为县交通局的副局长。我想这才是嘉林真正面临的危险。然而在那个黄昏,嘉林最后对我说的是这样的一句话:我犯了一个错误。

这在当时似乎是一句极为平常的话,很多年后的今天,我站在这个破落的院子中央,看着当初说这句话的人那么仔细地拍打着一双圆口布鞋,蓦然感到"错误"这两个字竟是那么的准确。我早该想到,从前的院子本身就是个错误。为了表现这一点,我想在以下的文字里有时候可能会更换一个视角。因为有些事情我是很久以后才得知的,我不是目击者。你不妨把它看做一种叙事的策略。

5

1976年8月的那个下午,嘉秀看见哥哥在屋顶上竖天线,惊呼了一声危险。当时她不做解释,却使我横生了一份好奇心。第二天,我在河边遇到嘉秀,很突然地想起昨天她所说的危险来,就问:"你到底是说什么危险呢?"嘉秀犹豫了好久,才说了一件令我既惊讶又可笑的事。我看见一只黄色的东西从他裤裆里钻过去了,她紧张地说,起先我还以为是吴大姐养的那只猫呢,可是她的猫在她怀里。那分明不是猫。我说:那是什么呢?嘉秀说:是个不好的影子,我真怕它沾上我哥了。嘉秀果真看见了一只猫状的东西自嘉林胯下穿裆而过?她的闪烁其词更是让我感到云遮雾罩,不过时间稍长,我又把它忘记了。

我不知道我那时为什么对嘉林的妹妹嘉秀没有兴趣。很多年后,我自己还不时这么想过。我想这或许与那个碧霞也很有关系。女人不能放到一块儿比较,从前那院子里倘若没有碧霞,嘉秀的位置肯定要突出得多。再说,我始终是不把嘉林放在眼里的,我怎么可能容忍他独领风骚?我没在他和碧霞中间插一杠子就算是高姿态了。

我已经申明过,我和嘉秀之间并没有什么私情之类的事实。我们不过是同班同学,家住同一个院子。或许我们太熟悉了,我整个少年时期的梦境都与嘉秀无关。所以那一年嘉林用剪刀抵着我的喉头时,我真是做到了脸不变色心不跳。我本来应该是个对女人反应迟钝的人,如果不是出现"隔墙有耳"那一幕,我对异性的向往还将推迟数年。这件事催化了我的身心发育,但是我心中那么一点觉悟最终还是叫碧霞拿去了。当我的同学三三两两地进行秘密初恋之际,我却还沉浸在一对乳房的无边幻想中。正是这种可悲的定势,使我忽视了嘉秀对我的关注和暗示。我记得有一次,嘉秀来到梅岭中学给他哥哥送菜,顺便也给我带了一些。当时嘉林去公社开会了,我接待了他妹妹。嘉秀一来就忙着替我洗被子,那阵势仿佛一位来部队探亲的家属,弄得我很紧张。我想抽身暂时避开,可她偏要我在边上陪她聊天。结果学生们都以为是我的对象来了,下课就来起哄,嚷着要吃糖。那时嘉秀也去了农村,她那个大队几乎都是上海知青。她说有个姓马的大个子总给她送东西,她很为难,不知道接还是不接?我就说接,不接白不接。她又说那个姓马的想约她春节一道去上海玩,她不知道去还是不去?我就说去,不去白不去。嘉秀一听就来火了,说你是个死人,我算是看透你了!说着就丢开没洗完的被子,骑车一溜烟地离开了。

在我看来,那个所谓姓马的大个子的事是嘉秀自己编造的谎言。即使是真的,我也一点不失落,反倒觉得减轻了一种负担。我的心思很复杂,我明知不可能对碧霞怎么样,却又依照这女人的模子来规定异性的标准，于是这种古怪的观念导致我十八岁以前的生活比一张白纸还要洁白无瑕。我的生活真是被碧霞活活断送了。

自从根男回来，在外人眼中，碧霞的苦日子算是出头了，尽管这女人的脸色总是艳若桃李。那个时期碧霞与嘉林的关系似乎是中断了，就像胡琴的弦子那样猝不及防说断就断了。我就觉得，这对双方的当事人无疑是残酷的。我记忆中这之后他们只有一次的接触，那是一个雨夜，我在学校房间里备课，突然听到有人在敲我的窗户，再一看，就见到了碧霞那张凄迷的脸淋在雨中。我立即去开门，女人浑身湿透地进来，手里那把漂亮的红伞没起任何作用，雨太大了。女人随身带着一只大旅行袋，鼓鼓囊囊的。她说她刚出差回来，想在梅岭停一夜。说这话时她一点也不避我，她早把我看做自己人了。那时候嘉林正在公社听什么报告，无法与他联系，我就只好让碧霞先洗把脸，换换衣服。然后我就带上门离开了，到走廊里去抽烟。我想这个碧霞也算是多情女子了，丈夫回来了还忘不了嘉林这一口。不过我对他们的通奸一点也不反感，我甚至很理解。那时我虽然不具有男欢女爱的经验，但对想象中的通奸怀有极大的兴趣。我觉得一个男人和一个女人带着紧张的状态做爱，比心平气和的睡觉肯定要刺激一些。通奸在石镇的民间表述叫偷人，这一个偷字，本身就意味着矛盾，既要干又担心被人发现还要自我谴责。几年以后，我在大学里听到同寝室的人说，大凡私生子都是极聪明的，譬如小仲马，说这是因为偷情的状态所致，那时男人的精子最为活跃，逮到了就是造就了一个天才。真是好一个偷字了得。

过了会儿，碧霞开门出来倒水，对我说：我好了。

我回到屋里，一眼就见到碧霞的乳房从的确良衬衫里透露出来，我吓了一跳，没想到我的幻想会这么快的变为现实，而我又不敢正视这个现实。我们对面坐着说话，迷乱的视线有意无意地从"现实"上掠过。我不知道碧霞是否感到自己的"穿帮"，她说：你不会笑话我吧？

我说我很理解。但是，我又说，这样下去总归不是个办法的。

碧霞就问：嘉林对你说什么了吗？

我说他能说什么呢？这不明摆着吗？

碧霞就叹了口气，说：说实话，打小琴他爸回来，我就想着与嘉林断，我们一开始也就这样说好的。可是真到了断的时候，我又放不下了。

我跟嘉林过得习惯了，连他身上的气味我都习惯，真不知怎么好。

我没说什么，心里直盼着嘉林早点回来，好把面前这对乳房移交给他。但是这个晚上嘉林很迟才回来，当他见到碧霞在我屋子里后，他似乎也没有表现出应有的喜悦，他说：你从哪儿来的？怎么不提前打个招呼呢？

碧霞说：我从南京出差回来，怎么好打招呼？

两人见面就发生了摩擦，我夹在中间很不好意思，我就对嘉林说：你们回那边说吧，别吵，碧霞总是来看你的嘛！

嘉林却没有动弹，抽起了香烟。

碧霞这下就委屈得发作了，拿起旅行袋就要走。我一把拦住她，说：碧霞你别这样！

碧霞说：你别拦我，我今天总算认得这个畜生了！

嘉林这才改了口气，说：我也没怎么说你嘛！

碧霞说：我贱，我送货上门，我……

嘉林一把捂住她的嘴，连拖带抱地把碧霞弄进了自己的屋，门砰的一声关上，然后就隐约听见了碧霞的哭声。后来的事我不知道，我离开了房间，去一个熟人那里打扑克了，我不想留在屋子里听隔壁的动静。可是很奇怪，那个晚上我每摸一张牌——特别是红桃，都觉得那是碧霞的乳房，折磨得我好辛苦。

6

那个时候，司机老于正在远离石镇四十华里外的地方卸货。这天他拉的是煤，可能因为刚洗过的车弄脏了，司机的脾气变得异常暴躁。一个小时后，司机在临近梅岭的一座大桥上撞倒了一个菜农。所幸的是人还活着，老于手忙脚乱地把人送到医院，一检查，这个人还真伤得不轻，一处流血两处骨折。老于把病人安顿好后，就急忙去学校找嘉林。他担心自己的过失会引起周围农民的殴打，希望嘉林能出面进行调解。司机一到就使劲地敲门，大声地呼喊，却不知里面的两个人刚把衣服脱光。司机说：嘉林，你开门呀我是老于！我出事了！嘉林这才哼了声：我穿衣服呢。过了会儿，嘉林出来了，拦在门口故作惺忪地问：你出什么事了？司机说我撞到人了！嘉林就问：死了？司机说：在医院呢，你快帮我去看看吧！梅岭这一带人野得很呢！嘉林带上门，无意中碰倒了碧霞那把红色的尼龙伞。

这天晚上，嘉林在医院陪老于折腾了一夜，鸡叫头遍时才回来，但是碧霞已经离开了。翌日还是个阴天，早上我在学校食堂见到一脸沮丧的嘉林，就轻声问他是怎么回事？他似乎是自嘲地一笑，说：女人嘛，还不是那副德性？我试探着问道：算了？嘉林说：天要下雨娘要嫁人，也只能这样了。我居然替他叹了口气，不过我对他们确实也很同情。

司机老于在梅岭医院熬到第二天上午，县交警大队便来人了，带队的就是新上任不久的副局长根男。老于便像见到救命恩人似的哭了起来。司机说局长你无论如何要帮我呀局长！根男说：你别急，我先了解一下情况。人还活着嘛。这样司机就随处理事故的人去了现场，看见自己的车斜撞到一棵树上，引擎盖都变形了，司机又是一阵叹息：我这下可栽大了。现场的人正忙着勘测，副局长便对司机说：你这刹车是不是有点问题呀？说这话时他还递了一个眼色。司机立刻就明白这是在为自己减轻责任，就说：对对！我的刹车差不多是失灵了，我本想回来就修的。副局长说：事故的原因比较清楚，你先安心照顾好伤员吧。然后副局长还特别叮嘱：老于呀，这回你得破费一些，就算是破财折灾花钱买平安吧。

他们顺原路返回，在医院的附近，正好遇上了前来看望司机的嘉林和我。一想起几小时前副局长的老婆还在我隔壁的那张大床上睡着，我就显得有些紧张，好像是我睡了他老婆似的。嘉林倒是没事似的，对根男说：没什么大不了的吧？

根男说：主要是刹车有毛病。

嘉林说：那就好，中午我请客吧，一来给老于压压惊，二来也是为你大驾光临接接风。

老于说：还是我请！这回真是幸亏有了你们帮忙。

根男说：算了算了，碧霞出差才到家，一回来就发高烧，也在医院呢，我得赶回去。

这话一说，我们几个都不做声了，就此分手。根男他们的车开走后，嘉林的脸色就开始变得难看，显然他已不打算再请客了，有些敷衍地对司机说：老于，有什么不方便的去学校找我。老于立刻接过话头：别的倒没什么，就是手头缺现钱。嘉林就问：多少？司机说你要是有就借我三百吧。

嘉林被这样的开口噎住了，说：这差不多是我一年的薪水呢。

老于说：你帮我想想法子吧。

嘉林说：这我可帮不了你了，别的倒好说。

老于说：真没有就算了，看来我还得回头去找碧霞男人。

嘉林就说：那你去找吧。

这句话说得很响亮，听出来嘉林是有些生气了。老于没有说"根男"却顺嘴说了个"碧霞男人"，所以整个话听起来似乎就像在嘲弄这个嘉林根本不配做碧霞的男人。嘉林说完便掉头走了，天色又开始阴暗，老于跟着说：嘉林，我先去你那里借把伞吧。

嘉林头也不回地说：我只有一件雨衣。

老于说：昨天我还看见你屋里有把红伞呢！

嘉林煞住脚，转过已变得苍白的脸，说：你还看见了什么？

我心里一下就紧张了，话到这里我才听得明白。司机语藏机锋，但中学教师在经过短暂的惊讶后却意外地摆出了一副应战的姿势。他的目光更是明显地透露出高傲与鄙视，那眼睛在说：你看见我和你老婆做爱了吗？

老于的气焰顿时就灭下去了，他自找台阶下来，说：要不就是我眼花了吧？

嘉林说：当司机的眼神得好，别该看的没看见，不该看的又看到了。

回学校的路上，嘉林一直在骂老于，说这个狗日的，居然还想拿我一把，真他妈的不是个东西！我却在思考另外的问题，我想，老于刚才变得那么胆怯，也许他早就知道吴玉芳和嘉林有一腿了。这当然只是我的猜测。

当天下午我借嘉林的自行车从梅岭回来，想拿几件换季的衣服。刚进院子，见到正在踢毽子的小琴，就问：你妈呢？小琴说：我妈害病了，刚从医院打针回来。我想碧霞一定是昨夜淋雨的缘故，很想去看看她，顺便证实一下她和嘉林的关系是否真的了结了。正踌躇着，远远看到根男从河边洗衣回来了。我们迎着面，我感觉根男像是有话对我说，心里便一阵紧。我担心昨夜的事已经败露，不知该怎样来应对。这时，就看见吴玉芳家的窗户里扔出一件东西，正好落在从河边回来的根男脚下，根男就拾起来，是一只旧台灯。接着听见吴玉芳的声音：我不要的，根男。

根男说：还是好好的嘛。

吴玉芳说：灯头松了。

根男说：换一个不就中了？

吴玉芳说：我不喜欢用松垮垮的东西。你喜欢你就留着吧。

根男就笑笑，把旧台灯放在她的窗台上。我看见根男的脸色陡然变得阴沉下来，低着头从我身边走过。我忽然大吃了一惊，因为我好像听懂了吴玉芳适才的那番话。这个女人虽然还算不上是个长舌妇，但话一经她的嘴里发出即意味着阴险。

7

那个黄昏我后来才知道，司机还是回石镇了。他神色恍惚地走在街上，一想到自己今后将伺候两个瘫子，便感到无比沮丧。但眼下他急需的是尽快张罗到一笔钱，好稳住伤者，也使处理事故的负责人放心——他总觉得根男关于"破费"的提示是敦促他送礼，以免去自己可能的拘役之苦。这样他就又一次想到了那把红伞。他甚至有可能这样想过，这个话最好个别地对碧霞直接挑开，再提出借钱的要求。他认为女人不敢拒绝，像碧霞这样的女人是肯定会含糊这一点的。于是司机没有直接回家，而是从河边绕了一圈，他知道每天这个时候，根男都会带着女儿到琴河里游泳的。果然，那父女俩就真在河里玩耍。暮色开始转浓，老于便迅速向碧霞家的后门走去，但他不知道，就在他通过河边之后，河里游泳的根男也抱着女儿上了岸。他差不多就是看着一个男人的身影钻进自家的后门的。

根男毕竟是侦察兵出身，职业的敏感使他对这个傍晚的特殊迹象引起了重视。院子里的人都知道他带女儿去游泳了，谁会这个时候去他家？而且还是从后门。于是根男就站在那棵枣树的阴影里，等候那个人出来。他想知道是谁。可是十分钟过去了，没有见人出来。这时，他看见司机自外面回来了，根男本想和司机打声招呼，可一见司机那副惊慌失措的样子就一下明白过来：刚才进去的那个人影就是老于！这个人从后门进去却从前门出来，再绕到院子的大门回家，为什么？他下意识地退到树的阴影的深处，然而那时他不知道这并不是真正的阴影。这一幕我当然没有看见，但我确实看见根男抱着小琴站在树影里，当时我正出来倒水，险些把一盆脏水泼向了树下的父女。小琴呀了一声，我倒吓了一跳，就问：没泼到你们吧？根男答非所问：太热了，到树下凉快会儿。

　　根男回到家时，吃惊地发现自己的女人刚从澡盆里爬起来，正穿着衣服。根男说：你感觉好点了吗？

　　碧霞说：洗了澡浑身轻松了许多。

　　根男说：晚上你想吃什么？

　　碧霞说：我什么也不想吃，没口味。

　　根男便帮妻子把洗澡水倒了，很轻松地问了句：局里没来人找我吧？

　　碧霞说：没有。

　　说完这话她就重新回到了床上，把灯也关了。

　　男人轻轻带上房门，一边做饭一边计算着时间。这前后十分钟，妻子必然是在澡盆里，就是说这个老于是看见了一切的，可是女人却不做一点解释！他已经向女人发出暗示了，女人还是一点风也没漏。从这个晚上起，根男开始信马由缰地走上了一条歧途，但他的判断并不是完全的错误。

　　很多年后碧霞对我说，老于走进她家的时候，屋里很安静，只有厨房里亮着灯。他以为女人此刻正在做饭，便轻轻推开了虚掩的门，一抬头就看见了碧霞光着身子在里面洗澡，两人一打照面，都惊吓得说不出话来。后来根男回到家时她刚穿好衣服。男人并没有问起刚才是否有人来过，她于是也就没说什么。那一天他的脸色一直不好，碧霞回忆说，我怕提这种倒霉的事情会让他不开心。

　　在转业军人看来，这个夏天的傍晚绝对就是可疑的了。但这个性格内向的男人没有采取质问的方式去探明事实真相，他错误地使用了暗示与沉默，甚至以疏远的方式来对待他刚刚团聚的漂亮妻子。他把司机诡异的行踪与司机老婆下流的暗示结合起来思考，接下来他便开始顺着这错误的惯性越滑越远了——这是我几年后的分析。但女人不知道，这个意外事件在两年后却不可思议地改变了她的命运。

不久,这个家庭便开始有了争吵。每回的争吵都是为一些鸡毛蒜皮的小事,譬如有一次为碧霞剪头发的事。根男说天热了,让碧霞把辫子剪了。女人不肯,男人就说:孩子都这么大了,你总得像个妈的样子吧?女人说:梳辫子就不是妈了?你妈都六十好几了,她还梳着辫子盘在头上呢!男人说:我知道你为什么舍不得剪。女人便质问:你说清楚?男人不说了,当天就找赵远差离家走了。以后这个人好像经常出差似的,眼不见心不烦。碧霞后来把这件事告诉我,问我是不是对根男说了些什么?我说没有,我说:碧霞,我能干这种事吗?不过我还是提醒她,纸包不住火,没有不透风的墙。碧霞就哭了,说:我已经与嘉林断了,还要我怎么的?

可我们怎么也想不到,根男的怀疑竟不是冲着嘉林来的。从以后的事实看,这真是典型的歪打正着。这以后,我是真的没有看见碧霞和嘉林有过接触了。我现在仔细回忆起来,那个阶段,司机老于倒是经常去碧霞家里,他是出于何种居心,这我就无从知晓了。直到这年的秋天,一件大事的发生,才让我茅塞顿开。

8

那个傍晚司机很快就从碧霞家前门走了。在他经过院子的回廊时,根本就没有注意到枣树的阴影下有一双斜视但仍不失机警的眼睛。他回到家里,妻子吴玉芳正在给一只猫洗澡,洗得十分认真。司机在这几十个小时里遇见的灾难女人一无知晓,女人很久以来就已经适应了男人回家无规律的日子,她印象中男人不过是又跑了一次长途而已,所以她没有看见男人慌张的神色。直到男人长长喘了口气,女人才漫不经心地问道:你吃了吗?

司机没吱声,在喝过一杯茶后,他几乎有点痴迷地看着女人给猫洗澡。那一刻,司机的眼前又重现了刚才的一幕,他的直觉印证了一个事实,碧霞的裸体完全就是十多年前吴玉芳的翻版。尽管那只是紧张的一瞬,但给司机的这个感觉却难以磨灭。他甚至记得这两个女人的乳房都一样的有点上翘。

吴玉芳又说：你要是没吃，锅里还有点剩面。

但是男人的手已经落到了她的肩上。

女人说：你不饿吗？

男人说：我饿！我饿！

说着就把女人横着抱起，往床上搬。女人手里还抱着猫，女人说：你干什么？

男人说：干你！

女人便挣扎着说：你莫不要脸！

司机还是不顾一切地压到女人身上，同时腾出一只手来解裤带，突然他感到自己的手背上一阵火辣辣的剧痛，接着看见几道很深的爪痕，细小的血珠正从翻开的白肉里渗出。司机还来不及大叫，那只大黄猫就已经发出了锐利的叫喊，两只淡绿的眼睛闪现着罕见的凶光。司机受到了惊吓，咬牙切齿地骂了句：婊子养的！

这个晚上后来司机就睡到了竹榻上，他奇怪地发现，自己过去几十个小时里的头绪纷乱竟在这一刻平息了。好像昨夜出车祸的是另一个人。司机的眼前还是晃动着碧霞的裸体。然后他就开始猜想女人对这件事的态度来，他很想知道女人此刻的心情。不过有一点他可以肯定，女人不会把这种事告诉自己丈夫的。他想不会。兴许是这点好奇，第二天上午，司机便早早去了河边，他知道，不一会儿，碧霞就会来洗衣的。果然，司机刚吸完一支烟，就看见碧霞端着盆远远来了。司机便迎了上去，说：昨天的事我真是无意的。

碧霞看了司机一眼：这事我都忘记了，别再提了好不好？

司机说：我其实是想找你借点钱，我出了车祸，就在你家根男手上处理的，他倒是帮了我。

碧霞说：什么便宜都叫你占了，你还好意思借钱？

司机说：我借钱也还是为了感谢你男人。

碧霞说：我男人不要你感谢。

司机说：我本想找嘉林借，可他说没有。

碧霞说：我也没有。

女人说完就甩开司机走了，但她不知道此刻自己的丈夫就在不远的地方注视着这边。司机还想追上去把话说完，这时根男在他身后咳嗽了一声。司机转过身，感到副局长今天的脸色远没有昨天那么好，心下就打了鼓，他有些胆怯地问副局长自己的事是不是就算完了？

副局长说：我这里倒还好说，就怕公安那边不好说了。

司机有些意外地说：公安不是根据你们的勘测来定吗？

副局长说：那是两回事，桥归桥路归路。

说完也走了。司机觉得副局长是带有气愤离开的，就琢磨：难道是因为我没有及时送礼？抑或碧霞把昨夜的事说了？司机便一下陷入了云雾之中。到了中午，两名公安就来到院子，二话没说便把司机铐走了。

吴玉芳这才知道老于犯了事，便大声地哭了起来，院子里又被惊动了。但是只有一个人来安慰她，这个人就是嘉秀。很奇怪，刻薄的吴玉芳在这院子里几乎和谁都搞不好，唯独嘉秀是个例外。如果没有前些日子嘉林在河边的那番回忆，我还是不明白。现在，我似乎慢慢开窍了，我知道那年吴玉芳去水市看病其实来自嘉秀的建议。但嘉秀是否清楚看病的结果是她哥哥失去童贞呢？有一点倒是毋庸置疑的，这件事使吴玉芳对嘉秀产生了极大的好感，她回来后给嘉秀带了许多小东西，还亲手为嘉秀缝了一条裙子。她们的友谊从那时起就牢固地建立了。在吴玉芳眼里，嘉秀无疑就是她的小姑子，这也是她多次热心地劝我和嘉秀好的原因所在。唯一不同的是，我还没有发现嘉秀也一样仇视碧霞。

老于被拘留了十五天，放出来时已是人瘦毛长。在拘留所的半个月里，他越发觉得自己的倒霉是因为不合时宜地看见了一个女人洗澡。他认定是碧霞把一切告诉了根男，后者便推翻了刚下的结论，对他实施了报复。既然事情已经弄到这种地步，他也就想一不做二不休了，干脆把嘉林和碧霞的事说出去。可是，他的把柄也攥在人家手里——当年嘉林和吴玉芳那一腿，外面的人是不知道的。他很担心这个。然而眼下自己这口气不出又实在憋得难受，于是经过较长时间的思索，司机选择了另外的主意。

老于放出来的当天下午又一次来到了琴河的边上，他知道碧霞的男人又出差了，而且知道这些日子他们两口子过得不太开心。他想，这个碧霞的心思还在嘉林身上。看着碧霞向河边走来，司机眼前又一次出现了女人的裸体，不过比以前要模糊一些。女人一走近，司机就从一棵杨树后面闪出，对女人说：我出来了。

女人很意外，回答却是镇定的，女人说：你出来关我什么事？

司机说：是你男人把我搞进去的，我冤。

女人说：你觉得冤就去告他吧。

司机说：我不想告他，我想对他告你和嘉林。你不会不记得那把红伞吧？

碧霞这才内心吃了一惊，冷笑道：你也是个长鸡巴的，怎么总去盯人这种事？怪不得你老婆的肚子总大不起来。

司机说：可我能让你的肚子大起来，不信你和我试试？

碧霞就对老于脸上吐了一口唾沫：你敢？

司机说：我有什么不敢的？大不了我再进去一回就是。我今晚就去你家。

很多年后，碧霞向我说起这一幕时已经不再是惊慌了，而是一副好笑的神情。她没有说在那个遥远的晚上，老于是否真的如他所说的那样去过她家，她只说：没有这件事，我和嘉林也就不会走得那么远了。

9

日子过得很快。这年的秋天，国家的政治形势发生了根本性的变化。紧接着高考恢复了，我和嘉林商量，想辞掉学校的工作安心回家复习。嘉林说这很好，人不读书是没有前途的，口气像我的父亲。我就问他是否也准备复习应考？他说：想还是想的。不过我还有更重要的事要做。我问什么事比高考还要重要？他想了想，说：你以后会知道的。他的回答不能使我满意，反倒诱发了我的好奇心。我离开梅岭中学的那天，本想和嘉林去外面喝两杯，可他不在屋里，门也没锁。我就进去等他，看见他的桌子上摆了几本地理方面的书，这不是他所教的课程，我想这家伙实际上还是在暗地里做应考的准备，对我留一手呢。书中还夹有一张条子，那上面乱七八糟地写着一些英语单词，我只认识其中几个，如：map（地图）、radio（收音机）、money（钱）、medicine（药品）。这不是复习应考是什么？我想嘉林这个人城府还是很深的，况且又极端爱面子，不到大功告成那一天他是不会对我说真话的。各人有各人的脾气，我觉得也不必点破他。

我回到了石镇，每天在阁楼上看书，觉得累了，就到院子里来晒晒太阳。其实也想看看碧霞，遇上了就同她说上几句话。现在想起来，我觉得男人的心理某些方面很一致，我和司机老于都曾不同程度地窥视过碧霞身体的私处，于是对这个女人便有了占有的欲望。这种占有的反应不过是在意识上，而非行动。因为没有行动，它就往往比较强烈。譬如我几天见不到碧霞，就感到有一种莫名的失落。我问过小琴，孩子说她妈出差了。我想碧霞也该回来了。我在院子的回廊上来回走动，那时候吴玉芳正抱着她的大黄猫在捉跳蚤。女人这段时间似乎脾气变好了一点，我想这也许和碧霞几天没有露面有关。不一会儿，老于买菜回来了，司机的神情看上去似乎在想什么心事，以至于他女人喊他都没有反应。于是女人抬高嗓子说：明天给我买点猫鱼吧。

司机说：明天我没空。

女人说：你总不能看着猫饿死吧？

司机说：饿死倒省心。

女人说：好，算你狠，明天我自己去买，我爬着去！

司机说：那你就爬吧！

吴玉芳正要发作，这时嘉秀急匆匆地来了，一副想哭的样子。我预感到一件大事已经发生，便迎了上去。我问嘉秀：出什么事了？

嘉秀说：我哥不见了。学校里来人找他，还以为他在家病着呢，已经好几天没见到人了！

吴玉芳就说：怎么会呢？嘉林他……

话还没说完，女人的眼泪就下来了。

嘉秀说：梅岭有人看见他和碧霞在一起……

吴玉芳咬牙切齿地说：这个骚狐狸！

突然屋里传来一声爆响，我想大概是一只暖瓶炸了，却没有听见老于的声音。

也还是这个下午，根男来到了我家，连日的奔波使他的脸色看上去像一块咸菜，斜视似乎也明显于以前。他说碧霞的单位并没有安排她出差，这实际上等于说人已失踪了好几天。他寻遍所有亲戚家，还是不知下落，直到上午传来嘉秀的话之后，他才如梦初醒。我犯了一个大错误，根男说，事情比我想象的要复杂。现在，他急着找我要嘉林的情况。他问嘉林最近有无什么反常？我说看不出什么反常的，我一直认为他是在梅岭复习迎考呢。这时，我突然想起那张写满英语单词的条子来，我又记起了一个词：compass（指南针），我们教材上是没有这个单词的，头一下就觉得大了。迟疑了一会儿，我还是把自己的猜测告诉了根男，我说：他们是不是想越境？根男仔细听完我的介绍，然后就去公安局报案了。

　　这件事很快轰动了石镇，越传越邪乎，都说嘉林带着碧霞先去了广州，然后从那里偷渡去了香港。还有人私下议论，说嘉林的父亲是国民党长期潜伏的特务，在香港有联络点。为此嘉林的老父还真被公安局带去问了话，老人什么也不想说，只骂嘉林是个孽种。这场男女私奔差点演变成了一起重大政治事件。

　　从后来的情况分析，碧霞肯定是对嘉林说了老于要挟自己的事。嘉林本来是可以控制住这个司机的，却因为害怕自己在碧霞心目中的形象轰然坍塌，始终没有把他和吴玉芳的那段往事说出来。他不敢冒这个险，而选择的却是一条更为冒险的途径。

10

　　大约在一个多月以后，县公安局接到了昆明那边的电话，嘉林和碧霞在缅甸边界附近被捉获，要这边速去提人。县里把这个消息通知了根男，后者表示要一道前往，却没有得到批准。这样，在得知越境未遂者押解到省城之后，根男便在琴河边找到老于，想请司机连夜跑一趟。两个男人紧张已久的关系在这个黄昏得到了缓和。他们的心情如同天上的阴云一样沉重，也一样的着急，某种意思上，碧霞是他们共同的女人。面对司机，副局长还多了一层抱歉，他肯定不止一次地嘲弄过自己，当了半辈子的侦察兵，却在关键的问题上选错了目标。而在司机方面，更多的是自我谴责，他的内疚在于天性中的卑鄙。

　　副局长说：我犯了一个错误。

　　司机说：我也是。

　　事到如今他们也没有更多的言语，只想早点把女人寻回来。两人约好，晚饭后就动身。

老于回家后就开始收拾东西,这时,吴玉芳的轮椅拦到了门口。女人说:天要下雨了,我身上很痛。你晚上帮我拔拔火罐。男人说:我答应了根男,要去省里接碧霞。女人沉默了片刻,厉声说:不许去!

老于说:我已经决定了。你让我过去。

吴玉芳死活拦在门口,说:你今天敢去接那个婊子,我就死给你看。

老于说:你这个人怎么心不是肉长的?你没见根男这些日子头发都急白了吗?

吴玉芳说:我看是你在急,你早就对那狐狸精动心思了,还当我不晓得?

老于气得打了女人一耳光,骂道:我看你才是个狐狸精呢!

司机从女人身上迈了过去,女人抓起一只茶杯扔向男人,没有扔上便号啕大哭起来。她的哭声十分凄惨,整个院子里都听见了。大家却不敢多说什么,生怕又引起别的麻烦,这个院子的麻烦真是太多了。

根男的女儿小琴临时放在我家,由我外婆带着。这孩子好像也知道了什么似的,就问老人:我妈是坏人吗?外婆说不是。孩子说:那他们怎么老在背后说她?老人说:人生下来就是让人说的。外婆哄睡了这个孩子,便感叹道:这个碧霞呀,放着好日子不过,这下要吃大苦了。她问我嘉林和碧霞会不会坐牢?我说也许会,但他们不能算叛国。外婆说:国是没叛,可家给弄散了。最后吃亏的还是孩子。我们看着熟睡的小琴,很有些难过。然而那时我们还不知道更大的灾难已迫在眉睫。

几乎是在两个男人出发的同时,天下起了大雨。这场雨好像憋了许多天似的,一下起来就非常猛烈,真算得上是倾盆大雨。雷电也十分厉害,一道电光闪过,紧接着就是一声炸雷,其声如同利刃劈开一根粗竹,于黑暗中传来令人惊魂落魄。那一夜让我很不安宁,外面是风雨雷电,对面是女人的哭泣呜咽,我心乱如麻地看着窗外黑透的天空,一阵闪电掠过,我仿佛就能看见碧霞那张业已苍白的脸来。而她的乳房却完全消失了。说实话我很感动,我想这个女人为了爱情居然敢舍弃一切,这是一般女人所不能够的,而她竟做了!但那个时刻,我更多的是为女人今后的境遇担忧,我不知道这件事还会闹出什么来。

第二天,天放晴了。一夜的大雨使石镇的天空变得很清新。我懒散地从床上爬起来,想带小琴去河边玩玩,正要出门,看见我父亲正和几个公安站在院子里低声议论着什么。一个高个子朝我这边看了看,问道:这是根男的孩子吧?我父亲说是。高个子说:让她跟我们走吧。说着就过来牵小琴,小琴说:我爸呢?高个子说:在医院呢,他病了,叫我们来接你。小琴说:他怎么病了?他不是去接我妈了吗?高个子说:你妈过两天就回来,先去看你爸吧。然后高个子就抱起小琴走了,剩下的两个走到老于家门口,敲门喊话:吴玉芳在家吗?没有人回答。

我已经预感到什么不妙了,趁这工夫,我低声问父亲出了什么事?父亲也低声地回答:车祸。老于的车翻了。

我心下一紧:人怎么样?

父亲说:老于没事,根男怕是不中了。

我吓得再也说不出什么来。那边,公安还在敲门,屋里一点动静也没有。公安就问我父亲:他家有人吗?

我父亲说:有呀,昨天几乎哭了一夜呢。

公安就说:昨天就哭了?她还真有预见!

这时就看见吴玉芳的那只大黄猫从窗户里猛地蹿了出来,发出一声尖锐的惨叫,然后便顺着回廊上的柱子一阵风似的上了屋顶。我们被这畜生突如其来的敏捷动作弄得目瞪口呆。可是里面依然是没有动静。两个公安互相看看,其中一个说:翻到窗户上看看吧。于是另一个就上了窗户,刚往里看,很快就"呀"的一声摔了下来,那人口齿不清地说:史(死)了……人史(死)了!

公安在镇定下来之后,撞开了门,这时院子里的人都一下涌了过来,我夹在人缝里,看见吴玉芳衣着整齐地躺在床上,她的白皙的脖子上拴着一条麻绳,另一端拴在床那边。她的嘴上粘着一张活血止痛膏,因此这个案件一开始就被视为谋杀。可是很快就排了,因为留在那膏药上的全是她自己指纹。她是自杀已确凿无疑。至于这张膏药,警察的分析是吴玉芳企图嫁祸于丈夫,他们都知道这对夫妻不和已有多年了。但我不这么看,我想这是怕自己被勒后舌头伸出来。这个天生爱美的女人临死前连这个细节都想好了。我不明白的是,这个几乎是瘫痪多年的女人,怎么还能完成这样的动作?她那条腿哪来的力量?

而更让人吃惊的是,后来嘉秀哭泣着替吴玉芳净身更衣,她吃惊地发现女人身上许多部位都贴有活血止痛膏,在每一张膏药上都用圆珠笔清晰地写着两个字：嘉林。

11

　　车祸发生的准确时间是1976年12月28日21点17分。

　　据后来老于介绍，他们的车在离开石镇三十华里后，便上了那座大桥。几个月前，司机正是在这里发生了一次车祸。那一次，司机的恍惚除了心情急躁外，还在于一个直接的原因——他感觉一个猫样的东西横穿马路，便下意识地把方向用力一打，结果却撞上了人。司机当时并没有把这一点说出去，怕被耻笑为无稽之谈。他隐约记起，也就是不久前现在的交通局副局长回来的那天，院子里有人看见了同样的东西。司机总觉得这两个东西其实是一个东西，这个似乎无形的东西像梦魇一样追随着他。当汽车接近那座大桥时，司机的双腿突然出现了痉挛。我一上这桥就觉得腿软得不行，司机回忆说，雨又特别的大，刮雨器怎么刮也刮不开，我急着踩刹车，不管用，我嘴里说坏了，眼见着车就翻下了桥。

　　老于大难不死，根男却在送往医院的途中便断了气。

　　1977年元旦后的几天，嘉林和碧霞双双被押解回了石镇。他们在监狱里关押了几个月，却迟迟没有判刑。不久，我接到了大学录取通知书。在我离开石镇的前一天，我通过一个熟人的关系，去监狱探望碧霞和嘉林。可是碧霞不肯见我，而嘉林已经被送往市神经病医院去了。

　　在回来的路上，我遇见了老于和小琴。他们也是来探监的。

　　几个月后，碧霞被释放了。她托老于变卖了所有的家当，然后在一个没有月亮的晚上，带着孩子悄然离开了石镇，据说是去了江南的某个小城。这之后我们就再也没有碧霞的消息了。有人说，碧霞曾去水市神经病医院看望正在接受治疗的嘉林，但后者已经不认识她了。

　　1997年3月，我因为拍摄一部电视剧，去江南选外景。

　　有一天剧组的车自街上经过，我意外地看见了一个熟悉的身影，就是碧霞。我立刻叫停车，去追赶她，我大喊了一声：碧霞！她下意识地停住了，但没有回头，还是一个劲地往前走。于是我就跑到了她前面，对她说：碧霞，你还记得我吗？她很快就想起来了，笑了，说：怎么是你呀？你吓死我了。我说：我还怕看错人了呢。

这天晚上我就去了她家，等进了门我才知道，她现在的丈夫就是司机老于。他们的结婚照挂在卧室里，但那不是在照相馆里拍的，而是两张照片的拼合。两人的视线似乎不很一致。我没有说什么，碧霞倒是把话讲开了。她说：没想到吧。连我自己都没想到会嫁给老于——那院子里的男人我最看不上的就是他了。

我说：人生本来就是无法预测的。

这天晚上，后来碧霞才对我说起那一年关于洗澡的事。碧霞说，当她在厨房里听见背后的门声时，还以为是根男进来倒开水，她还说了声"把袜子拿给我"，老于还真的把袜子给递上了。两人一打照面竟说不出话来。过了很长时间，碧霞说，我从牢里放出来，一回家老于就给我打洗澡水。他说你好好洗洗吧，洗了就是个新人。说完就端起一把小椅子在边上坐下了。见我半天不动，老于说：你别不好意思，我是看过你的。我心乱如麻，懒得理他。他又说：看过了就算是我的女人了。说到这里，碧霞自己也笑了起来，说：你听听，这是什么王八话！

我说：不过老于说的也不能算错。

那天晚上我还有事，就匆匆告辞了，临别，碧霞说：等老于出车回来我们一起吃顿饭吧。

可能没有时间了，我说，既然知道你们在这里，以后我还是会来的，碧霞。她说：我现在不叫碧霞。

她说她早就不叫这个名字了。

2000年3月　合肥寓所
（原载《山花》2000年第5期）

潘军文集

第肆卷

长篇小说

独白与手势·白

石镇:1967年10月

  你眼前的这条小巷,是故事开始时的路。你会注意到这已是经过复制的石板路,而且天空中飘飞的雨丝,也是后来加上去的。不错,我此刻正在复制三十年前石镇的那个夜晚。三十年前,那是1967年的10月,一个深秋的夜晚。在这部感觉不会很短的书里,我还将以文字以外的手段去复制很多东西——它们将成为这部书的另一个部分。是文本的另一重。也许是始作俑者,但我想它至少是有趣的。这样的画面不是插图,因为它不是说明，而是叙述。很长时间过去后，有人问我，为什么将这本书取名为《独白与手势》？我说，所谓独白，是我的自言自语；而手势，是我无法言说的，只能比画。我还说，你不妨把这部书的文字部分看成是"独白"，把图画部分理解为"手势"。然而无论是文字还是画面都还有局限，比如，它们都无法表现声音。

  1967年10月的这个夜晚，石镇的天空除了细雨还有稀疏的子弹。弹痕无踪，枪声却是沉闷。白天的时候有消息传来，石镇已完全被A派控制了，B派已转移到了琴河的东岸。石镇的制高点是位于桥头的人民饭店。那是一座老式的四层楼土木建筑，没有一根钢筋。暗红色的砖体与铁青色的屋脊一直是石镇解放以后的鲜明象征，但现在它成了A派的指挥部。楼后的水塔上已架起了探照灯，粗大的光柱控制着琴河上的那座大桥。然而枪声最初是从哪儿传出的，仍是一个谜。石镇的居民谁都没有料到，枪声会在今夜响起。还是白天的时候，人们看到一架双层翅膀的农用飞机在石镇上空盘旋，然后撒下雪片一般的传单。那是一个号外，印着最高领袖要文斗不要武斗的指示和促进革命的两派实行大联合的通知。这是石镇的天空有史以来第二次出现飞机。第一次是1941年，日本人的飞机在这儿兜了两圈，投下了五颗炸弹。

  飞机掠过的时刻，少年正在自己的阁楼上折叠着一只纸鸟。飞机巨大的轰鸣震动着瓦片和窗户上的玻璃。少年伏到窗口，他看到了飞机甚至看到了驾驶员。不用说少年是兴奋的，他放下纸鸟与其他人一起开始追逐着飞机，尽管飞机很丑陋，远不及画报上电影上的飞机漂亮，可它毕竟是第一次真实而清楚地出现在少年天真的视野里。这个少年是我。很多年后，当我乘麦克·道格拉斯82型飞机去南方时，我突然想起了这往昔的一幕。我惊异它感觉的背景几乎一点没有褪色，但我无法破译，那一天我为什么在折叠着一只纸鸟？

  昨天我又回到了石镇。这些年我浪迹四方行踪不定，过着那种被视作"在路上"的生活。我差不多和所有的朋友失去了联系，他们很难找到我。关于我的种种传闻在日渐减少，我想这倒是很好的。没有比遗忘更虚无的事。我在茫茫人海中行走却不被任何人觉察，似乎行走的那个人不再是我，而是我的影子。这是莫大的安全，是恐惧背后的温馨。有一天我洗脚，意外地发现后跟部结起了层层老趼，如同一匹老马钉上了一副蹄铁。我于是就有了一些莫名的忧伤,想自己走过的那些路实在是有些硬了。或许只有这时候,我的脚才伸向了石镇。

由犁城到石镇,夜间行车一般在三个半钟头,我习惯在子夜时分出发。那时大雨刚刚停歇,空气清新,我听着一支老曲子开着车。天奇黑,车灯的光柱十分干净。这辆日产本田车是几年前我在海南岛时买下的,可行驶不过五万公里。在这不过五万公里的里程中,至少有三分之一跑的是石镇的路。我想我确实有些老了。倦鸟总归要落到一棵树上。也在这时,我开始清算自己的过去。梳理记忆是一件复杂而不容易的事,我深知这一点,也多次遭受失败。我一直在寻找故事的起点,这与最早成型的记忆不是一回事。

历史上的石镇与水市有着千丝万缕的联系。发脉于青云山的琴河主体落在石镇,并由此于清末时期形成了一个码头。沿琴河东去六十公里即入长江,小巧古拙的水市便坐落在江的北岸。此刻,我已站在三岔路口。我的前方十八公里处就是水市,但我需要右拐上路。这路的尽头是我的故乡石镇。我在路边作了小解,又点上了香烟。一个路边加油站的姑娘在向我招手,希望我能做她一笔生意。我走过去,我说我不需要加油。因为抽烟,我没有进去。我同她隔着窗户说话。她问我是哪里人。我说石镇。她摇摇头,说石镇的司机她都认识,她猜我大概是外地来的采购员。我就用石镇的方言同她交谈,这回她似乎是相信了。接着她就对我道出了一件事：你晓得么，县政府要搬迁了，新县城不再落在石镇。

政府的搬迁我毫无兴趣，我担心的是，由于这一举措会改变石镇的某些方面。对于像我这样有怀旧倾向的人，难以忍受的是在故乡的土地上寻不见昔日的踪迹。而且我畏惧搬迁这个词语。

车继续西行。在这以后几十分钟的驾驶中，我的心情逐渐变得恶劣。不久，车到了琴河大桥，感觉突然向右倾斜了。我停住车，果然是坏了一个轮胎。那时候已是凌晨四点，桥上没有一个人。我烦躁地换着轮胎，听着很远的地方传来的鸡鸣。汛期已过，琴河却还在涨水，微弱的天光下河流是黝暗的，像犁过的土。河水沉吟着自桥下通过，东方也露出了一线浅白。后来，我又看见了一只大鸟的身影，它仿佛是在追逐这条河。我的故事便在这一时刻找到了开头。

——1997 年 10 月 8 日

雨是在傍晚时下起的。

少年那时还沉浸在白天的兴奋中。他看见了飞机五次自头顶上掠过，他也抢到了一大包传单。虽然他看不懂这个号外，但他非常热情地把它们分发给街上的大人。这件事让他得意洋洋，他感到自己长大了，很了不起。然后他去了人民饭店，向一个戴眼镜的瘸子要了一张蜡纸和一块钢板、一枝铁笔。我要把传单刻出来、印出来，他说，发给我的同学。瘸子是少年的语文老师，姓马，河北人，他能讲标准的普通话而且嗓门洪亮。少年也是马老师最为钟爱的学生，如果不是这个孩子的父亲是右派，他会让孩子当班长。他从不怀疑自己的眼力。在革命没有到来的那几年，少年时常去老师的宿舍，听他拉手风琴，唱《莫斯科郊外的晚上》这样的外国歌。有一回，老师从抽屉里拿出一面小圆镜，让少年看背面的一个女人。她漂亮吗？老师问道。少年点点头，问：是你老婆？老师笑而不答，又拉起了手风琴。现在革命来了，马老师由四（1）班的班主任成为石镇A派的宣传委员，背着手风琴住进了人民饭店。他多才多艺，凡是来自中央的精神，都是由他亲自播音。他还会用嘴模仿戒严的警报。石镇架起了不少高音喇叭，每天黄昏临近，马老师的警报声便会回荡在空中。

不过这一天没有警报。

你现在追随少年爬上了这个阁楼。只有这个朝北的窗口,光线很冷。那个下午,少年就伏在这张桌子上,一丝不苟地刻着钢板。你要是刻过钢板的话,就该知道铁笔隔着蜡纸与钢板摩擦的声音是多么的动人。少年其实在盲目地刻着钢板,在发出的动人声音中,他看到了另外的图景,那是小说《红岩》里的,一个叫作成岗的革命者也在一个阁楼上刻印着《挺进报》。他十分自然地把自己视作了成岗烈士,他不能不为之激动。但这件事他没有做完。他听见外婆在楼下喊:小丹来了。

小丹是个皮肤白净、两眼清澈的女孩,是少年的同学。他们的父母也是同事,都在石镇的黄梅戏剧团。少年走下楼便问小丹:你看见飞机了吗?小丹摇摇头,小丹说我只听见飞机的响声,还以为是马老师学出来的呢。少年于是再次夸大其辞地谈论几小时前的壮观,可是小丹一点也没有受到感染,她说:我有点饿了,想吃饭。我外公在水市死了,我爸爸妈妈一早就走了,让我到你家来吃饭。小丹说完,外面就落雨了。不久天也黑了下来。

外婆伺候两个孩子吃了晚饭,就有人传话过来,说街道居民委员会要组织加工缝制红旗，马上又要大游行了，庆祝两派大联合。这消息令外婆表情舒展。连日的警报声笼罩着石镇，天一断黑就实行灯火管制，每家只允许点一盏煤油灯。那一年外婆不过五十四岁，但看上去已相当衰老。从外孙出世那年算起，她就没有睡上一回安稳觉。十年过去了，这十多年发生的事真是不少。外婆洗好碗，又把小丹拉到里屋去洗了脚，就带上针线出门了。外婆让少年插好门，不要开电灯。于是在这个有雨的夜晚，两个十岁的孩子在煤油灯下开始翻阅一本《人民画报》。女孩指着一个穿军装戴眼镜的老女人说：你晓得她是谁吗？她是毛主席的老婆。

男孩很吃惊：你瞎讲，毛主席没有老婆。

女孩说：毛主席是男人吗？男人都有老婆。

男孩生气了：毛主席没有！就没有！

孩子的分歧由此开始。男孩委屈到了极点，两眼闪动着泪花。男孩无法接受这个事实就像相信女人不会放屁一样。可是有一天他清楚地听见教音乐的何老师确实放屁了，为此他晚上只吃了半碗饭。男孩的气短了，他害怕地看着画报，还是不情愿相信那个女人是毛主席的老婆，他轻声提醒女孩：你不能乱讲，这话反动。

女孩说：你才反动呢！你连毛主席讨个老婆都不让。

女孩说着就穿上了鞋子，生气地说：我不在你家睡了，我要回去。男孩说：你一个人在家会怕的。女孩说我不怕，反正

我不想睡你家。男孩说：外面下雨呢。女孩说：我借你一把伞。男孩说：那我送送你吧。

1967年10月的这个雨夜对少年是深刻的。你会慢慢知道这个晚上多么不同寻常。你看见那两个孩子打着一把黄色的油布伞走过了小巷，但你不会想到，多少年之后，这把伞成为一朵饱满的向日葵，开放在一个男人的梦境里。

小丹的家住在琴河大桥那一边。

他们走出小巷，就遇到了一群头戴安全帽、手执木棍的人。这是A派的巡逻队。与以往不同的是，他们今夜是在跑动着。他们的步伐很整齐，胶靴有力地踩在石板路上，发出刷刷的响声，雨水灿烂地溅起。那群人似乎在低声议论着什么，男孩只听见一个"枪"字。但是男孩并不感到害怕，却被另一种东西所压迫。那是羞涩。当巡逻队的手电朝他们这边射来时，男孩把伞压低了。他听见有人说：是一个孩子吧。另一个人说：不是一个，是两个，一男一女呢。巡逻队没有停下来，从孩子身边跑过去了。这之后，伞下就只有了重重的呼吸声。伞一直就这么低压着，男孩双眼直盯着地面，他数着走过去的青石板。等这些青石板完全消失了，男孩知道他们已走上了大桥。这时，男孩才抬起伞，又换了一只手，并让女孩与自己交换一下位置。就在这时，桥面突然一片雪亮。

探照灯射来的那一刻，两个孩子全都僵住了。女孩紧紧靠着男孩，拽着他的袖子，浑身哆嗦着说不出一个字。他们等待着身后的质问，可是一点声音也没有，反倒出奇地安静。那时候雨似乎收了。他们不敢回头，他们也不敢去想象身后的情形。他们要做的是把手拉到一起，拉在他们身前。然后，他们慢慢移到桥面的最边沿，试着向前迈出一小步，再一小步。

砰！砰砰砰砰！

枪声响起了。枪声从大桥的两边几乎同时响起，从两个孩子的头顶上空呼啸而过。最初，他们不以为是枪的声音，听起来很像受潮的爆竹。但这个时候，背后传来一个洪亮的声音：

桥上的孩子快卧倒！

孩子听出了这是马老师的标准而洪亮的嗓门。他们从这急切的声音中意识到前后响起的都是枪声，可他们没有卧倒。他们本能地跑了起来。他们的手一直拉在一起所以跑动起来很笨拙。他们终于跑过了这座桥，也就在这一刻,雪亮的探照灯光消失了,夜黑得像炭,枪声此起彼伏。

当时我和小丹的手就是这么拉着的。那个夜晚后来我就留在了小丹家。她一进门就哇哇大哭,哭得都不像是她的样子了。因为她在哭,我自然就不能再哭,而且我还必须哄着她,让她不哭。我记得我冲了一杯冰糖水给小丹,她喝了一半,把另一半留给了我。她说,你别走了。我说我不会走。实际上我是没有胆量再走过那座大桥。三十年过去了,这个恐怖的夜晚一直是我记忆的死角。我守着小丹度过了这无比漫长的一夜,她躺在床上,我坐在床沿,她的一只手始终在我的掌心。我看着惊魂未定的她渐渐睡着,突然产生了一个想法。我们压低着那把伞走过了一段路,再过十年或者八年,我就敢把这伞高举起来,让全石镇的人都看清楚,伞下的两个人不再是两个十岁的孩子,是我和这个叫小丹的姑娘。

今天下午我去街上转了一圈。人们还是在谈论政府搬迁的话题,更多的担心是刚买下的房子会不会因此贬值。我去了我的第一个母校——实验小学,原先的老房子差不多已拆光了,留下的只是大概的方位。南端的几棵悬铃木还在,很粗壮,有一棵被伐掉了,低矮的树桩上停着一只黑色的鸟,仿佛在关注着我。我情不自禁地轻唤了一声:马老师。那鸟便扑地飞去了。这几棵树是马老师栽下的。1967 年 10 月石镇发生的两派武斗,只有马老师被打死。据说他之所以被射中,是两个原因。其一,他的嗓音洪亮,又是普通话,而且还少了一条腿,很容易被确定为目标;其二,射中他的人是一名女民兵神枪手,那把枪是毛主席亲自发给她的,瞄谁是谁。可我的推测不是这样。我想马老师可能是从什么地方冲了出来,大喊叫我们卧倒,才暴露在探照灯下,然后他卧倒了,再也没爬起来。马老师的尸体没有运回河北,就埋在石镇西边的坡上。那是一片杂乱的墓地,无人问津。后来连墓碑也不知弄到哪里去了。1978 年,我在犁城大学图书馆发现了一张照片,才知道当年马老师镶在小圆镜背面的那个女人叫杨丽坤,演过著名的电影《阿诗玛》和《五朵金花》。那时我想,马老师的确算得上那个时代一个有眼力的男人。

石镇的秋天是怡人的。以往,我还没有在这个季节回来过。两天前我回来时,父亲去了水市,今天下午才回来。父亲已近七旬,精力还不错,食欲也正常。但对事情的反应能力已明显衰退了,说话重复而啰嗦,喜欢随手关灯。这两年我每次回石镇，与他的交谈都是仓促的。他也不再向我抖落一些在他看来是新鲜的事了，而每次都会说：你知道吗，谁谁已经死了。然后就说出那人临死前的种种征兆和死亡过程中的某些刻骨的细节。死去的那些人都是他的朋友，他们交往近半个世纪。但是父亲的脸上似乎看不出一点悲伤，谈论的口气如同在说一件削价的商品。他依旧如往地伺候着他的九只猫。这些猫都不是纯种的波斯猫，越往后传就越杂乱，连毛发都由纯白掺进了别的斑纹。

  我从街上回来的时候，父亲正在院子里调配猫食。父亲问我，这次回来能住多久？我说想多住些日子，想写一部长点的东西。他点点头，说他很喜欢我年初写的一个短篇，水市和石镇的几个老友也看了，也很喜欢。其实那不过是一篇普通的小说。后来父亲又说：抽空去一趟水市吧，齐叔叔看来怕是过不去今年。我心里顿了一下，问父亲需要带点什么东西。父亲说：你什么也别带，就坐在他床边上，陪他说会话。

              ——1997年10月12日

水市：1974 年 12 月

　　沿着上面这条路一直往下就是长江了。你注意看，左边有一个巷口。那天晚上，齐叔就站在巷口，等候着少年和他的母亲。少年记得，齐叔叔披着一件烟灰色的棉大衣。

　　那年，少年高中毕业，在这年的冬季来临的时候，少年的生活里发生了不少大事。班上的男同学正踊跃报名参军，虽然兵种不够理想，但至少可以不下农村当知青了。少年被县征兵办公室安排去街头绘制大幅的宣传画。在石镇，少年的绘画才能受到普遍称赞。树立在镇中心的大幅油画《毛主席去安源》便是他几年前的杰作。人们谈论这个孩子时总要联想到他的父亲，说那是个多才多艺鹤立鸡群的男人，只可惜当了右派。实际上，少年最初对父亲的判断就来源于石镇居民的传说。少年自己的印象里没有父亲，或者只有一个轮廓，完全没有面目。这是一个假想的轮廓。有一次，他在阁楼上对着镜子画自画像。他下了很大决心，在自己脸上作了富有想象力的安排。

　　但这不是父亲，倒应该是未来的他。石镇的人都说少年长得像他母亲。少年从不向母亲问及自己的父亲，母亲也一次没说。所以父亲很多年来一直是处于失踪的状态，只有特殊的时刻，少年才突然想起他还有一个父亲在世上。比如说，现在。你不要报名参军懂吗？母亲说，你有一个右派的父亲。母亲就说了这么一句，就奔医院去看护她自己的父亲去了。这个瘦弱白皙的女人是石镇出色的黄梅戏演员，但在舞台之外的地方，她的言语很少。1974 年是母亲的本命年，36 岁，命中注定会有一道深坎。果然在这年冬天，她刚入古稀的父亲因病去世了。外祖父的死对少年的打击很大，从此这个家就只剩了一个小男人了。那无疑是一个阴冷晦暗的冬天。少年捧着外祖父的遗像走在送殡队伍的前列。扶棺的是他的母亲。已患上白内障的外婆领着三个外孙女跟在棺材的末端。这支由石镇剧团组织的送殡队伍携带着唢呐、小号和萨克斯管，一路吹奏着《国际歌》，来悼念这位黄梅戏的前辈艺人。但是不久，组织者便受到了撤职的处分,说他做得离谱了。那人不服,便质问:无产者为什么不能唱《国际歌》?被质问的人拍案而起:难道还要下半旗吗?这人最后又暗示,死去的那个唱戏的老头曾经有一个划为右派的女婿。

外祖父送上山的第三天,石镇的新兵连出发了。这天仍然没有阳光。少年在桥头看着一辆辆带篷的军用大卡车从眼前驶过,心里很难受。他的几个好同学都在车上。最要好的冯维明现在担任了新兵连的班长。他的军帽让少年用大搪瓷缸装开水熨得平平整整。现在他们都在向他挥动着军帽,在笑。雨后的道路上没有烟尘,少年目送着军车走完了大桥,似乎还能看清同学的面孔。后来他又沿河边走了很久,他发现河水淌得很慢。忽然间,一件东西被脚带出了沙土,那是一副样式很老的眼镜。于是他在河里将眼镜洗干净,戴上,眼前的景物模糊一片,大桥整个扭曲了。谁遗失了这副眼镜?直到1990年秋天,一个省城下来的水利勘测队,在这条河的边缘无意中刨出了一堆眼镜。大家对此惊愕不已,一时间都弄不清它们的来龙去脉。

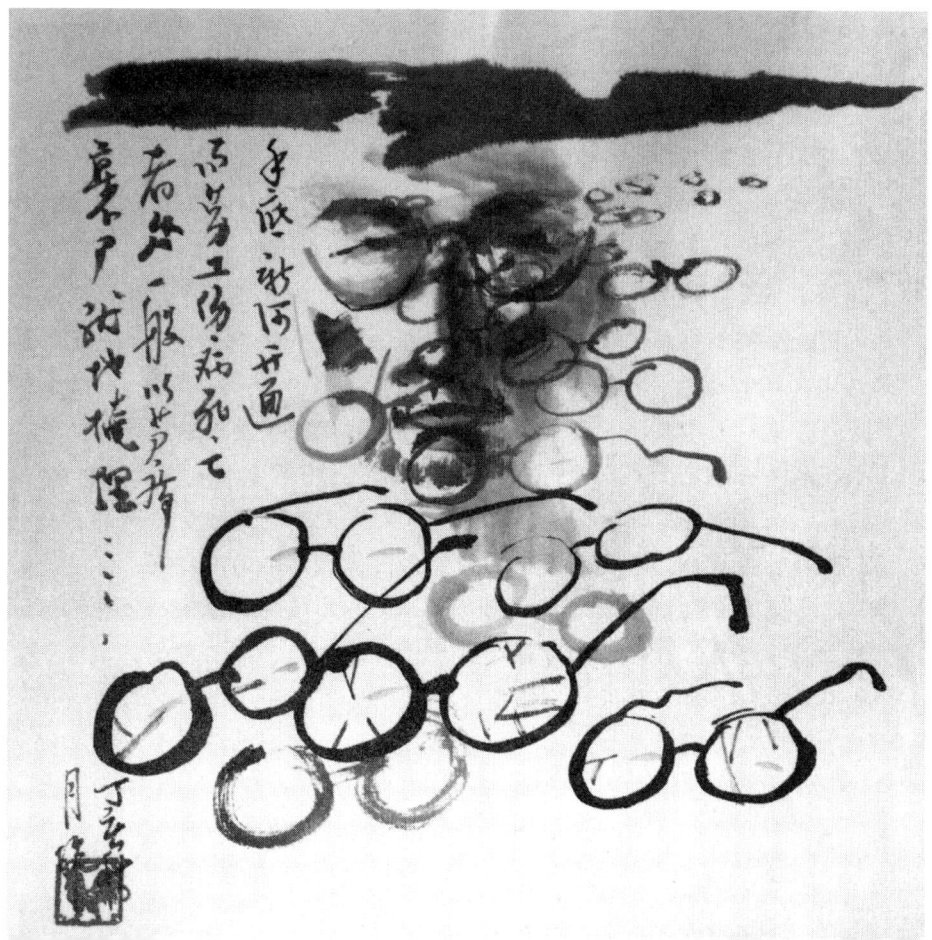

第二年，一个小说家把它记进了自己的笔记：

1957年初，琴河拓宽河道，绝大多数劳工均为地区之右派分子。其时天寒地冻，劳工风餐露宿，营地皆扎河滩，虽垫有稻草棉絮，仍难御寒气。一宿之后，棉絮均被浸湿，如儿童尿床一般。至翌年全面跃进，劳工每日工作量骤增为十八小时。年底，新河开通，而劳工伤病死亡者众，一般以芦席裹尸，就地掩埋……

二百多年前的一个雾霭迷蒙的早晨，一叶扁舟由青云山而下，在石镇码头作短暂停靠后，便顺流通江直达水市，再北上进京。那时谁也无法料到，这条仍不起眼的小船日后竟会载起半部中国戏曲史。发生于公元1790年的"徽班进京"正是从琴河开始的。后来大闹天桥，轰动紫禁城的程长庚、杨月楼，都是石镇这一带人民，史称"无石不成班"。北上的徽腔很快成为京昆的基础，而散落在江河湖泊上的，逐渐演变成了采茶调、花鼓调和黄梅调。到了本世纪七十年代末期，与黄钟大吕的京剧相对，小桥流水的黄梅戏一夜间独领了风骚。但很少有人知道，黄梅调的正宗韵律源于石镇。

1953年春天，一个在水市大学学习外语的青年，本应该去朝鲜战场当志愿军的翻译，却因战争走向尾声未能成行。这个青年人后来竟丢弃了自己的专业，来到石镇从事黄梅调的搜集整理工作。那时的水市还是省政府所在地，青年的家也住在城里，他的父亲是一位出色的手工业主，主持着水市著名的一座酱坊。不过在那时，酱坊已开始衰败，坐落在江边的那座小楼刚刚没被收充公，成为征纳航运税赋的公事房。青年是到石镇文化馆上班的，负责剧目的整理。文化馆位于石镇的西端，一座木制穿枋带回廊的二层楼。青年住在楼上，他的后窗下是一片莲花塘。青年住下的头一个晚上，就听见了莲花塘对面的孙家祠堂里单调的锣鼓声。他可能因为旅途劳累而感到厌倦，但是不久他便为纯正的黄梅调寝不安席。这个晚上后来青年就去了孙家祠堂，在忽明忽暗的汽灯下，他看清了一个小姑娘正在有板有眼地唱着《小辞店》。在侧幕边上，立着一位穿长衫的中年男人，他的表情与这出伤感的戏文似乎毫不相干，显得平淡而枯燥。中年男人要做的，便是把端在手里的泥陶壶递给唱戏的小姑娘，让她下场后喝上几口。台下的青年注意到了这个细节，由此断定他们的关系是父女。他很想上台去同他们聊聊，同时对一把胡琴的伴奏提出意见。这胡琴太干巴了，他自语道，还不如清唱呢！这时候，有人递给了他一碗茶。青年侧过身，想掏出零钱付给这位在戏园子卖茶水的妇人。可是妇人没有接，妇人说：你这位先生是大码头来的吧？青年有些局促，说：我是从水市来的。妇人又问：严先生近日可还在城里登台？青年说还在，并说：我和严先生是朋友。青年说的这位"严先生"便是日后名声大噪的严凤英。青年这才知道，卖茶水的妇人和台上的父女是一家人，和严凤英曾在一个班子里搭过伴，中年男子即是著名的青衣由之先生。一种异乎寻常的情绪在青年心中涌动着，他觉得自己和这一家人的缘分似乎已是前定。五年后，他被他们所接受，成了他们的女婿。

据说由之先生当初对这门亲是显得冷漠的。在婚期临近的前几天，他脾气很坏，几乎每天要摔烂一只碗。但他深知独生女儿的个性，覆水难收已是事实。他也奈何不过自己的堂客，在妇人看来，男人的不满是嫌女婿比女儿大了十一岁。她觉得这不是个问题，因为她也小由之先生十一岁。然而在1957年元旦后的第三天，当女儿被众人送上石镇文化馆的那座木楼时，由之先生竟独自关在家里号啕大哭了。这让他堂客十分生气，她骂道：你这辈子在台上还没哭够么？养女总是要给人的，你就不为姑娘讨个彩头？由之先生用衣袖拭尽泪痕，然后从枕头底下拿出了一张签文。堂客不识字，但她知道这是一道凶签。

签文出自青云山脚下的一个瞎子。半年后，这个家庭发生的事证实了瞎子的预言。

我还在梦中徜徉，父亲推门进来弄醒了我，接着告诉我一件事：剧团昨夜烧了。我问是怎么烧的。父亲说事故的原因正在调查。有人说是遭到了雷击，电线起火。我匆匆穿上衣服，随便洗了把脸，骑上自行车往剧团去了。那一片天空仍是灰暗的，像一块旧补丁，余烟尚在升腾着。一路上，我碰见的差不多都是剧团的职工，他们的脸上滞留着悲痛与沮丧。我问：烧得怎样了？他们说：你看看就知道了。远远看去，剧场的轮廓还算完整，我得到了一点安慰。可是当我迈进烧焦的门槛时，我完全被眼前的景象怔住了——

我说不出话。我的胸口完全堵住了，耳边似乎还回响着焚烧发出的爆裂声。这把天火烧掉了我的摇篮。我是在戏园子长大的。五岁那年，我触摸写有母亲姓名的广告灯箱被电流击过，我的右手小指至今还是略显弯曲。我帮助过这个剧团画过许许多多的布景。我父亲创作的剧目，最初是在这个舞台上立起来的。而我的母亲在这个舞台上站了近半个世纪。现在，它已成了废墟和焦土！我从剧场走到后台，从逆光中看见了母亲瘦削的身影。

母亲面对的位置应该是一面镜子。那是她的穿衣镜。镜子的左边是一个衣柜,放着她常用的行头。右边还有一个脚箱,那是外祖父生前使用的。在没有戏的时候,老人总是坐在这箱子上吸着黄烟。这面镜子记录了我母亲的一生。她九岁随外祖父走江湖,十二岁顶梁演《金钗记》,石镇剧团一组建,她便成了当家花旦。母亲的戏路很宽,除花旦青衣,她的小旦和刀马旦也十分出色。中年之后,她开始演老旦或者反串小生。1987年,我陪同一位戏曲史学家来石镇考察,便在这个剧场看了母亲主演的《孟丽君》。那一年,母亲五十岁。她在舞台上的扮相依然光彩照人。这个没有进过一天学堂的女人凭着过人的天赋与毅力,在这个舞台上挺立着,耗尽了全部的心血。

我走近母亲,轻轻扶着她。早已泪痕满面的她此刻无力说出更多的感叹,她只是喃喃地说:太惨了。

母亲只说了这一句。

——1997年10月15日

那个阴冷的下午,少年离开河边后又去了老街的一家日杂商店。他想选购几件农具。县"五·七"办公室已通知,凡下乡插队的学生必须于年底前去所在地报到。日杂商店的人对少年很热情,因为他们常请这个孩子来这里写楹联。那都是些根据客户需要现写现卖的货色。日杂商店的负责人是一个精瘦的老头,据说从前和少年的父亲私交甚好。在他看来,少年的字比他老子更有风骨,面目也清秀得多。所以在少年选购完农具之后,他又额外送给了孩子一条毛巾和两块肥皂。1988年,当石镇人争相议论一部关于天灾人祸的长篇小说时,这个刚从日杂商店退下来的老头却在添油加醋地介绍着该书的作者,同时也炫耀着自己的先见之明。

少年又一次走过了那条小巷。一个小女孩正在巷口踢毽子,毽子踢飞了,落到矮屋的瓦楞上。少年放下手里的东西,替小女孩取下了毽子。小女孩用水市的话谢了他,少年有些意外,来自水市的声音让他在这一瞬间想起了小丹。

小丹一家是武斗平息后的第二年迁回水市的。算起来已过去五年了。

搬走的那天，少年随外祖父回了老家，那是个离石镇十五华里的乡下，叫罐子窑。外祖父走江湖之前，是一名手艺不俗的陶工，能从一团熟泥中拉拽出各式各样的罐子和壶。那天，少年正在简陋的作坊里用心制作着花盆，他想把这件东西带回来送给小丹。半个月后，他回到石镇时，母亲把一封信交给了他。信是小丹来的。信上只说水市的中学很乱，那些同学把她看做是乡下人，她很苦恼。少年感到有些失望，他觉得这封信写得差劲，也写得干巴，而且字也相当难看。但这毕竟是他有生以来收到的第一封信。于是他撕下了它的邮票，夹在笔记本里。第二天，他在带回的那只小花盆里栽下了一朵花。这花后来养了两年，少年却叫不出它的名字。不过，他还是很喜欢那张邮票，时常会拿出来看看它。

很多年后，在一次特殊的场合，他突然意识到这张小图画带来的某种暗示，感到了刻骨的忧伤与悲痛。

老街是狭窄而陈旧的。

你如果对建筑感兴趣，便会发现这条不长的街上还存有一些徽派的老房子。从街面上看，这些房子显得单薄而简陋，但它们鳞次栉比，纵深广阔，一个门洞的后面有十几户人家。少年的家就在这条街上，在最里面，后门正对着一条小河。那天下午，少年就是从后门进家的。他看见三个妹妹都在小院里吃着包装很漂亮的水果糖，尚未从丧期步出的外婆在生煤炉，用蒲扇驱散呛人的柴烟。少年便放下手里的农具，想接过扇子。外婆说：你于阿姨来了，在里屋。

于阿姨就是小丹的妈妈，是一名小学教员。她是从水市来的，她已经有五年没有回过石镇了。少年兴冲冲地推开里屋的门，看见于阿姨正和母亲坐在床沿上交谈，但是他有些惊讶，因为母亲的双眼已经红得厉害，而且于阿姨也没有表现出应有的喜悦，她只叹了声：孩子们都大了。少年这时似乎感觉到，一件意外的事已经发生了，但他不能确定是什么事。

母亲站起来，平静地说：收拾一下你的画，我们去水市。

少年问：就走吗？

于阿姨说：我是来接你们母子的。你爸爸回来了。

谁也不会注意那个黄昏从石镇驶出的一辆装粮食的大卡车。少年的母亲和于阿姨坐在驾驶室里，少年陷在粮食堆中。车向东行，他看见渐渐退后的西边天空突然整个地红了，像在焚烧。这一天里阳光失踪了，却意外地给天空涂抹上了最后的晚霞。在以后漫长的人生岁月里，这个黄昏的晚霞沉淀在少年的记忆深处，变得古怪而奇异。

很多的时候，这怪异的图案被理解成沙漠，没有飘逸却日益凝重，它的形状又时刻为风沙改变。在这片沙漠上看不见旅人的足迹，你听到的只是那个人粗重压迫的喘息之声。

父亲的突然出现，在少年心中引起的是一种极为复杂的感觉。那是激动伴随着恐慌、欣喜搅拌着悲凉、亲近又不想亲近。1957年秋天这个孩子从母腹爬出时，他的父亲已经成为右派。到了1962年，父亲平反无望只能遣返原籍。他曾经想把儿子带走，但遭到了拒绝。你自身难保难道还要把儿子弄死？年轻的母亲这么争辩着。于是，男人和石镇梨园这一家人分手了。他们对各自的组织打了报告，却不被允许对簿公堂。他们最后由组织出面代办了离婚。男人就此离开了石镇，第二年有消息传来，说这个男人在兴修水库中淹死了。女人感到困惑，她不相信这个事实，因为这个男人的水性实在太好了。1954年石镇遭受前所未见的大水，正是这个文化馆的干部挨家挨户给剧团的人送来粮食的，他怎么会淹死呢？但是女人也不敢去验证这个事实。1962年女人不过二十五岁，却已是一个五岁男孩的母亲了。过去的一切像是一出苦戏的彩排，这个女人还没有来得及弄懂戏文的意思，大幕便落下了。她不经意中扮演了一个无人替代的角色。1965年，女人有了第二次婚姻。但这一次还是没有给她带来好运气，在跌跌撞撞几年之后，她自己走上了法庭，放弃了一切财产而要回了三个女儿。这一天，正是她三十五岁的生日。

天渐渐黑了。少年站起来已经可以看见水市的灯火。风很大，但少年浑身发燥。他在这前后两小时里思绪纷乱，他感觉到父亲的轮廓在慢慢清晰起来，但面目则更加迷离。他现在离父亲越来越近了，近到伸手可触，可他还不知道父亲是什么模样。这感觉在折磨着他，他甚至感到了疲倦。他已经习惯了没有父亲的日子，现在这一切突然改变了，他显得不知所措。他难以想象一会儿将有一个男人被指认为自己的父亲，而他必须接受这个事实。

汽车便在此时驶进了市区。与石镇相比，水市显得要繁华得多。街道宽阔，楼房高大，灯火灿烂。卡车没有直接进市区，而是在西门的一个路口停下。他们都下车了，然后就沿这条路往南走，走上坡面，远远地就看见齐叔在那个巷口等候着，但少年没有见到齐叔的女儿，他的小学同学于小丹。

当年那座老房子业已拆除，你见到的仍是一个复制品。1974年12月的那个夜晚，水市的街面十分冷清，走动的行人都将大衣的领子竖起来，那一夜风大却不显出声音。无声地逼迫着你。齐叔领着他们走进这座房子时，里面已坐满了人。他们都是父母的朋友，在等候着这离散一家三口的团聚。少年已有些紧张，他在判断着谁将是自己的父亲。而这时候听见齐叔说，父亲刚刚去邮局给石镇剧团挂电话了。少年的心有所平缓，他坐在靠门的那张椅子上，屋里的大人正打开他的画夹，在传看着他的画。不断有人推门进来，都还是父母的朋友。他们得知某某人从巢湖边上回来了，必须见上一面。毕竟，他们也是分别了十几年。这些人都是黄梅戏的有功之臣，从最初的《打猪草》、《闹花灯》到鼎盛时期的《天仙配》、《女驸马》，都有他们不同程度的付出。这些是很长时间之后少年才知道的，那时，他已是一名小说家了。那个晚上，人们更多谈论的是母亲当年的演出和眼前少年的画作。少年显得有些羞涩，这时，他看见坐在对面的母亲表情发生了变化，她的视线落在了少年的身后。少年便下意识地转过身，一个身材矮小、肤色黝黑，穿着一件略显臃肿的棉袄的男人正从门槛迈入。接着他听见母亲轻声地说：

这是你父亲。

1974年12月我在水市与父亲见面，其时我刚满十七岁。如果走在街上，他不会认为我就是他唯一的儿子。他离开我们母子已有十二年。一个轮回。实际上，这个父亲对于我是刚刚诞生——童年的记忆早已消失得一干二净。依稀可辨的是1962年秋天，我随母亲去水市，和一个男人一起吃西瓜，但我无法记起他的形象。所以当他被母亲指认后，我显得很尴尬。面前这个男人完全是一个地道的农民伯伯，与石镇人所说的那种风度翩翩、才华横溢简直格格不入。我难以把诸如大学、外语、志愿军翻译、戏剧家这些字眼与这个陶俑似的形象联系起来。但这个人就是我的父亲。我喊了他,接着一种亲情的气息非常自然地传递在我们之间。很多年后,我写过一篇小说,其中一个细节是讲一个产妇怀疑护士把自己的孩子抱错了。那个护士质问她:你凭什么说抱错了?产妇说:我一嗅就知道这不是我的儿子。她的话被视为不可思议,但却是对的。原来这个母亲的孩子生下后就死了,丈夫怕她受刺激,才借别人的儿子一用。我要表达的,正是这种"一嗅就知道"的亲情。

那天晚上,齐叔后来烧了一锅胡辣汤,姜味也浓,大家都喝。大人们谈论着这些年发生变化的一些人事,比如说谁得肝癌死了,谁摘了帽子,谁已调动改行了。我才知道,这些人往日也是不多走动的,尽管这个城市很小。然而正是这些人促成了一个家庭的团圆。在那个年代,他们只能自己帮自己。夜已深,人们陆续离去。我已经知道小丹陪她的一个表姐去城西住了,今晚不会回来。我似乎有些失落,很想见到她的一张照片,可是没有找到。这时候,父亲才开始看我的画夹,那都是些素描和速写,也有两张色彩写生,其中一张画的就是我从罐子窑带回的那只花盆,但栽的是一棵向日葵。父亲看过,没说什么,又让我写几个字。我便用钢笔写了"鲁迅先生"。他还是没说什么,接过钢笔也写下了"鲁迅先生"。这让我诧异,因为他的字写得实在太好了。

我们在水市住了五日,父亲又返回了巢湖农村。不久,我收到了由齐叔转来的父亲的第一封信。在这封信中,他让我冷静地思考一个问题。"你这辈子是想留下几本书,还是留下几张画?"他这样写道。我回信十分肯定,我说我此生必须做一个出色的画家。那时我还不知道达利和毕加索,心中的偶像是列宾、苏里科夫,甚至包括列维坦这样的现实主义风景画家。

现在我得说说小丹了。第二天,大人们要去另一个地方聚会,于阿姨便安排小丹回来替我做饭。那时我还睡在床上。我的床头挂着一件钢丝背心,那是齐叔用的。他回到水市以后被安排到码头当搬运工,腰椎受了重伤。齐叔和父亲是同一批在石镇划上右派的,为此父亲一直感到内疚,因为当年是父亲把他拖到了石镇,他们想在黄梅戏的渊源之地大干一番伟业,结果却双双成了右派。那个上午我有些懒散,靠在床头看一本过期的什么杂志。昨夜的事对我并没有造成什么影响,只是觉得突然了一点,忧伤却是在一年之后。这时,门外有了声响,小丹回来了。

第一眼见到小丹我还不敢相信,她已完全像个成人,而且长漂亮了。这或许得助于她的一面口罩,这个平常的东西使她眉眼呈现出极大的诱惑,也使她的头发显得更有亮泽。我喜欢女孩子戴口罩一定源于此刻。这种喜欢同欣赏雪后的景象心理上是完全一致的。雪使一切删繁就简,于是在你的视觉上便产生了既熟悉又陌生的奇特效果。我记得小丹取下口罩后说的第一句话是:你饿吗?她的口音已完全变成了水市腔,软软的,但听起来很舒服。我说我不饿。她又问我的鞋码多大。我说三十九码。她就有些吃惊,说你只比我爸爸小一码呀。小丹说她妈妈让她今天为我买一双球鞋。我想这应该是送给我去农村的礼物吧,就问小丹:你下乡吗?小丹说怎么不下呢?我的户口都寄过了。我们就这样随便说着话,我起床时,她就把我放在椅子上的毛衣什么的一件件递给我,然后又去厨房替我准备洗脸水。她问:你带牙刷了吗?我说忘了。她说那就用我的吧。我看见她把牙膏挤到一把小牙刷上。二十多年过去了,这个画面仍是那么鲜活生动地保存在我的记忆里。我在感到寂寞的时候,总是凭借着这样的记忆来慰藉自己。某种意义上,我们其实已经长久地占有着对方。但小丹不是我的初恋。

——1997 年 10 月 17 日

梅岭：1975 年 2 月

  这就是梅岭。它并不高，但陡。一条很瘦的石子公路从岭间跌落下来，岭脚的这个小村子叫牌楼。这年春节刚过，少年便来到了这里。那是个有霜的早晨，公路两边的枯草白花花一片。他肩着行李和农具，走得摇摇晃晃。在接近村子时，他发现了一只很小的黑狗，它跟了他一路，后来他就收留了它，取名副官。
  少年被安置在生产队队屋的破屋里。队屋一般用来开会学习，但那时更多的是用于祭奠村里刚死的人，在这儿摆设灵堂和说书。他住下后的几天里，总有人问他怕不怕。他觉得奇怪。怕什么？鬼吗？他大大咧咧地一笑，我不怕死人。那个时期少年似乎有些兴奋。干活虽然很累，

但非常自由，不想干也可以不干。差不多每天黄昏，饭碗一丢，他就带着小狗副官去了梅岭。由石镇开往水市的最后一班车总在这个时刻在岭脚下停住。司机脸一黑，叫所有的乘客下车，再让他们把大客车推过岭。这个景象让副官激动，它在边上嗷嗷叫个不停。那时少年坐在一块黑色的巨石上，悠然看着岭脚村落升起的炊烟，他很喜欢这道自然的风景。

但他从未画过炊烟，因为每天炊烟的形态都在变化，他不想束缚这自由的东西。他甚至自欺欺人地认为，地上的炊烟升到九天便成了云朵，它们都是变化而自由的生命。

1975年春天难以磨灭。两个月前，他见到了失踪十二年的父亲，也见到了离别五载的小丹，他的心情很好。在水市的那几天，他和小丹玩了很多地方。一天夜里，他们去剧院看戏，小丹介绍他认识了她的表姐雨浓。他一下对这个名字有了好感，接着他发现了雨浓的美丽。戏不怎么样，但那个晚上他激动不已。雨浓那时刚从卫校分配在市第一人民医院手术室，或许是这个原因，散戏之后她坚持要看少年带来的画作。绘画一定要懂人体解剖对吗？雨浓这样问道。于是少年拿出钢笔在纸上信手画出了一个男人体，骨骼和肌肉准确无误。雨浓的脸上露出了钦佩与惊讶，说：你画得真好，你以后一定得上美术学院。少年在这个瞬间有些难受了，他想起了不久前同学的入伍，觉得上美术学院是绝不可能的事。他将去农村，从那儿上大学要靠推荐，这就轮不上他了。少年说：我上不上美术学院没关系，但我会做一个不错的画家。那时候小丹正在边上洗衣服，说你别胃口太大，能在剧团画布景就不错了。他有些不悦地看了小丹一眼。外面响起来，下雨了。雨浓看看表，说明天有手术，得早点睡。小丹就让少年用伞送送表姐，她还得把衣服洗完才能过去。少年突然听见了自己的心跳。

雨中的街道上行人稀疏。你或许觉得这一幕同故事开头的那一幕有几分相似，只是现在这把伞已举得很高。从前的那个雨夜充满着恐怖，现在伞下是一片温馨。他打着伞，另一只手插在裤袋里，他的余光一直停在雨浓的脸上，为她的刘海和长睫毛所痴迷。但是这一路上他们彼此没有更多的言语。雨浓问：你明天走吗？他说可能走，因为母亲将有演出。雨浓说：下回来水市，找我。你估计什么时候能来？他说不知道。雨浓又问：你和小丹同年？他点点头。雨浓笑了一下，说那你也可以叫我表姐了。他没有叫,他说其实你只比我大两岁。雨浓说大一天也是大呀。没多会儿,到了雨浓的家门口。雨浓谢了他,并让他记住她家的门牌号码。

他回来时,小丹正在为他铺床。你怕冷吗?小丹问道,要不要给你灌一个热水袋?他说不需要,我不怕冷。小丹突然对他一笑,问道:雨浓很漂亮是吗?他愣了一下,点点头。他说雨浓像一个电影演员。小丹说,她不喜欢雨浓的工作。他有些不解,说女孩子当护士不是很合适吗?小丹说,我可不想天天翻人肠子。这句话令他很生气,就去厨房洗脸了。以至于小丹何时离开的他也不知道。这一夜,他过得极不平静。大人们还没有回来,他偷了齐叔的一支香烟,在厕所里吸完。这是他生平第一回抽烟,觉得辣。但以后就慢慢抽上了。第二天,他被父亲唤醒时显得有些慌乱,因为他做了一个十分羞耻的梦。

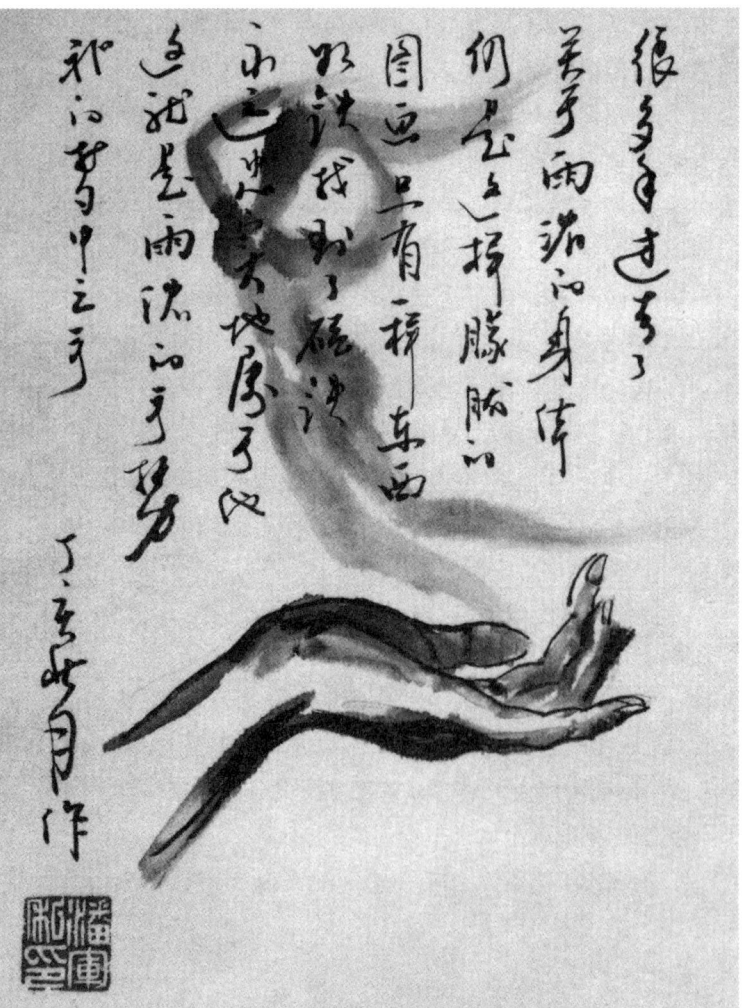

副官突然惊叫地窜起,他的思绪随之中断,接着他发现了一条绿色的细蛇正昂头注视着这边。他拾起一块石头砸过去,那蛇"嗖"地腾空跳了起来,再快速钻进了蒿草之中,就像高压水枪射过似的,蒿草整齐地倒向一侧。暮色浓重了,月亮浅淡的轮廓出现在炊烟的背后。1975年2月的乡村之夜阴森而寒冷,少年坐在煤油灯下临摹着一本著名的连环画。他的窗户没有玻璃,而用一块装化肥的塑料袋钉死。

有雨的时候，窗户便如炒豆一般。这个夜晚显得宁静，这个夜晚的他又格外地不平静，他有了强烈的对性的渴望——他不断梦见雨浓的身体，但全都不清晰。那些像柳叶一样的身体在飞动着，千姿百态……

很多年过去，关于雨浓的身体仍是这样朦胧的图画。他与这些身体在梦中纠缠，但他一次也没有拥有过。有一次他几乎亲近了她，可无论如何也抱不紧，就像在水里捉不住一条大鱼。只有一样东西如铁找到了磁铁，永远忠实地属于他，这就是雨浓的手。

1992年我在海口，有时候夜里无聊便出去看录像带。一夜看根据白先勇小说改编的《玉卿嫂》，台湾影星杨惠珊的那个手的特写让我震动。这正是我的梦中之手、雨浓的手。那个晚上后来我想起了许多事，内心塞满了忧伤。在我决定写这本书时，最先占据我思维的也还是这只手。我从犁城返回石镇的那天夜里，在那个总让我迟疑的三岔口，我其实在思念着雨浓。多年以来，我把雨浓视作我的初恋。可我从未向她表白过。我今天的坦言仍是在对自己进行安慰和疗治。有一个时期，我的父母私下认为我和小丹相处得挺好。他们对此持中立态度。那时期我经常去水市，却屡屡和小丹失之交臂，她差不多总是在我到来之前过江了，回到她插队的地方。大人们当然不知道我是为了雨浓而去水市的，直到1976年秋天，一场意外的事故才使他们暗自吃惊。但是小丹知道我的心思，我却感到了困惑。

这些年我总在反省。我发现在自己几十年的人生经历中，情感的方式带有许多规律性。在每个阶段，总有两个女性从不同的位置介入到我的生活中来，形成一个球体的两半，于是这生活便滚动起来甚至飞腾。当一半受光时，另一半则处于阴影之中。

但是我不能失去其中的一半。如果真是这样的话，我的生活就形同陀螺在原地打转，除非用鞭子抽着走。

今天早晨起来我就检查了一下车，油还不少，去水市是足够了。年迈的外婆抱着一盒西洋参过来，让我捎给齐叔。老人已八十三岁，视力消退殆尽，神志却还清楚。她一辈子都不会忘记齐叔这个男人。我五岁进幼儿园，每天的接送都是这个外婆。一个雨天，外婆来接我，正碰上齐叔来接小丹。那时齐叔刚刚摘了右派帽子，而我父亲却遭返了原籍。

外婆的眼红了。齐叔知道老人在想什么，便抱起我，让外婆牵着小丹。多少年老人一直对我重复唠叨着这一幕。她也曾向我试探过我和小丹的关系，她盼望小丹做她的外孙媳妇。1975年冬天，老人去水市做白内障切除手术，小丹伺候了她半个月。

　　见到齐叔给我带个好。外婆说，他要是还能动，就接他来石镇过一向。老人禁不住泪水溢出。我扶她坐到阳光里，顺便号了一下她的脉搏。老人拭拭眼泪，又问：小丹夫妻还和气吧？我说他们过得不错，去年刚分了房子。老人问：你看见过了？我说是小丹在电话里讲的，我们常通电话。

　　父亲走过来说：抓紧时间走吧。

　　由石镇出发，行至八公里后有两条路可以通水市。我现在走的是往南去的一条石子公路，不用说我想在梅岭脚下停一会。

　　这些年我回来上不了这条路，每每都是从当年的公社边上一擦而过。1988年我从省委机关回来探亲，一位副县长曾陪我重返梅岭。那次县里派了一辆伏尔加车，副县长还带了秘书，显得有几分派头，却让我紧张。我没有走进牌楼村，只到公路边上的一个菜棚坐了会儿。公路边上横七竖八堆放着不少石碑，这大概是农民们的副业，但村子的面貌几乎没怎么改变。当年我住的那个破屋还在,窗户上还是钉着化肥袋,显然一直没有人住。我后来问卖茶的年轻媳妇,可记得有一个知青曾在此插队?媳妇一口就说知道,并说这人现在是省里的干部,可她想不到这人此刻在喝她的茶。那一会,我好像情绪有些波动,细想离开此地已有十余年。现在呢,又是十年过去了。以前读过一些朋友描写知青生活的小说,总觉得过多的壮怀激烈,又过多的悲怆苦难,让我隔膜。或许那时我太幼稚,抑或这儿与塞北南疆显著不同,我对这段生活和这块土地都没有太多的留恋。

我把车停在梅岭上。刚才路过村子时,我试图停下,又很快改变了主意。说实话,我不想亲近那些岁月。我不是革命家,没有规定圣地的欲望。我也不是企业家,能掏出大把的钱资助这儿旧貌换新颜。我是个作家,但多年以来我寻找不到恰当的方式作一次完美的表达。我宁愿把这儿当做一道风景,看一眼就够了。

——1997 年 10 月 18 日

  那个后半夜他听见了狼嗥。起先,他以为是哪家婴儿的啼哭,但副官惊慌失措的样子让他明白了。狼的叫声十分悲惨。他仔细听着这悠扬的悲声渐渐远去,他想这匹狼一定是潜入了山里。过了些日子,狼又回来了,并在一个星光惨淡的夜晚与他相遇。当时,他们相距不过二十米。

  那天晚上他去公社广播站吹口琴,吹的是《打虎上山》。他对着麦克风吹奏,有线喇叭传出的效果倒很像是手风琴。但这个节目还是出了点问题,临近结束,蹲在旁边的小狗副官兴奋地叫了起来。公社武装部长后来责问道:你这是打虎还是打狗?这让广播站的负责人很紧张,据说第二天还写了一份检讨。他却感到很开心,一出公社大门就点上香烟,然后撒尿。副官站在一旁对着墙角的一只蛤蟆做出攻击的姿态,喉咙里发出拉锯般的声响。他踢了踢副官的屁股,说你他妈的害我犯政治错误。副官就老实了地在他后面一声不响。天开始暖了,田里的稻生长得很好。他的腰又觉得酸了。插秧那一阵,每天黎明即起,一直忙到天黑,有时候还得带饭去田埂上吃。难得有这么一个夜晚,也难得有这份外快——去公社广播站吹半小时口琴队里可记半个工,折人民币三毛四分钱。他想去河边看看，或许能摸两条黄鳝。这个季节的黄鳝很肥。于是他就插上了一条小路。零散的几点蛙声使夜更加宁静，月亮渐渐亮起来，路上像落了一层霜。

忽然副官的喉咙里又在拉锯。他抬头往前看，小石桥的正中央蹲着一只狗。但仔细一看，这分明不是狗，副官是不会对它的同类挑衅的。狼！他一下觉得腿软了，接着向后退了两步，他看清了狼的粗尾巴横在一边。他弄不清是副官贴着他还是自己挨着狗，总之那一刻他们像长在了一起。他又向后退了一步，他想，如果狼很快扑上来自己的第一个反应该是什么，是躲闪还是迎击？他的手伸到裤袋，紧紧握住了那把口琴。但是，狼掉头走开了，走得不紧不慢。他便退着跑到了公路，吓出了一身冷汗。很多年后，那时他在海南岛，他向一个女人叙述这一幕时，作出了别样的思考。他认为那匹狼实际上已从心理上消灭了他。眼前浮动着那狼持重的行姿令他肃然起敬。

那以后他很少夜间出门。即使出门，也需要带上一件武器。最初他选择了菜刀，后来他又请当地的铁匠打了一条链鞭，他把它系到了腰间。他也感谢副官的忠勇，当狼来临的时刻同他"长在了一起"。副官成长得很快，到了这年夏天，它已变成了一个意气风发的小伙子。这条有洁癖之嫌的狗居然像水牛一样喜欢待在水里，它的毛发总是那么一尘不染，在阳光下呈现出乌亮。

不久，"双抢"到了。这是一年中最难熬的季节。每日起早贪黑。他忍受不了任何一件农事，想告假去水市。可是他又羞于启齿，队里正缺劳力，连外地干散活的瓦匠都召回了，学生们也整天扑在田里。他没有理由退却。那些日子他把自己看成了副官的同类，他累惨了，食欲减退，一有空就躺到树阴下。副官在边上巡逻，替主人驱赶着苍蝇。

一天夜里，他被安排在稻场上看稻。睡在竹床上，望着天上的月亮，他很沮丧地想道，这种日子何时能有个尽头？现在他才意识到户口的分量，他已是地地道道的农民了，而不是以前的下乡学农。他和村里人没有任何区别，他不可能被推荐上大学，而招工的指标历年都很少。这个公社有一百多名知青，来自上海、西安、犁城、水市以及石镇。从以往的情况看，越是大城市下来的就越容易先上调，那么他就是底层。即使轮到石镇，也还必须优先满足那些有来头的人家的子女，就是说，他是底层的底层。他不能不沮丧。

　　副官不知从哪里窜来了,对着它的主人直摇尾巴。他想这畜生饿得真快。这时他听见村里的孩子在喊:下放学生,有人找你来了!他欠起身,看见月光下一个姑娘正被几个孩子簇拥着向这边走来。他看不清她的脸,迟疑着穿上背心。那人近了,并叫了他的名字。天,竟是雨浓!

　　雨浓是参加地区医疗队到石镇进行巡回医疗的。她工作的区域不在梅岭,而是清埠,靠近琴河边上的一个公社,距梅岭大约二十公里。明天她的工作就结束了,所以今晚让公社的车送她来了这儿。雨浓给他带了一篮子鸡蛋和一瓶麦乳精,她说鸡蛋是清埠的那些病人家属送的,留给他当菜。

他突然有些伤心,他不明白怎么会这样。煤油灯下,雨浓穿着一件紫色的的确良衬衫,上面印着白色的藤蔓。她刚洗过的头发束着一方手帕,像一只大蝴蝶。雨浓看着他,说:你瘦了,也黑了。他笑了笑,把一盘蚊香移到雨浓边上。雨浓又问:还在画吗?他说还在,就把画夹打开。雨浓一张张看着,评价着。他在旁边替她打着扇子。现在他觉得心情好起来了。雨浓指着一张肖像素描说:这有点像我。他没吱声。雨浓又问:是我吗?他有点不好意思,说我是凭记忆瞎画的。雨浓说我没你画的好看,我的眼睛没这么有神。他把茶杯递给雨浓,说:下次去水市我对着你写生吧。雨浓侧过脸问:什么时候去?他说"双抢"结束。雨浓点点头,又问:画小丹了吗?他说没有。他说小丹的特征不明显。这句话显得毫无底气。雨浓就不再问了,把一个盒子从包里取出,那里面装着红药水、紫药水和常备的药品,还有胶布棉签之类。雨浓说,身体要注意,梅岭这一带有血吸虫病史,要保持定期检查。然后她说:我得走了。

他抬起头,问:就走?

雨浓说:车还在公路上等着呢。

他没有再说什么。副官从外面跑进来,安静地蹲在了他边上。

多少年来我一直为没有印证那个晚上雨浓的心情而懊恼。事实上,那天晚上她一离开,我就感到后悔。我不满十八岁,没有勇气去拥抱一个女人,我后悔的就是这个。我不在意雨浓的拒绝或接受,只需要一个确切的结论。但是一切就这么过去了,构成了一个永远的悬念。那个晚上我辗转反侧,一宿未眠。黎明时天下起了大雨,我把副官锁在屋里,动身往清埠赶了。

雨越下越大,雷电交加,公路上见不到一个人和一辆车。没有多久,我浑身已淋透了,伞无济于事。那些雷电!似乎就劈在我的附近,现在想起来还很害怕。我想雨浓他们一定是乘船回水市,那班船我以前坐过,早班开航在九点,我应该是能够赶到的。那时大约是清晨七点,我已经走了一半的路,觉得很有把握,而且雨也渐渐小了。但是我的脚已被凉鞋的金属纽扣磨破了。鲜血淋漓,雨水浸到创口火辣辣地痛。于是我停到路边一座废弃的茶棚里,拔了几棵草来隔开纽扣,同时把上衣脱下来拧了一把,这时,一辆摩托车在我边上停住了。骑车人撩开雨衣帽子,对我叫道：这么早去哪呀？我认出这是石镇邮局的老王，他负责跑这一线的邮路。我有点喜出望外，没想到这么早会碰见他。我说去清埠。他头一歪，说快上来吧。然而我没有想到事情给弄糟了。

老王是去一个叫刘家桥的地方报丧的，邮局的一名职工昨夜得脑溢血突然死了。刘家桥虽然离清埠只有三公里，但那名职工的家却在山之北。而且我们一到，死者的家属就像天塌了似的对老王跪下，哭得死去活来。我看老王一时动不了，只好重新上路，这时的脚便更加疼痛，几乎每走一步都不容易。结果等我赶到清埠码头，去水市的早班轮船刚刚开走。我甚至看见了它的影子在烟雨之中……

那个早晨我沮丧而痛苦。我呆呆地站在那个小码头上,很想找到一件活干,因为我身无分文,口袋里只有三斤粮票。我想挣出一张船票去水市,把昨夜没有敢说出的话,对雨浓说出来。可是码头上不存在散活,我只好亦步亦趋地返回梅岭。我不知道我是怎样走回来的。这一天里,我饿着肚子走了近五十公里的路。回到自己屋子,副官一下子就将我扑倒了。这畜生也饿了一天,把该吃的全舔光了。我不禁流下眼泪,开始生火烧水做饭。那会儿,我感到冷得不行,牙齿格格地碰到一起。我打了八个鸡蛋,吃了三个就不想吃了,余下的都喂了副官。当夜,我便发起烧来。我躺在床上,脚上涂了红药水、缠了纱布,又吃了几片治感冒的药,不久便沉沉睡去。我又一次梦见了雨浓,依旧是那么的不清晰。我能看见的看清的还是她的手。所不同的这回是一双手,半张开着,像是在迎接着什么,更像是在使劲抓住什么。那时我没想到这梦中的手势竟是一个可怕的隐喻。

二十多年过去了，我无法摆脱这梦中的手势。我总是在假设，假设那一天我赶到了清埠码头，对雨浓说出"我喜欢你"、"我爱你"，以后的事或许就是另一个样子了，甚至我们两人的命运都将因此改变。然而这一切已不可能。现在，我驾驶着车已临近了水市，路边的风景不断从眼前掠过。城市在变化着。我奇怪地发现，这个城市好像每年都在修路，其中有些路是挖了修修了挖，没完没了。这个城市给了我太多的回忆，可每一次接近她，我都显得笨拙不堪，我似乎总是一个匆匆过客。

——1997年10月18日

病中的齐叔是安详的。他已从医院回到家中，放弃了治疗。他的情绪很稳定，比我想象的要乐观。这种病想通了也就那么回事，他说，我每天坚持锻炼、吃药，该干什么干什么。但是于阿姨难以承受这个打击，一见到我就止不住地哭了。她说你齐叔这辈子可真没过什么好日子啊，老天怎么能让他得这种病呢？

齐叔在我心中的位置不亚于我父亲。那些年我来水市，就住在齐叔家。我和齐叔睡一张床，每晚都聊得很迟。他是个稳健从容的男人，从他永远微笑的脸上你看不出他此生遭过了多少罪。我母亲一直视齐叔为他们那一代人的楷模。齐叔虽然没有留下一个剧本或者一首曲子，但他留下了自己的身影，无论他活着还是死去，这身影都存在。这是一个捆着钢丝背心的身影。

中午，齐叔让我看他近期写的大字。他临的是王羲之的《兰亭序》，临得一丝不苟。他说王羲之的字让他联想到舞台上的青衣，静中见动，平中出奇，韵味是慢慢咀嚼出来的。这样就谈到了我的外祖父由之先生。齐叔回忆起1956年陪中央人民广播电台的一位编辑来石镇录制外祖父的唱腔，说老人的唱腔有一种特殊的"沙味"，自成一派。但我母亲没有走这条路，她的青衣是从花旦中演变来的，苦中仍不乏甜味。这很像她本人，齐叔说，你母亲一生坎坷，但内心是从不脆弱的。正说着，小丹回来了。她接到家里的电话，下班直接到了这儿，还捎了一些菜。

小丹问我，这次可把孩子带回来了？我说没有，女儿正上学。她又问我能在水市住几天。我说随便，不受时间限制。她说在报纸上见到我在做导演拍电视剧，问什么时候能放出来。我说不清楚，我只管拍。见我情绪不高,她也就不想再问什么,进厨房帮着准备午饭去了。

实际上我和小丹就是这样的状态。每天在一起与隔十年见一面几乎没有什么差别。1984年秋,当我彻底离开水市时,我曾对她谈到这种感受,我说:我们之间不知道是缺了点什么还是多了点什么。她沉默了一会才说:这样也好。我早就把你看做是一家人了,未必要天天睡在一张床上。第二年,我们各自都结婚了。她丈夫在市政机关工作,据说现在已是一名科长。那是个面目清秀斯文有余的男人,每天刷三遍牙。奇怪的是小丹每回去商场购物,摸奖摸到的也差不多都是牙膏。有一次小丹对我说:你能认为我同他没缘分吗?这话把我俩都逗笑了。

午饭吃得很迟,小丹也就请了假,不上班了。齐叔需要休息,我和小丹便坐到晾台上交谈。对父亲的病,她已作了充分的思想准备,她只祈祷父亲能在明年走,看见她儿子上中学,而且走得舒服一些,不要痛苦。虽这么说,但她还是流泪了,把手伸给我。她说:到时候你要回来!我说我会的,我会把齐叔送上山。我握着小丹的手,她使劲地用拇指掐着我,掐出一道很深的痕迹。过了会儿,她好像想起了什么事似的抬起头。她说:回头去看看雨浓吧。

我的心陡然重了。

——1997年10月18日

水市：1975 年 10 月

从前那个细雨迷蒙的黄昏，少年就站在这个位置望着日益污浊的长江。他的眼神呆滞得可怕，嘴角还挂着一点血迹，那是从喉咙里咳出来的。他在江边已站了很久，现在，那个叫小丹的女孩来到了他身后。小丹喊了他，他没有回头，后来小丹就把手递给了他，小丹说：你握握我。他就握住她，可是总觉得握不紧。这一瞬间他想起以前小丹说过的一句话。那是有一回小丹替他看手相，发现他十个指头都是簸箕，小丹就说：你这人将来抓什么都会抓不紧的。他当时竟哈哈大笑，笑小丹如此迷信。现在他信了，但他不敢相信一周前发生在眼前这条江上的事是真的。

这年"双抢"刚过，他被抽回石镇参与筹办一个路线教育展览。这事若在以前，他很乐意，因为每天可以补助一块两毛钱。可这次来得不是时候，他想去水市。他已经答应过雨浓，要为她写生。他甚至想画一幅她的油画肖像，连画框的尺寸都考虑好了。雨浓的肤色白皙，表情含蓄，他觉得可以处理成逆光效果并且做成冷调子。第一次见到雨浓时，她穿着一件黑色的雪花呢短大衣，他觉得这也很好，粗犷的笔触与细腻的面部正好形成一个对比。当然，他会建议雨浓衬上一件红色的毛衣，那是唯一的暖色，但提示了面部。这应该是完美的设计，眼下却不能实施，所以他恨这个展览，盼着早点结束。这件事一直拖到了十月中旬，他领到了四十二块钱。他把三十块给了母亲。上个月，他在新华书店见到了一本《连环画精选》，那是全国展览的作品集，八开精装，定价十五元，全县就进了两本。他想买，母亲把买米的钱给了他，再去向别人借钱来买米。他当时心里很难过。他把钱交给母亲时，母亲说：你不是要去水市吗？带着吧，给你齐叔于阿姨买点什么。他说，我还有十二块。母亲想了想，只收了二十块。

第二天一早他就出发了。两小时后，他到达了水市。在车站他暗自想着，是先到齐叔那儿还是去先见雨浓？他选择了后者。于是他从一条小路斜插过去，那儿有条老街，走过这街，离雨浓的家便不远了。他停在一家商店前,借着玻璃门的反映整理了一下头发,觉得自己背着写生夹、提着油画箱显得很神气。然后他进去买了一盒巧克力和两瓶橘子罐头。他感到街上有不少人在打量着自己,还有两个小孩在追着要看他的写生夹。他的心情很好,他想这个城市迟早会接纳他的,至少,他有希望到市剧团来画布景,这并不影响他成为一个画家。1975年10月,少年在秋日的阳光下抖尽了辛劳与疲惫,但不知道此刻阴影离他只有一步之遥。

眼前就是那个熟悉的门牌了。那扇门就这么敞开着,迎面的墙上涂满了枯树阴影。从这儿走进去便是雨浓的家。那次,他就站在这个门口,看着雨浓的身影消失在墙的后面。他没有进去。现在他又一次听见了自己的心跳。他犹豫片刻,迈过了门槛。这个杂院住了几户人家,他路过时,一个洗菜的老太太一脸狐疑地看着他。他避开老人的目光,正想推雨浓的家门,突然从里面走出了小丹。他还没有来得及惊慌,小丹便一头撞到他怀里号啕大哭:你才来呀!你死吧!

这时,他看见了桌上摆放着一团黑纱缠绕着雨浓的遗像!他一下坐到了地上。

很多次，很多次我想写下这一段，都放下了钢笔。明天是雨浓的祭日，她已经离开我二十二年。这些年来，雨浓的死像梦魇一样盘踞在我的心头，我把它看做是我体味痛苦的真正开端。

1975年10月20日，水市是个阴天。新近出版的地方志对这一天有着太多的渲染：阴云密布，秋风萧瑟，江面大雾初开，船影绰约。但在二十岁的女护士雨浓看来，这一天很平常。她原想在这个调休日去裁缝店做一条呢裙，可是一早就被卫校的同学喊起来了，约她一道去江对面的大渡口看菊花，顺便买回几盆。说来也怪，仅一江之隔，南岸的菊花就是开得比北岸的好，而且价格也便宜。雨浓是一个十分随和的姑娘，自然不会扫大家的兴，况且她也很喜欢菊花。

那个年代，水市还没有养花的风气，街上也见不到一个花店。她们大约是八点光景出门的，去赶九点的过江轮渡。那时候天空飘着微雨，雨浓和同学挤在一把伞下。到了码头，她看见卫校的刘老师在栈桥上向她们招手。雨浓这才意识到还有另一层意思。刘老师是个白面书生，比雨浓大七岁。在校的时候，同学们都说刘老师对雨浓特别好。刘老师送给雨浓的毕业礼物就是一盆白色大理菊。现在刘老师迎过来了，他已买好了船票。同学们把雨浓推到刘老师的伞下，说他的伞大一些。雨浓并不腼腆，还是礼貌地喊了一声"刘老师"，后者倒感到局促了。不一会，上船的时间到了。

那天过江的人并不多。他们依在船舷栏杆上，谈论着一些同学的近况。江面上风大了起来，雨浓的头发吹乱了，但她的兴致很好。交谈中，她不时把手臂伸出伞外去迎斜飞过来的雨丝。或许是为了体现对雨浓的关心，抑或是避开其他的同学，刘老师以风大会感冒为理由让雨浓与自己去了底舱。雨浓没有拒绝，但她不知道这个瞬间没有被拒绝的却是死亡。

当他们走进底舱几分钟后，突然听见一声巨响，旋即船体倾斜，失重的人们像麻包一样被抛到了一侧。几乎是在这同一时刻，粗大的水流从不同的方向灌入舱里，淹没了嚎叫声……

只是几分钟的事。几分钟便结束了一百二十七个生命。小丹后来告诉我，这条渡轮行至江心被上游下来的一艘运煤的驳轮拦腰撞沉。雨浓当时如果不进底舱，安全是绝对没有问题的，她随便抓住一件东西即可求生。留在甲板上的其他几个同学全活了下来。那位刘老师也存住了一口气，等来了救援之手。傍晚，打捞工作结束，据目击者回忆，遇难者的尸体整齐地排放在江边，像一条小路——那是通往另一个世界的路啊！雨浓的尸体蜷曲着，像怕冷似的。可她的两只手全伸张着，她的确是想抓住什么，她才二十岁！她不想死！

一年后，我凭记忆制作了这幅版画。小丹感到震惊，因为这几乎和雨浓最后的手势一模一样！而我说，这是我的梦。那时候小丹依偎着我，说你和雨浓来生一定会在一起的。我记得那天夜里我正发着高烧，小丹一直守在我身边。她的父母回原籍池州替老人迁坟去了，家中就只有我们。吃过退烧药，我一身都是虚汗。小丹用热水替我擦洗。我看着她，突然觉得上帝在帮我做出最初的选择。我便抓住了她的手。她似乎不感到惊讶，而是叹了口气。她说：我俩都是农民，要是我们好了，将来我们的孩子也会是农民，你说呢？我什么也没说。这时，她抽泣起来。窗外又下雨了。那一夜，我们后来和衣躺在了一起，我握着她的手，看着窗外一点一点亮起来。这些年我时常被大学请去作讲座。每次解答学生递上来的字条，其中总有这么一道：能谈谈你的初恋吗？甚至：你第一次接触异性心情如何？我说：我的初恋不是童话而是一首挽歌。我最初对异性的感觉是可悲的，那时我们活在一个不可思议的年代。你们不会想象到一个人连欲望都可以磨灭，但这确实不是虚构。

1985年秋天，雨浓的骨灰安置到了公墓。那时我和小丹都在筹备着自己的婚事。小丹在电话里说到雨浓，我便委托她在雨浓的坟上栽上一圈菊花。以后每年雨浓的祭日，小丹都会这么做。明天，这件事该由我来做了。

——1997年10月19日

副官大喊的时候，他正在田地喷农药。闻声望去。大队书记和一个敦实而斯文的男人叉腰站在公路上，旁边停着两辆自行车。大队书记姓王，对知青不错，喜欢安排这些城里来的学生出个墙报、演个节目。少年洗洗脚,他想大概又是要出墙报了,继续批林批孔吧。来来,书记摇着大手说,这是公社盛文书记,看你来了。于是盛文书记伸过手同他握了,问:田里的事都会做了?他点点头。然后盛文书记又问:你英语学得怎样?他说还可以。盛文书记笑了笑,说:回去收拾一下,明天去公社中学代课,教英语。初一初二初三都归你。说完,两位书记推着自行车走了。他听见盛文书记说,这小鬼长得不像他老子。

  他似乎明白了一点。但这突如其来的美差让他手脚无措。这是真的。就是说从明天起不需要再下田了?就是说从这个月起可以领到工资了?就是说晚上看书画画有电灯了?他大喊了一声,田里的人全都吃了一惊,连副官也跳到了一旁,紧张地看着主人。他无法掩饰这种失态,一口气跑回了那间破屋。进门之后,他突然抄起门后的锄头把那口铁锅砸烂了。那锅里还剩有一点水,漏到灶膛,很快让柴灰吸干,淌出灶口的只有一线。副官蹲到他腿边,这畜生却沉默了。

  当天下午,他带着副官回到了石镇。当他告诉母亲这消息时,母亲问:老盛调到梅岭了?他以前和你爸处得不错。母亲又说,老盛也划过右派,六二年甄别的政策是先党内后党外,因为他在党内,就先平反了。母亲最后说:给你爸写封信吧。叫他以后来信直接寄到学校,别再让你齐叔转了。

  于是在那个春夜,他在自家的阁楼上为远方的父亲写信。这是1976年他给父亲写的第一封信。春节的时候,他和母亲又去水市与父亲见面了。父亲带来了许多土产,还为外婆安排做了白内障切除手术。拆线的那天,外婆问母亲:你们能复婚吗?母亲说:不是时候。那样儿子兴许就烂在农村了,我总想让他有机会再念几本书。外婆问:那要等到几时?母亲说:等到儿子三十岁为止。要再没有机会,我这做娘的也算是尽心了。外婆叹了口气,说早知这样,还不如当初不离;离了也还是划不清界限。广播里不是老讲,右派算是人民家里的矛盾么?

  对于少年,他迫切需要的不是再读几年书而是摆脱皮肉之苦。他忍受不了"双抢"一类的折磨。代课教书最大的恩惠是替肮脏的肉体找到了一张舒服的床和一盆洗澡水。那天夜里,后来他又想到了几个月前遇难的雨浓。他想倘若雨浓还活着,那么他可以每个星期天去一趟水市。他甚至幻想,他在江边写生,雨浓替他打着一把遮阳伞,一直从黎明画到黄昏。这个浪漫的幻想保持了二十年。1995年。他把它写进了一篇小

说，但是写得很糟糕。他似乎明白了一个道理：幻想是无法表达的。

他要去的中学就是这个样子。这不是个完全中学，只是一个极小规模的初中，三个年级三个班。他承担的也就是三个班的英语课。课本还是他读初中时用的课本。第一课：毛主席万岁。中国共产党万岁。中华人民共和国万岁。第二课：工人阶级是领导阶级。千万不要忘记阶级斗争。抓革命，促生产。第三课：教育必须为无产阶级政治服务，必须同生产劳动相结合。第四课：小华学工，工人师傅问他，这是什么？这是一把锤子。小红学农，农民伯伯问她，那是什么？那是一把镰刀。小兵学军，解放军叔叔问他，这是什么？这是一把枪。……

不需要备课。

报到后的那一天里，他忙着收拾房间。窗外挤满了学生，他们对新来的老师感到好奇。这个老师比他们大不了几岁，背着画夹，牵着一条黑狗，有时还吹口琴。这景象令他兴奋。于是他推开窗户，说：同学们好！

学生们一齐喊道：老师好！

他觉得学生们把天都喊亮了，使这一天的黄昏无限延长。

晚上，学校照例举行了教师聚餐以示欢迎。校长是个口齿极不清楚的男人，喜欢披一件旧呢大衣，喝酒时也不肯脱下。学校一共九名教师，全是男性，紧紧围着一桌。大家不约而同地夸奖他，但更多的是称赞盛文书记的眼力，说盛文书记刚刚到职就这么重视教育，为学校注入了新生力量。最后校长抖抖肩上的大衣说：这下，学校的教师住房木料，该不会是个问题。说着就从怀里摸出一份文字材料，交到了少年手上。校长说：你是盛文书记派来的，明天就劳你去公社跑一趟，让书记优先把报告批一下。少年说：我明天有课。校长说：不急不急，调一下调一下。于是大家再次举杯向他这个新生力量敬酒，他莫名其妙地便给灌醉了。

很多时候，他就坐在这间教室里，学生们放假回家了，教室似乎一下大了许多。这个环境让他想到石镇的剧场，又让他想到西方的教堂。他想，人们去剧场是为了看到一些身边不曾有过的事情，去教堂是想听到平时难以听到的声音——他没有见过教堂，但他能想象出它的肃穆与庄严。直到很多年之后，他在上海拍摄一部电视剧，去了佘山的一座历史悠久的教堂，才印证了这种感受。现在他坐在这里，却是在思考如何面对卷土重来的苦难。1976年7月是一个难熬的夏天，而且汛情严重，绝对是一个灾年。他原想回石镇完成一幅版画的创作，正准备同校长打声招呼，一个老师进来传话，说校长有事找他。他问什么事。那老师显出为难的样子，说你去就知道了。他很敏感，觉得肯定是有麻烦来了。于是他去了校长房间，校长披了件衬衫，很客气地递给了他一支烟，说：坐，坐！他心里越发毛了，问道：有事吗？校长往藤椅上一靠，说：是这样。学校接到公社指示，代课教师这个这个，暂时回队，听候通知。你去会计那里这个这个，把工资结一下。校长说这段话时一直玩烟盒，不看他。他顿时就明白了：自己将被扫地出门。原因是上个月盛文书记离开了这个公社，去县里当粮食局长了。

他第一次目击了人的丑陋。但他不恨这个校长。这个喜欢披一件衣服的小人物无力挽留他的离去，就像几个月前无力拒绝他的到来一样。

这一天，他懂得了权力。他曾经是权力的受益者，如果不是盛文书记同父亲从前有过私交，他也照样不可能脱离农田。新来的公社书记是学大寨的劳模出身，尽管他不抽纸烟而吸黄烟，但他一旦坐在同一把椅子上，他的做派和他的前任如出一辙。将顶替少年出任代课教师的，是这位书记表哥的女儿，刚刚从水市下到这里。

　　他也觉出了自己的悲哀。我不像个男人，他这么想着，不就是苦吗？中国有多少农民在祖祖辈辈地吃苦，哪一日不是面对黄土背朝天？苦不死人，累不死人，人活一口气。你的父亲不是农民吗？他已在农村活过了十五年。小丹不也是农民吗？你难道连一个女孩都不如？这样想下来，他轻松了许多。天渐渐黑了，他蹲在教室的一角，把课本和教义全烧了。望着那团火焰，他觉得自己似乎刚从一个漫长而沉重的大梦中醒来。

　　当夜，他带着副官回到了梅岭。

　　我一直认为，1976年7月的那一天对我是重要的。我懂得了权力——哪怕是最小的权力，在中国社会的作用。当一个人无法接近权力时，唯一能行得通的便是远离权力。权力左右你的前途与命运，这固然是无法忽视的存在，但仍然还存在着权力控制之外的另一种前途、另一种命运，那便是你的创造。正如农民创造粮食、母亲创造生命一样，权力是剥夺不了的。尽管权力可以扼制、限制你的创造，但创造本身的力量足以能同权力抗衡。没有一种权力可以规定音乐的具体性，因为旋律的形态是抽象的；也没有一种权力可以控制竞技的规则，所以体育比赛的魅力在于与生俱来的公平；更没有一种权力可以改变季节的更替、自然界色彩的转变。权力可以消灭生命，但消灭不了生命的辉煌。我的生命在于我的创造——二十多年前，我悟出了这一点。这便是我的世界观的雏形。我朴素地信仰它，就像信仰阳光、空气和水。

一个漂泊者唯一需要的是自我生存能力。一个夜行者唯一需要的是可以照明的东西。如果还需要增添什么，那就给漂泊者以力量，给夜行者以胆魄。这便足够了。多年来我就是这么想的。我觉得我活得挺好。我选择了一条远离权力的生存之道。用我母亲的话来说，你只能靠自己。既然在这个世界上连一只狗都可以活下去，人凭什么不能活呢？那个遥远的晚上，我面对副官这么想。贫瘠的公路上只有我和我的狗，远处的稻场上隐隐传来看场人唱的小调，天上的月亮十分明净。我们没有进牌楼村，直接上了梅岭。我坐在那块以前看炊烟的大石头上，抽着"光明牌"香烟。这种烟当时是二毛五分钱一包，插队的那两年，我一直抽它。

不久，大队在梅岭的东侧坡上盖了一个林场，把全大队散落各村的七个知青，集中到了这儿。那已是1976年的9月了。

从雨浓的墓地回来，我请小丹去江边一个叫"醉浪阁"的馆子吃饭。馆子不大，窄窄的三层，南面临江。那时天色将晚，江面上行船的灯火显得明亮了。我们坐在三层，边上只有一个司机模样的人在喝啤酒。最初的一刻，我们都没有说话。小丹似乎有些疲倦，不时打着哈欠，连眼泪都打出来了。然后她就笑了，说我俩真是很怪，我在你面前从来就没觉得自己是个女人，什么都不遮掩。我说：十岁那年在我眼里你就是女人了。我说起那天晚上送她回家的情形，记忆中最深刻的不是头上响着枪声，而是那个男孩想很快长到十八岁，直起腰杆把那把伞打起来。小丹有些痴迷地看着我，说你这人怎么到死也改不了脸红的毛病？她又把手递给我，问道：我老了吧？女人四十豆腐渣。你倒是耐看了。你现在和谁在一起？我说一个人。小丹叹道：你根本就不该和李佳离婚。感情这东西哪有十全十美的?这时菜上来了,我们也要了啤酒。我替小丹斟上,说:我们要在一起也一定会出鬼。小丹想了想,点了一下头。我早就看出李佳和小丹之间的某种联系,她们有相似之处。我与李佳前后生活了十年,那是她最好的年华。我们最大的收获是有了一个灿烂的女儿。

后来我便给李佳去了电话。女儿的钢琴声清晰可辨,成为父母通话的伴奏。李佳问:你现在在哪里?我说在水市。李佳说:我想你该是在那儿。然后她就笑了。

我明白这笑的意味。我在水市的故事不过刚刚有了个序幕。

这个晚上,江上的月光最后形同烟霭,明天将会有风。

——1997 年 10 月 20 日

梅岭：1976年10月

一个明媚的早晨，他去大队林场报到了。他是最后一个。他到的时候，其他的知青正在门口洗脸刷牙。大家都是熟人，因此也没有过多的亲热。这时一个叫尹玲娟的女孩突然问了句：你不教书了？他愣了一下，说：学校在盖房子。这句没头没脑的谎话立刻让他感到羞耻。他没有勇气说"学校不要我了"。他找到属于自己房间——那是北边的一间屋，把副官关在门外。然后一个上午他都在收拾、整理。他把自己的一些素描和水粉写生挂在土壁上，又挂上了一床新帐子。这个环境渐渐使他的心绪调整过来，在学校，他那屋子差不多就是这样布置的。十月是农闲季节，加上林场初建，领导又没有到职，知青只是在山上干一点散活。他听见外面的农具碰击声。知青们临时在一个上海学生周瑞的带领下上山了。他把煤油灯又擦了擦，这才点上光明牌香烟。和牌楼村的那间破屋相比，这间屋显然好多了。至少窗户上有了玻璃，而且顶上还有几块亮瓦——也是玻璃的，挤在青瓦之间，以增加屋内的照明度。

副官在门外叫起，接着他听见了敲门声。他打开门，一个双眼混浊、头发蓬乱的瘦弱男子在对着他笑。他差点没认出这是邻队的上海知青张志松。他去学校之前，这人可不是这样。他问道：你病了？张志松做了个要烟的动作：不好意思，我香烟吃光了。他给了张志松一盒烟，说：你没上山？张志松说：我没力气干活，周瑞有，让他干好了。他们说话时，副官就蹲在中间。张志松摸了副官的头颅，说：这狗真肥。副官突然触电似的跳到主人这边，喉咙里却不拉锯。他有点奇怪，这畜生竟认起生了。他轻踹了副官一脚，把它轰到了外面。

不一会，山上的知青回来了。张志松便趿着布鞋回了自己屋。他住在最西端的南屋，对面的北屋是公用厨房。当时这些知青的关系还保留在各个生产队，每人每月交出一定数额的大米和菜油，林场统一调配。知青们洗了手，都陆续来了他这儿，边聊天边欣赏墙壁上的画。在牌楼村的那一年实在是太寂寞了，只有雨浓去看过他。去年的这个时候，雨浓不幸遇难，时间不经意中又过去了一年。他心里有了些忧伤。大个子周瑞拿起他的口琴吹起来，吹的是一段沪剧。大家说沪剧没有黄梅戏好听，周瑞放下口琴，说：土了吧？你们石镇水市的人就知道一个黄梅戏。正说闹着，尹玲娟在外面喊：快来！拿脸盆来呀！大家全跑出去。只见尹玲娟手指着公路说：送酱油的板车过不了梅岭，让我们推，放他几盆酱油！周瑞一听，让刘卫兵去找皮管，然后就以领导身份去同拉车人交涉了。

一共三辆板车，分别装着酱油、糖酒和肥皂。周瑞谈得很成功，对方给我们三脸盆酱油、半盆酒和十条肥皂。除张志松外，六个知青不分男女都去推车过岭。忙了一个多钟头，大家满载而归。周瑞一进屋就敞开夹克衫，原来这家伙趁忙乱之际又悄悄弄了两包砂糖，一左一右地别在腰间。这下可是大赚了！为了以示庆贺，大家每人出五毛钱，让刘卫兵去公社剁肉。那时的猪肉是七毛三分钱一斤。这天，大家都没吃午饭，下午也不打算再上山了，就忙着筹备一顿丰盛的晚餐。厨子老何是大队派来的，他还回去从自家菜园地拔了一些蔬菜，算凑了自己的一份。只有张志松没有加入，他整天闭门思过似的待在屋里，不轻易出来，也不轻易与人说话。到了吃饭的时候，尹玲娟和另外两个女知青徐平、卓亚丽一道去敲张志松的门，还是没有动静。周瑞把脸一沉：不理他，我们吃！大家也就不再叫，各自找碗去了。这时天下起了雨，屋上的瓦渐渐响起来。大家都倒了些酒，周瑞提议为这个大家庭的繁荣昌盛干一杯。刘卫兵却摆摆手，说：还是为早日上调干一杯吧。于是大家喝酒，话题引到上调。尹玲娟说今冬明春有招工的指标，全是国营单位，可能还有三线兵工厂，梅岭至少能摊上两名。徐平纠正说：顶多一名。徐平的一个表姐夫在县"五·七"办公室，她的话自然更具权威性。这一说，周瑞的脸色有些白了。按以往的做法，上调基本上是先来后到，那样张志松的优势则大于周瑞，这两个上海人是一届毕业的初中生，因为生病，周瑞迟来了半年。他们在梅岭已经干了五载，平时说话一大半是梅岭的腔调，只有两个人一块时才说上海话。不过近来他们的接触明显减少了。大家注意到周瑞的神情变化，又各自想到未来的前途，一时间沉默了。

公路上传来了几声狗吠，副官便奔了出去。不一会，这畜生也叫了起来。大家朝门口望去，一个身披军用雨衣、手持三节电筒的中年男子走了进来，大声说：都吃起来了？不错嘛！大家还没有反应过来，那人接着又说：我姓程，组织上派我来大队林场任职。从现在起，我就与你们共同战斗了。

不知是谁带头先鼓了掌。

林场场长是个相当令人乏味的男子，我第一眼见到他就断定此人来者不善，他似乎是派来管制我们这些知青的。这个中年人心理变态，又有过分的荣誉感。他曾在南京军区服役，把亲眼见过陶玉玲视为一生中最大的荣耀。他一来，林场的气氛突然变得紧张了。白天干完活，晚上还经常开会，学报纸。他本人也在这里支了张床，名副其实地与我们同吃、同住、同劳动。其实他家距林场不过三华里，他不回去住，是怕知青中间产生男女问题。他对此忧心忡忡，觉得丝毫麻痹不得。这个人也常使出一些小伎俩，比如说，有时候收工后，他宣布今夜回家去住，但等到子夜时分，他又突然杀了个回马枪。那时候副官在门口一叫，知青就在屋里笑，说场长这人实在太无聊了，他想看到什么？他希望抓到什么？

知青们在忍耐。但任何忍耐都是有极限的，一旦超过，便会适得其反。知青们不能容忍自己的尊严受到无端的蔑视，不久便还以颜色，男男女女时常聚到深夜，又说又笑。那实在是做给场长看的，是对挑衅的宣战。1988年，石镇那位副县长陪我来梅岭时，在乡里的一家小酒馆，我又见到这个场长，他在同几个人喝酒。我们互相都注意到了对方，也都没有打招呼。副县长轻声提议：是否去那边喝一杯？我摇摇头。我说那个人欠知青太多，我不能同这种人喝酒。那个人当年在我们头上行使着耀武扬威的权力，把我们当成他家里的长工。而且那个人不知天高地厚，十分无耻。副县长听过哈哈大笑，以为我是在说酒话。其实我说的一点不过分。

场长的形象在我记忆中是一个兵痞出身的班长。他也是扛大枪的，但他又能调动手下的一班人。他无限夸大了这点权力，也把这点权力用到了极限。他为这种变态的权力欲所驱使，希望大家绝对地服从。他建立了请假制度，喜欢批条子，还大言不惭地宣布，将来无论是上大学还是招工，他这儿都是头一关。言下之意是他掌握了知青的命运。问题是，1976年秋天这个国家发生了惊天动地的变化，他所幻想的那一切全落了空。他的失落感便从此开始了。当他还在为失去统治最后一名知青扼腕痛惜时，周围的农民已在拼命地挣钱了。

当年在梅岭林场的几位知青，包括我家乡石镇的，后来我都没有见到过。周瑞和张志松先后回了上海，刘卫兵考取了武汉的一个航运学校，尹玲娟和徐平在水市工作，卓亚丽嫁了一位军官，也不知在哪儿扎营了。我时常想起他们。我曾经拿大学四年的集体生活与林场不到一年的经历作过比照，让我更加留恋的是后者。我的写生夹里至今保留着二十年前林场生活的影子。

那些局部让我联想到整体，它丰富了我的回忆，让我激动。我还画过他们的肖像，但更多的是画了他们的手。

我能从这些手势中认出他们的容貌。很多次，我在想象中与这些手相握。它们像空气一样飘忽不定，我握不住，可我能够体味到它们传递来的气息。这些被炭铅固定的手势在我的想象中呈现出光泽、温度和柔软性，我仔细分辨着这气息的味道，像焦木和铁锈，像新鲜的泥土。有一次，竟让我想到了蚯蚓的血。我原以为蚯蚓的血是泥的颜色，没想到它居然和所有的血一样鲜红。

1983年夏天，长江经历了自1954年以来最大的汛情。琴河告急，石镇出现巨大的内涝，父亲从洪水中首先捞起的是我的这些画。后来他告诉我，他是凭直觉抢救了它们。在他看来这每一幅写生的背后都该有一个故事。一个阳光灿烂的日子，父亲把这些受潮的画一一晒干，又喷上了松香水。那时我刚从江堤防汛指挥部下来，回石镇休息。我记得我在小院里帮外婆生炉子，忽然一阵风，将一张画吹到了我的身边。

　　那个上午，我的心绪变得非常暗淡。这张画唤起了我的回忆，又让我在现实的关口局促不安，它让我想到人生的戏剧性和命运的不可捉摸。那正是我一生中最沮丧的时期之一。我结束了为期四年漫长而枯燥的大学生涯，迎来的却是更为枯燥的机关时代，面对的又是一个尴尬而无奈的问题。我会慢慢说出这一切的。我需要慢慢说。

　　昨天我和小丹在"酹浪阁"小酌，除了对雨浓的思念，我其实也想起了另一个女人，她就是韦青。关于我和韦青的一些事，小丹知道的不多。但她断定，我在农村插队时是爱过的，而且爱得真实而具体。在这部以小说的名义书写的文字里，这个叫韦青的女人实际上已经出场了，她与故事的背景融为一体，没有引起关注。叙述的策略是造成这种印象的一个原因。另一个原因，是我很不情愿提到这一笔。在写作这部书的过程中，我曾不止一次地想过，把关于韦青的段落删除。我无意去写一个微不足道的男人的成长史，我的兴趣是这个男人的历史中女人的投影。男人的历史实际上是爱的历史，却是女人来写成的。撰写者有可能是一个，但更大的可能是几个甚至十几个。每一个女人的介入，都会使这部历史得以修正甚至改变。在我看来，韦青就是这样的女人。然而她的昙花一现对于我总是意味深长。她的手势限制了我对女性的想象力，甚至，控制了我的梦境。

　　此刻，韦青正在梦中吧？她客居西半球的洛杉矶，十二小时的时差使我们彼此的思念晨昏颠倒。时间使这种感觉变得越来越迟钝了，成为某种仪式，就像每年寄来的一张圣诞卡。那卡上始终重复着一句话：

　　一个人的时候，过去与你相伴。

——1997年10月21日

半夜里，他又听到了狼嗥。

这大概是山中的最后一匹狼吧？他这么想着。点上煤油灯，墙上立刻出现了自己怪异的身影。他的睡意渐渐淡了下去，想着那个月夜在桥头与狼的相遇。狼没有袭击他。狼似乎洞穿了他的空虚与怯懦，放了他一马。狼不屑与这种动物交手，持重地回到了山里。他没有看清狼的面目，记忆犹新的是狼高贵的行姿。很多年以后，在南中国海的沙滩上，他突然又发现了这狼的足迹。

他惊异这种奇迹出现在眼前，他注视着，浪潮一波一波地扑向沙滩，然而狼迹犹在！于是他的思绪与那个十分遥远的乡村之夜焊到了一块。

少年的寂寞或许正是在这一夜弥漫开的。连日的阴雨天气使林场的知青变得懒散，除了睡觉，似乎就是起来吃饭了。那时女知青们就站在屋檐下梳头，低声交流仅属于女人的话题。这些日子，好像周瑞与尹玲娟更近了，刘卫兵也在努力向徐平靠拢。平时不怎么吱声的卓亚丽从上个星期天开始，帮他洗起了衣服。他陪她去了河边，替她打伞。卓亚丽的手在水里摆动着，引来了很多的小鱼。他说，你的手一定很香。卓亚丽说，是肥皂香呢。他发现卓亚丽的脸颊泛起了浅浅的红晕。后来他想，如果这天没有后面的事，他或许会同卓亚丽好上。这个喜欢摆弄头发的姑娘很安静，干活也是一把好手，她蹲在埠头上有节奏地搓揉着衣服，突然指着裤子的一个部位说：你这少了一粒扣子。他有些不好意思，没话了。他们中间只剩下了棒槌的声响，那会儿，雨不觉停止了，河边的空气十分清新。

厨子老何来河边挑水，对他说：梅岭中学派人送信来了。他想应该是父亲的信，就将伞收起，先回去了。他对卓亚丽说：一会儿我来晾。然后他把副官留在了河边，陪伴洗衣的姑娘。

当他回到自己的宿舍，看见一个身材苗条，梳着短辫的姑娘正在看墙上的画。他迟疑了一下，学校没有女教师，他们不认识。那姑娘倒是大方。说：我叫韦青。校长让我把这些交给你。说着，她指了一下桌上。他笑了一下，给这个叫韦青的姑娘倒水，问道：你是水市人吧？韦青点点头。韦青说：学生们常提到你，把你说得很神，所以我一定要见见。你比我想象中要矮一些。他的脸色显得阴郁了，因为他现在明白，这个韦青便是将他顶走的那个陌生人。韦青喝了口水，又问道：我这么说你不高兴是吗？他这才做出若无其事的样子，说：我本来就不高，可能是六〇年熬了苗吧。这时副官回来了，韦青害怕地躲到他身后。他笑了笑：这狗不咬人，它在讨你好呢，没见它对你摇尾巴吗？韦青说：我天生怕狗，还是让它走吧。于是他将副官支到了门外，突然听见"叭"的一响，那是卓亚丽在晾衣服。他就喊了一声：一会儿我来晾吧。卓亚丽却说：你忙吧。

他掩上门，又给韦青续了点水，说：谢谢你，让你跑了好些路。韦青说：我是骑车来的。谁的信，字写得那么好？他说是一个亲戚的。除了信，还有省里报社寄来的样报，那一期刊登着他的一幅速写。韦青又拿出了四块钱放到桌上，说：这是王玉才家给你的。他父亲送了一篮子鸡蛋，我提不动，在公社食品站把它卖了。他说，我打过王玉才。韦青说：你把那孩子打好了。他问起王玉才的成绩。韦青说成绩不错，发音尤其好。韦青停了会儿，又问：你干吗要离开学校？那儿比这儿差吗？他没有回答，拿起桌上的四块钱去厨房找老何了。他让厨子去剁肉，再替他捎上两包光明牌香烟。

他没有理由埋怨韦青。倒是一段时间以后，韦青知道了他们之间的这种替代关系，显得有些不安了。不过这个下午他们还是相处得很好。后来韦青要求他给她画像。他迟疑地说：我还是先画你的手吧。韦青有些诧异：为什么？我的手特别吗？他说我不了解你，我担心画不好。韦青问：你是怕把我画丑了？他笑了笑。韦青又问：你是说你已经了解我的手了？他们被这句话逗乐了。那时这两个人不会知道，关于手的故事将成为他们记忆中最为灿烂的光点。多年以后，当这两个人重温手的故事时，窗外正飘飞着那一年的初雪。那是个寒冷而温馨的夜晚，他们守着一支蜡烛，相对无言。

以后的每个星期天，韦青都来林场看他。地域或许对人，尤其是对女人有着明显作用的，与林场的三名女知青相比，韦青似乎鹤立鸡群。其实这个韦青算不上十分漂亮，她的肤色远没有卓亚丽白皙，眼睛也比不上尹玲娟水灵，但整体给人的印象就是舒服一些。她的神情与言谈举止都有着城市姑娘的从容与自信，很像外国电影中的女护士——这又让他想到了雨浓。1976年梅岭的秋季阴雨连绵，少年却意外地收获了一片蓝天。他很快发现，韦青已很难从自己的生活里分割出去了。这种感觉有别于其他。他喜欢雨浓，但那只是一种想象与思念，就像面对一幅画那样；他也曾经想和小丹好起来，可是这些年他与小丹无意中早成了一家人，每回面对彼此都十分平静。很多年后的一个傍晚，他在南方的寓所独处时，认真总结了当初与韦青的情感源头。他觉得雨浓和小丹分别占据了一虚一实，很像一个梦中情人与一个结婚十年的老婆。但对于恋爱中的男人，实质性的冲动恰恰在于虚实相间的状态。男人的欲望建筑在云彩和黄土之间——这是一个巨大的、难以填满的空间。

不久后的一个雨夜，韦青突然来了林场。那时他正在修改着一幅画稿。副官没有叫，这畜生已谙熟韦青和主人的关系，所以韦青的到来几乎没有人知道。她先去北边敲了一下窗，他立刻明白了，去开了大门。他发现韦青没有骑车，手里就拿着一把花伞。他们在堂屋里都没有说话，但他的心跳极响。等进了宿舍，韦青关上门就气喘吁吁地说：我怕死了！他问怎么回事。韦青说她去公社听报告，好像看见了梅岭这边的灯火，就想过来了。一路上没有碰见一个人，她想唱歌可是怎么也唱不出来。他去厨房打来一盆热水，说：你擦一把。就去了堂屋，坐在黑暗里抽着烟。其他知青的屋里不时响起说笑声，他很是不安。他想，韦青今晚会走吗？这个问题折磨得他好苦。他没敢再往下想，但他对女人身体的渴望在黑暗中非常真实地复活了。

重新回到宿舍，韦青正把淋湿的外衣挂到门后。她的身体被暗红色的羊毛衫裹得结实而丰满。韦青说她累了。他说：你躺一会吧，把鞋脱了。这句话的明显用意令他心跳耳热。他尽量做出轻松的样子，给韦青沏了杯茶。韦青问：几点了？他说还早吧。他说：我没想到你今天会来。韦青靠在床上，却没有脱鞋。他说你把鞋脱了，那样舒服一些。他低着头走动着，等抬起头时，韦青正凝神看着他。他想韦青一定是在等着他抬头，他心里越发乱了。他笑了一下，问道：你是不是想我替你脱？韦青的脸上现出不多见的羞涩，但还是迎着他的目光点了点头。他就过去把韦青的鞋脱了，顺势把她的腿搬到床上。他听见韦青拍拍床沿说：你坐我边上吧。

他坐下了。韦青用手指理了理他的头发，说：你瘦了。是我让你受累的，我才知道。他没有反应过来，韦青接着说：如果我不来，你还会留在学校。昨天我去学校后面，还看见你用油漆写下的标语。他说：要是我们两个中间能留一名在学校，那还是留你的好。你是女的。我不想看见你下田。你现在这么躺着特别好，我也高兴。韦青说，我真想这么躺下去。刚才路上我就是这么想的，一进来我就躺着，让你坐我边上，给我说你以前的事。他将煤油灯移近，看着韦青的脸，问道：你冷吗？韦青说有点儿。他将被子拉开，替韦青盖好。韦青说，我得把裤子脱了。韦青就脱了长裤，露出开司米的毛裤，韦青的腿很直，他就说：你跳舞一定好看。韦青说，我在学校读书时一直是跳领舞，你下回去水市，我让你看照片。他说：我不要看照片，你最好能跳给我看。他忽然浑身哆嗦了一下。韦青拿起他的手，说：很凉呢。他没有吱声。于是韦青就将被子撩开了一角。他隔着羊毛衫触到了韦青的乳房，轻轻问道：我伸进去？韦青平静地点点头。他先将手放到韦青的腋下暖了一会，然后就慢慢伸了进去。这时韦青已将胸罩的扣子解开了。他一下握住了它。接着他说：我要看看！他看见韦青的眼睛半闭着，便笨拙地将韦青的半身衣服全脱了，然后就看见了韦青的两个乳房骄傲地挺立着。他的呼吸越发短促，他的脸就埋在韦青的双乳之间。韦青将被子盖好他，将灯吹灭了。他慌张而迫不及待地脱了衣服，将韦青搂到怀里。韦青也触到了他的下体，韦青说：我们要了吧。他顾不上回答，吻着韦青，再压到韦青身上，突然叫道：不行！他感到自己提前把事做完了也把床弄湿了。韦青问：你没事吧？他说没事，重新将灯点亮，将床收拾了一下。然后他有意看了一下韦青的下体，觉得和自己想象中很不一样。他回到床上，仔细抚摸着韦青。他通过抚摸印证了韦青的下体，他看看她，说：一会儿我要进去。韦青问：会怀孕吗？他说：我不射到里面。韦青不禁笑了一下，说：我以为一碰就怀孕呢。韦青又开始抚摸它，说：它现在很乖。它怎么会一下变得那么大呢？

第二次，他平静得多。他没有灭灯，让韦青配合着、指引着，慢慢进入了。他问韦青是不是很痛。韦青说有一点。韦青问：你好吗？他说好。他说特别好。他注意到韦青流血了，想替她擦。韦青从枕头下面拿出自己的手帕，将它换了一面，说：用这个吧。他小心地擦着，看见血在手帕上印出了一个形状。很多天后，他告诉韦青，这个形状很像一片折断的羽毛。

第一次性经验是不会磨灭的。那是无法讲述也无法描绘的感觉,但可以肯定,是生命中最大的欢乐。当长期朦胧的幻想瞬间成为现实之后,我依然觉得犹在梦中。性的好奇心并没有因此破除,反而加重了;于是不断重复性的感受成为必然。那个秋夜,我们没有睡。我们无法放弃对方的身体,都想把做爱的过程无限延长。第三遍鸡叫后,韦青起床了。我们悄悄走出大门,天只有一点儿灰白,寒气还浓。韦青依着我,说:我真不想起来。我现在只想一间没有人打扰的屋子,放着一张软床。说着她又将伞撑开,我们在伞下接吻。其实路上没有人迹,倒是有几只鸟从头顶上飞过。我问韦青晚上能不能再过来。她说当然是想,不过怕引起别人注意,猜到什么。我说,那我就去学校吧。韦青犹豫不决,最后还是同意了。她让我来晚一点,带上几本书,倘若碰见了熟人就说是来送书给她。

我们便这样往返走动着。林场的知青自然也看出我们不同寻常的关系,却没有过多的议论。连场长也在装聋作哑——这个精明人早已搞清了韦青的来头,怕惹上是非吧。其实后来我才知道,韦青的父亲也不过是水市的教育局长,和县委书记一般高的官。1982年我大学毕业,分到市委机关工作，在很多场合下我们见过面，但从未说过一句话。那是个看上去保养很好、性情温和的男人。韦青曾提出我去她家见见她的父母，她觉得父母可以接受我。韦青的意思是想使一切名正言顺起来，有一次，她甚至提到了结婚。她说她父亲有条件把我们都送进大学，等大学一毕业，我们就把事办了。这无疑是诱人的计划，不过显得过于轻松了些。那时我只想能和韦青常在一起就足够了，却没有想得那么远。而且，我很怕母亲知道。韦青倒是挺大方。她利用到石镇开会的闲暇时间去了我家，并为我从家里带回了绘画材料和一罐肉酱。她向我描述了见到我母亲的情形，以激动的语气说：你妈对我很好。于是第二天，我就搭乘邮局老王的摩托回了石镇。一进门，我便注意到大妹头上的发夹，显然是韦青给她的。那时候母亲刚从河边回来，她的表情一如既往地平静。我帮母亲晾衣服，期待着听见她对韦青的评价。母亲开门见山地问道：你和韦青在谈恋爱了？我很不好意思，说只是处得不错而已。母亲一直没有看我，晾好衣，她吐了两口酸水——那时她的胃病很严重，我立即去厨房弄了杯凉水让她漱口。这时母亲说道：你们可不是一样的人呀。她就说了这一句。不用说，我感到很沮丧。在那一天里我似乎都打不起精神，吃什么都不香了。然而不久，母亲的预言却得到了证实。

韦青突然就不来林场了。我苦苦等了一个星期，她还是没来。我就借了辆自行车去了学校，一路上都在假设韦青生病卧床的样子。我想当我推开韦青的房门时，她会扑到我身上，声泪俱下地埋怨我：你怎么才来看我？你早该想到我会病的！那天还是个阴天，风大，我一口气骑到学校，正赶上学生放学。这都是我的学生，可我无心同他们多谈。我就问：韦老师在吗？他们说在。有一个学生突然问：韦老师是你老婆吗？我笑了，但一种不祥的预感迅速掠过了心中。我想既然韦青没有生病，那么这一切便太反常了。我就是怀着这样忐忑不安的心情向韦青走去的。那会儿她正在和一个男教师在打乒乓球！

我站住了。我停在走廊的柱子后面，注视着打球的韦青。她打球的姿势很糟糕，却有很高的热情，边打边喊叫着。这是个无比轻松的背影。我想，这一局该打完了。

1982年，我与韦青在水市再度相逢。一个月色迷蒙的晚上，我们散步去了江边。我提到了上述那一幕，我叹道：你居然还可以挥动球拍，不简单。我的挖苦使她难受,她一声不吭,最后,她哭了。我把手帕递给她,一下子便想到了我们初夜韦青使用过的那方手帕,那帕上血的形状鲜明地出现在我的眼前。那真是一根折断的羽毛呀,我内心叹道,注定是飞不高的。

有一点我至今困惑。在我二十年情感旅程里,韦青的身影始终伴随着时隐时现。每一次出现都不同程度地改变了我原有的生活格局。韦青仿佛是一个不朽的省略号,它不仅表示意义的省略,更多的是表现意味的延长。我和韦青的故事随时都可能结束,但每一次结束都酝酿着新的开始。我甚至怀疑有一只无形的手编排了这一切。昨天夜里,我做了一个梦。我梦见多少年后在石镇的那座小楼边上,两个老人在笨拙地修剪庭院中的花圃。他们一头银发,口齿不清地进行交谈。他们谈论着天气、花木和下一周的菜谱。这正是我和韦青。最后,我们谈到了死亡。韦青对我比画着,她的声音突然消失了,但我还是从她不连贯的手势中明白了话语的意思。她说:

你是我第一个男人,也是最后一个。你死了,我就把你埋在这个院子里,可以吗?

她居然用英语又重复了一遍。

——1997 年 10 月 22 日

梅岭：1976年10月

秋日的阳光在马尾松针叶上颤动着，山的颜色变得异常杂乱。其他的植被枯了，泡桐树的大叶子早已落光。副官每天盘坐在梅岭之巅，注视着眼下这条弯曲的砂石公路。这个有灵性的畜生似乎懂得主人的心思，好些日子不叫了。

突然而至的失恋之苦使少年在这些日子无精打采，他开始临摹一本反映战争年代的连环画，借以消磨时光。那时林场的知青聚在一块，玩一种叫做攻老K的扑克游戏。大家没敢叫他，也无力分担他的懊恼。周瑞说：还是自己酿酒自己喝吧。这个上海人以一种过来人的口吻说三道四，一边暗地里背着尹玲娟同大队的女赤脚医生私通。

这天，学校又来人捎信给他。信还是父亲的。送信人是教物理的方老师，那天同韦青打乒乓球的男人。方老师说，韦青又回水市去了，家里让一辆吉普车来接的。纸包不住火，方老师说，你和韦青的那点事谁都晓得。上次韦青的父母专程来了学校，当时就要把韦青转走。韦青不肯，韦青说我保证同他断还不行吗？方老师那天在隔壁批改作业，听见韦青哭得很伤心。方老师埋怨道：你不该把这件事捅到台面上，全公社都晓得了，那还不黄掉？他们那样的家庭能敞开门让你进去吗？他笑了一下，他说：我不从门里进去，难道还要翻墙不成？那一刻他的心情突然奇怪地好了起来，但他还是不能理解韦青为什么有兴趣打乒乓球。

后来他同方老师去了公社的小餐馆，要了两碗杂烩面和一盘猪耳朵。他希望方老师能多谈点韦青的情况。方老师说，韦青不过是下乡打个滚而已，两年一过，她是肯定要推荐上大学的。她怎么可能陪你在梅岭呆上一辈子呢？这句话让他心里顿了一下。一辈子？他觉得连腿都软了。他想到了父亲，马上意识到方老师这句话并非是信口开河。单从林场的情况看，若论招工，他一定是最后一个。在这个秋日的黄昏，他心里纳满了苍凉。他觉得自己是走在圆形的跑道上，末路和前途已经没有了任何界限。

由石镇开往水市的末班车到了，两个搭便车的乡下人塞给司机一只老母鸡,爬进了驾驶室。司机不屑地看了那两人一眼,手往后指了一下。于是那两个人便尴尬地从驾驶室下来,上了后面的篷车。不一会,供销社的女会计进了驾驶室,手里捧着一瓶正吃着的橘子罐头。女会计喂了司机一口,司机淫荡地咧着嘴,轰了几下油门,车开走了。

他望着这辆篷车摇摇晃晃地融进暮色,眼前还浮动着那两个搭便车的人的表情。他估计那只老母鸡至少有三斤半重,怎么说也值四块钱。从这儿到水市的车票价格是两块六。那两个人为了省下这一块二毛钱爬上爬下,实在有些不值。天黑了,公社今晚有电影《决裂》。上个月他在石镇看过这部片子,他不喜欢,就记得一个老教授在大讲"马尾巴的功能",当时下面的观众全笑了。他觉得奇怪,这可笑吗?马尾巴的功能为什么不可以讲呢?露天电影的放映点在公社门口的坡下,紧挨着公路。他和方老师就是在这里分手的。他还在想刚才开过去的篷车,如果他搭上这车,电影一结束他就该到水市了。他想见到韦青,尽管这已无济于事,但见一面还是应该的。这个晚上他后来就坐在一截断墙上看完了电影《决裂》,他觉得一切都很好笑,因为那是银幕的反面。

返回林场的路上，他这才想起了自己的狗副官。下午他送方老师出来，这狗就不在跟前了。这个夜晚没有月亮，星光清冷。他走在公路上，总感觉副官会嗖地从哪个方向窜出，来到他面前。可是狗一直没有出现。等他走到林场宿舍门口，还是没见到副官的影子，这倒有些怪了。于是他向黑暗中喊了几声，依旧是没有回应。他想这畜生或许是到邻村找对象去了。这本该是个恋爱的季节。

他有些疲倦，想用热水泡个脚。厨房里已没有了热水，他看见女知青屋里还亮着灯，便敲了门，向她们要一瓶开水。卓亚丽问道：你没回石镇？他说我去外头转了一圈。卓亚丽说：我们都以为你回石镇了呢，副官也没在。他问道：你们也没见到副官？徐平从帐子里露出脸说：中饭后还在梅岭上转悠，我见到过。他没有再打听，拿着水瓶走了。泡脚的时候，睡意浓浓袭来，他顾不上倒洗脚水，就爬上了床，急忙脱了衣裳，拥紧了被子。他似乎还能嗅出枕巾上韦青留下的梳发油的桂花香味，不久，他便死一般睡去了。那几个小时里，他的意识完全死亡了。如果不是膀胱涨到了极限，他肯定会睡到翌日上午。他讨厌半夜出门上便桶。那时候大约是凌晨三点左右，天上现出了很细的月牙，万籁俱静。他抖抖瑟瑟地尿完，看见厨房里还亮着灯。关上大门，他立刻嗅到了一股浓浓的香味从厨房传出。他觉得有些蹊跷，便去了厨房，看见张志松从锅台后面直起身来，手里还拿着火钳。张志松混浊的目光直勾勾地看着他，表情像个十足的傻瓜。

他问道：你这么晚烧什么？

张志松说：烧点吃的。我饿狠了。

他又问：是肉吧？

张志松支吾着：对，是肉……

他没有再说，看着张志松那张古怪的脸。这个人今天如此紧张，简直像个贼。他想这小子一定干了什么坏事。他咳了一声。

突然，张志松对他扑通跪倒。他吓了一跳，脑中迅速飞过一道凶光。他一把揭开锅盖，看见一只狗腿正泡在酱油中！他大叫了一声，副官的脸便在这惊叫中呈现了。他一脚将张志松踢倒，抄起火钳朝这贼人的头劈了下去。

我操你妈！我杀了你这婊子养的！

张志松死命抱着头在地上翻滚，大喊：你打死我了！你打死我了！

知青们全惊醒了。周瑞第一个冲进来，将他抱住。接着是刘卫兵和尹玲娟，他们慌着把张志松拖到了外面。他看见张志松一脸是血，自己的手也被那小子用菜刀砍出了一道很深的口子，血正往外涌。周瑞让卓亚丽和徐平拉住受伤的他，自己跑去喊赤脚医生了。卓亚丽一见到血就浑身哆嗦，紧接着就哇哇哭起来。那边，张志松还是在捂着头喊叫要死了，屋子里乱成了一片。

我至今不知道张志松是怎样弄死副官的。第二天，大家去张志松队里一个驼背家，找到了狗的皮和部分被腌制的肉。驼背非常害怕，口口声声说自己不清楚是怎么回事，张志松拖来的就是只死狗，他只是帮着剥了，想落一张皮子做夹袄。周瑞问我怎么办。我说埋了吧。刘卫兵抄起一把锄头砸烂了驼背的锅，骂道：杂种，你连狗都不如！

林场的知青都喜欢副官，那是条通人性的狗。我们把副官埋到梅岭朝阳的那面坡上，三个女孩都哭了。后来大家凑钱让老何另买一口锅，老何还不知道昨夜发生的事，问道：买锅做什么？这口锅好好的呀！徐平便小声对厨子说了。老何吃惊地退了一步：我的天！早知如此，我买猪肉来换呀！

我一生就养过这一条狗，竟落到这样的下场。这些年读的小说，凡描写狗的，从杰克·伦敦的《雪虎》到特罗耶波尔斯基的《白比姆黑耳朵》，无一不打动我。这样的狗是可以做朋友的，它们不是供人取乐的宠物。在那个秋天的一日，我凭记忆为副官画了一张肖像。

1988年10月，我因筹备一部电视专题片的拍摄，去了江南。一天夜里，我观摩了娜塔莎·金丝基主演的《豹妹》。黑豹的面部特写是影片的最后一个镜头。黑豹那双流露着深情而绝望的眼神让我怦然心动，我不禁想到已死去十二年的副官来。我想我的副官最后的眼神也该是这个样子。去年冬天，我去广东茂名出席一个文学笔会。最后一天，大家兴趣盎然地坐船游水库。主人安排得十分周到，中餐是在船上吃狗肉席。我当然是不会吃的，甚至都不愿嗅到这肉的气味。我提着一枝双筒猎枪上了岸，向天空打了二十枪。

"副官事件"并没有就此了断。我们从山上下来，远远就看见场长披着衣坐在门口抽烟。场长见我扎着绷带，好像得到了某种印证，就问：昨夜动刀了？我不想理他，径自回屋了。或许正是这个举动激恼了他，让他感到一点权威都没有，所以这人立刻就去公社汇报了。他说两个知青为一条狗打架，险些闹出了人命。公社一听就紧张了，让大队派基干民兵把这两个人先逮起来。场长便去找了民兵营长，到了中午，矮个子营长就带着两个持枪的民兵来了林场。那时我正躺在床上，刘卫兵匆匆进来说：公社要关你们了！我说关吧。然后我就出去了，看见营长正在点烟。营长歪过脸问我：怎么回事呀？我根本不听，坐着听候发落。营长把一只鞋穿好，说：你不对我说，就上公社说吧。然后就叫民兵去喊张志松出来。张志松不开门。营长大吼一声：你再不开，我们可要动手了！这时，门突然开了，张志松手持菜刀站到营长面前，说：你动手呀？你怎么不动手呀？你动手老子就先砍了你再去挨枪子！气氛一下就紧张了。营长的脸变得惨白，那会儿场长不知溜到哪里去了。还是几个知青隔到了对立双方的中间，把他们拉开。周瑞说：这是知青内部的事，已经解决了，还去公社干什么？张志松把菜刀狠狠扎到门框上，大哭大号起来。几个人连拖带抱把他送回了屋里。营长自知无趣，背着手离开了。

张志松是个十分古怪的人。那时他整天待在屋里，什么事都与大家反着来。你吃饭时他睡觉，你睡觉时他吃饭。而且因为队里停发了他的口粮，他一直是在蹭饭吃，大家剩多少他就吃多少。上海几个月没有钱来，可能同家里的关系也闹僵了。他把能卖的东西全卖了，一心静等年内的招工。他门后面挂着一排衣服，从来不洗，轮着穿。有一回他对我说，等到招工那一天，他要把自己所有的东西全烧掉，不带走一点霉气。可是招工迟迟不来。即使来了，他也不是周瑞的对手。周瑞毕竟还干着活，人缘也不错。但是不久，周瑞的麻烦也来了。

一天上午，我们正在山上间树苗，看见公社武装部长和大队民兵营长又来了。这回不是民兵，而是穿白制服、戴大盖帽的公安。我以为又是冲我和张志松来的，便下了山。场长挥了挥手，叫大家歇会儿。我便有些奇怪：怎么刚上山就歇？等大家三三两两地下来，武装部长用手指了一下周瑞，沉着脸说：你收拾一下，跟我们走！周瑞还没有反应过来，两名公安就将他推进了屋。不一会儿，听见周瑞在里面大哭，再出来的时候，他已经戴上了手铐，泪珠还挂在腮上。大家不知所措，尹玲娟也哭了。等他们走远了，场长才把锄头一笃，说：看见了吧？不好好接受再教育就要走邪路的！然后他就宣布开会了。场长说，周瑞犯了破坏军婚罪，至少要判六七年。大家这才明白，场长指的是周瑞和大队赤脚医生的那一腿。可是那个赤脚医生并没有结婚，不过是以前和村里一个当兵的有点意思，连上门礼都退回了男方，这怎么能算军婚呢？

于是我们就去找了那个赤脚医生，希望她能站出来替周瑞说句公道话。可是她不敢，她说如果证明周瑞是冤枉的，那么她便成了勾引周瑞的人，也就成了"破坏上山下乡"，这也是可以定罪的。刘卫兵一听就急了，说：那你为什么不去坐牢？女人的眼泪一下涌了出来，说：我肚子里还有条命呢！我们只能保一个，无论如何我等他出来还不行吗？女人哭诉着，我们听了也心酸。回到林场，我同大家背着场长商量，想写一张诉状递到公社去，说周瑞和赤脚医生完全是自由恋爱，要求上级核查，释放周瑞。大家都说死马当做活马医，不妨先这么做。我立刻就动手写了，让大家都签上名。尹玲娟先是不肯，说周瑞不该脚踏两只船。徐平就骂了她，说现在是救人要紧，你管他几只船呢？尹玲娟就哭着签了，说她和周瑞的事今后不许再提了。我用复写纸写了两份，一份由我和刘卫兵送公社，另一份由徐平送到她表姐夫手里。我们正要动身，张志松出来了，说：我也签一个吧。我便把笔给了他。那一刻，我觉得这个人还是很好，又递给了他一支光明牌香烟。

我决定还是先去学校找韦青。她同公社书记是亲戚，这对解决问题有利。这是我与韦青分手后的第一次见面。上一次，我见到的只是她打乒乓球的背影。我到的时候，韦青正在上课。我在门外喊了她一声，她很是意外，脸一下就红了。学生们也都纷纷站起来往我这儿看。我也有些不自在了。韦青让大家自习，很镇静地走过来，问道：你手怎么了？我说砍柴弄的。她说砍柴怎么会砍到手呢？我支开话题，简单地说了一下周瑞的事，想请她帮这个忙。她说：你就为这事来的？我点点头。我们便一下沉默了。我把材料交给她，骑车离开了学校，一路上都想回头。

材料递上去了，可是迟迟没有结果。一天夜里，林场全体知青被通知去公社听传达中央紧急文件。我们以为要同苏联打仗了，觉得这也很好，与其落到这个穷乡僻壤不如上前线拼命。等到了公社，才知道是一举粉碎了"四人帮"。

我记得当时公社政工组长把我叫到他屋里，在文件正式传达之前，他先向我透露了一点，说中央又出了反党集团，让我猜猜是哪四个人。

我一口就猜中了三个，唯独不敢猜的是江青。政工组长便让我再猜，还说猜错了不要紧。我这才试探性地问道：该不会是江青吧？政工组长点上一支烟，说：事物都是辩证的，你越认为不可能反而就越可能。当初林彪暴露，谁敢信呢？可偏偏就是那么回事。我想我是猜中了。事隔二十余年，我还是有点奇怪，怎么全猜中了呢？那时我不过十九岁，没有什么直接和政治挂在一块的事，根本谈不上什么嗅觉。我想我不过是不喜欢那几个人罢了，这是一种直觉。倒是上辈人敏感于斯，不久，我接到父亲的一封长信，他详尽地阐述一个新的历史时期很快就要到来。在那封信的结尾，他引用了雪莱的诗句——

既然冬天已经来临，
春天还会远吗？

——1997年10月25日

梅岭那一年的冬天异常干燥。雨水在秋季降完了，雪又迟迟不能落下。农民像蛇一样待在家中，算计着粮食能否吃到开春。同水市和石镇相比，这地方似乎感觉不到外部世界的变化，一切如同往常。

这期间他又去了一趟水市，还是住齐叔家。他从齐叔明朗的表情里得到了某种安慰。齐叔说，你要抓紧复习从前的功课，高考很快要恢复了。高考这个词对他陌生而新鲜，就是说今后上大学不用推荐了？他第一次看到了一种叫做希望的东西着实在眼前出现了，他感到这东西像一块磁铁，只要你属于铁做的，它就能把你找到。虽然高考的消息迟迟没有被官方证实，但是迹象已日趋明显，水市的一些知青纷纷回城了。这天，小丹也从江南回来了，那时候他正在帮齐叔往腰上贴膏药。在见到小丹的那个瞬间，他突然有些不安和愧疚。他想起自己和韦青的那段情感生活，总觉得对小丹构成了一种背叛和伤害。小丹的变化不大，除了头发剪短了，一切看上去和去年差不多。小丹说：我在报上看到你的画了。回头你给我画张像，你从来没画过我呢。他说，我画不好你。我们太熟了，反倒画不好。小丹想了想，说：你讲得也对，我俩就是太熟了。后来他们就谈了一些农村的事，又谈到了高考。小丹问道：你还是考美术吗？他说那是。小丹说：回头我帮你借点资料吧。我认识一个朋友，他哥哥以前是师大艺术系毕业的，很正规。正说着，窗外响起了自行车铃铛声。小丹推开窗，对一个眉清目秀的男青年说：这么快呀？我还想洗个澡呢！男青年说：那我在电影院门口等你。然后就骑车走了。

他注意到小丹的脸有些红晕，心里大致清楚了。小丹关上窗，说这青年是和她一起插队的，叫苏建设，刚才说借资料就是找他。小丹越说越不自然，他倒是很专心地听着。他说：你快洗澡吧，人家等着呢。小丹问：你觉得那个人怎么样？他笑了一下，说：我不过刚看了一眼，人倒是很精神。小丹说：他这人很老实。说着，小丹就进厨房涮澡盆去了。家中就剩他俩，他坐在齐叔的屋里看这几天的报纸，都是声讨"四人帮"、歌颂华主席的大块文章。他不喜欢看这种空洞的文字，况且此刻又没有心思。他想那个叫苏建设的青年肯定是和小丹恋爱了，他们会睡到一张床上吗？小丹的洗澡声不时传过来，他突然感到胸口堵得慌，一种呕吐的感觉在胃里蠕动着。小丹的胴体在他眼前浮现着，她的姿态和呻吟的表情与韦青完全一样，不同的是她躺在另一个男人的身体之下，她流血了吗?他发现自己成了一名窥视者,目击了小丹和苏建设做爱的全过程,他被这种幻象折磨得狼狈不堪。

然后,他悄悄离开了。他直接去了汽车站,赶上了去石镇的班车。但他不想回石镇,决定在梅岭下车。他想自己应该准备迎接另一种由希望带来的生活了。两小时后,班车抵达了梅岭公社。那时虽不过下午五点,但暮色已经很浓了。他去路边厕所里撒完尿,刚出来,就听见一个声音在喊他,一看,竟是周瑞!他看见这个上海人已被弄得人瘦毛长,几乎判若两人,就说:你出来了?周瑞点点头:上午才放的。一开口这人就流泪了,接着说:我一直在这里等熟人,我不想回林场了,小尹肯定会骂我，我对不住她。我给她写了一封信，你替我转交吧。他问周瑞晚上住哪儿？周瑞说在前面一个公社，那儿也有上海的知青，明天就从那里搭车去水市，再乘船回上海。他们又谈到那个正怀孕的赤脚医生，周瑞说过些日子他让弟弟来一趟，把行李托运一下，再把那姑娘接回上海坐月子。他问道：你是决定同她结婚了？周瑞沮丧地说：走到这一步，也只好这样了。她也不容易，我将来让她在里弄找点杂事做，户口是没办法了。走一步看一步吧。

几天后，他借来了一辆板车，把全部行李架上去，准备拖回石镇。刚要动身，场长披着军大衣突然出现了。

场长问道：你这是干什么？

他说：回去。我要复习考大学。

场长笑了一下：光凭考恐怕不行吧？再说，等你考上再搬东西也不迟嘛！

他也笑了一下：老子还考不上吗？

场长一愣，但又一时找不到词，只是哼着鼻子。

他激动起来，大声说：只要凭考，老子就没有什么怕的！

这时候他唯一想听到的是副官的呼应。

石镇：1977年7月

　　这就是我的画室。那时候每天要在这个狭小的空间里呆上十几个小时，画静物、石膏素描，偶尔也画一点色彩。我当时的理想是报考浙江美术学院——那一年好像也只有这所著名的美术学院来这个省招生。浙江美院的报名与初选是同步完成的，即你必须具备报名的资格，你必须在全国一级报刊上发表过美术作品或者参加过国家级的展览。而这两条我都具备。我按报纸上公布的招生简章将规定的作业寄至杭州，不久便收到了该校的准考证和复试通知书。考试的地点是犁城艺术学校。母亲典当了自己的手表给我凑齐了盘缠，1977年7月的一个早晨，我由石镇搭车出发了。那时我觉得希望"咣"的一下落到了我的面前，梦想仿佛伸手可触。可是等到了犁城，我的心便凉了一半。浙江美院四个专业一共在这个省招五名新生，而初选者将近三十，这实在太渺茫了！

　　专业课考试有三项：素描人像写生、速写、命题创作。前来主持招生的是一位姓周的教授，他是位小有名气的国画家，有着令人尊敬的仪表和亲切的态度，但我不喜欢他的画。两天考试结束后，第三天有十三个人被通知体检，其中也有我。这对我显然是个鼓舞，冷却两天的心又热了起来。体检完毕，周教授把这十三个人集中起来，说了一通模棱两可的话，让大家回去等通知。一切便这样结束了。散了会，周教授把我叫住，领我去了曾经在他那儿进修的一位艺校老师家，问道：你父亲的问题一直没解决？话来得突然，我回答得吞吞吐吐，我说好像是。周教授又问：你的文科成绩如何？我说我在中学时文科一直是优秀的。周教授说：要是这回美院不取你，我建议你明年改考文科，名额多，也有规定的硬性标准。画却没有，一张画放在那里，说什么都可以的。说着，他铺开宣纸，为我写了两个字：登攀。我心里陡然一沉，知道自己的戏完了。

　　那时石镇正传送着我考取美术学院的消息，人们把我去犁城考试看做应付程序的走过场。所以我一回来，很多人就到了我家，说了一大堆恭贺的话，他们说"早就看出来了"，说"这下可出头了"，如此等等。甚至还有人提前送来了贺礼。我想只有母亲知道我难以录取的情况，所以她总是从容地对别人说：可能性不大，等明年吧。这个傍晚，我把犁城考试的情况一一对母亲说了，我说没希望了。母亲说：明年再考吧。我沮丧无比，想起周教授说的那些话心灰意冷。母亲说：你必须考到三十岁。

那个炎热的晚上，后来我又上了阁楼。我拿起一根炭精条凭想象画了受难的耶稣。

其实那时我对圣经故事所知甚少，多少年后我还为这十九岁的布尔乔亚式的忧伤情调感到不可思议。那个晚上，我面对自己这件作品想了很久，我问自己：放弃绘画吗？这实在是不可能的事。可是明年的情况也不可能发生根本性的转变。那位教授说得不错，对我这种人的确需要"硬性标准"，社会永远不会对你产生弹性，于是你就必须拥有一种绝对的本领。如果你百米跑出九秒，如果你发明治愈癌症的良药，如果你能听懂飞禽走兽的语言，如果你是刀枪不入的人，如果……

我没有"如果"。那时我最大的苦恼是志向与生存的矛盾。为了生存，我必须放弃志向，去适应一种硬性的标准。我得先把户口从农村转上来，由农民成为学生，再由学生成为干部。没有比这个更实际的问题了。那时我还不知道，发生在1977年夏天的种种波折是命运的安排。我来到这世上，该干什么或不该干什么，其实早已经规定好了。命定的事是无法改变的，就像你改变不了你的血液。

有一件事至今令我惊讶。那年夏天我刚从犁城考试回来，因为所在的生产队还存有我的一些余粮，我便又回了一趟梅岭。我搭的这辆便车，是去公社收购站拖废品的。等我把粮食弄来，这辆车也大致装好了。我把一麻袋稻子架上车，气喘吁吁地坐在一堆旧报纸中间。忽然我发现一张受潮的省报副刊上有父亲的名字。我太意外了，就小心地将这张报纸抽出来。这张标有1957年5月21日的省报，副刊版上登载着父亲的一篇叫做《菱塘新歌》的小说，大约三千字。后来我才知道，这是父亲唯一发表的小说，几个月后，他被划为右派。那个下午，我坐在废品车上把这篇小说读了又读。我并不喜欢，但我一生中最大的选择却于不经意中完成了。这张报纸比我大半岁，整整二十年过去了，它居然在一个乡村的废品收购站里与我相遇，它找到了我！我的心变得很沉，我想，父亲没有成为一个小说家，他的梦得靠我来圆了。1986年，我在第一本小说集的出版后记中记录了这件事，我这样写道：难道两代人做一件事还不成吗？言语中透出了几分豪迈，一种使命感在驱使着我，觉得可笑是在几年以后。我的文学梦开始于1977年，二十年后，这个梦醒了。

——1997年10月26日

像往常一样，石镇的早晨仍是喧嚣嘈杂。附近的菜农总是在这时候沿街卖菜，交通拥挤不堪。那时少年还在睡梦之中，这个僻静的角落听不见菜农们的叫卖声，惊醒他的是大树上过早鸣叫的知了。

他已经有好些天没画画了。原先挂在墙上的素描写生被全部拿掉，取而代之的是一些关于中外历史的图表。历史这门课整个中学阶段居然没有开，现在他依靠的是范文澜主编的那套《中国通史》和东拼西凑的外国史资料。这个早晨他显得迷茫而困顿，无数的战争和农民起义把他的脑子搅成了一锅粥。他一点兴趣也没有，但似乎又懂得了历史发展的某些规律，比如朝代的更替靠的都是起义和战争，比如文明的具体发展总表现在战争的装备和手段上。历史上的苦难总比欢乐要多，和平似乎成了战争之间的停歇。每一次社会的变革总要流血，所谓历史的长河实际上是一条血河……二十年后，他从一部外国影片里听到了一个男孩对历史的评价：当人变坏了，历史便开始了。当人变好了，历史就结束了。这是他迄今听到的对历史最精彩的界说。

1977年的夏季冗长而缺乏想象力。热闹一时的高考过去了，关于这次高考的话题才刚刚开始。中学时代的几个朋友常来他这个阁楼上聊天，他们向他介绍试卷和标准答案。作文的题目叫《紧跟毛主席，永唱东方红》。他觉得这不像是作文题而像报纸社论的标题。从前的高考作文题是富有诗意的，比如《雨后》。他忽然觉得高考和自己想象得很不一样。这年的高考是由各省自行命题，文科考语文、数学，历史地理算一门，还有政治。不久，分数线划定，只要180分即可录取。然而即使这样，石镇的考生过线者仍是寥寥无几。一天晚上，他悄悄去了母校石镇中学。校园里十分空寂，附近农田的蛙声此起彼伏。他看见一直查封的校图书馆亮着灯光，就走了过去。那儿有一个身材瘦小的秃顶男人在捆扎旧书。这人姓陈，曾是语文老师，因为历史上在国民党军队里当过教员，"文革"之初即被打倒，至今也未翻身，在学校监督改造。有一次全校开大会批斗他，让他交代反党罪行。他实在交代不出来，就哭，就在裤裆里撒尿。可这样也没饶了他，让他站到一只很高的椅子上。尿液顺着他的裤管往下淋。这一幕少年记得非常清楚，他觉得一个成年男人弄成这个样子是值得同情的。后来这人终于坦白了一件事：有一回看完电影《红日》，晚上做了一个梦。他梦见天上有许多机翼印有青天白日机徽的飞机。他承认他的灵魂深处是在幻想国民党反攻大陆。于是他被淹没在一片打倒声中。

少年轻轻咳嗽了一声，陈老师回过头，老花镜滑到了鼻梁下。陈老师问道：你这回考得怎样？他摇摇头，他说我给美院耽误了。陈老师说，你的文科很好，应该考文科。他说：我明年就考文科。陈老师递给他一支烟，他有些尴尬。陈老师说，你要写文章。你父亲文章写得很好的。他忽然感到亲切，便帮陈老师捆书。接着他发现有不少文学书，其中有司汤达的《红与黑》、劳伦斯的《虹》、巴金的《雾·雨·电》。他问道：这些都是坏书？陈老师想了想，说：可能暂时用不着吧。他说：我拿走？或者我回去拿钱买下来。陈老师笑了一下，说我没有这个权力，明天你去收购站，同他们谈谈。他说好，把想要的那些书捆在了一块儿。陈老师想想又说，这批书可能要直接送到纸厂化浆。纸厂远在石镇的五十公里之外，看来这事难了。说完陈老师出门转了转，回来后对他说：我把这些书堆在窗户下面。然后，就这么做了。那个窗户少了一块玻璃。少年立刻就懂得了老师的意思，便匆匆离开了。几小时后，少年拖着一辆用轴承做的滑轮车再次接近了母校图书馆。那时四处漆黑一片，天上只有微弱的星光。少年伸手从窗户里面拨开了插销，把那些书一本本掏出来，装了整整一大麻袋。他很有些紧张，汗从头发根部渗出，流了一脸。但他得手了。

这些书中，有几册是五十年代《文艺报》的合订本，其中有关于"胡风集团"的材料和反右派的文章。对于十九岁的他，胡风与右派，都不陌生。但对于同代人，他显然是过早接触到了这两个字典中无法查找的词汇。这些书后来伴他度过了一年的好光景。将近二十年后，石镇中学因为要竞争省重点中学，四方写信向校友求助捐书，因为省重点中学的其中一项达标是藏书必须过十万册。在一个晴朗的日子，他又将这批当年偷来的书完璧归赵了。同时，他也送了一套自己新近出版的文集。那位陈老师业已作古。父亲平反回到石镇后，曾去拜访过这位昔日老友。他们在一起玩了四圈麻将，二十年的话一言难尽。但陈老师谈起那回里应外合的"偷书"仍是眉飞色舞。他说，我教了一辈子书，却把教学生偷书当成了杰作。几天后，这位石镇中学最好的语文教员在讲解朱自清那篇著名的《背影》时，脑溢血突发，死在了黑板的右侧，享年五十七岁。

石镇的冬天是美丽的。石镇的冬天无风而有雪，那雪静静地落，落得均匀，落得完整。那时你站在桥头往镇子看，就觉得每家的屋顶都像一块豆腐，在阳光下升腾着微弱的热气，连鸟儿也不忍去破坏这完美的图画。

桥下的琴河在冬季变窄了，两岸的沙丘上摇曳着干枯的芦苇与杞柳。清晨，这河是结了冰的。胆大的孩子敢从这冰河上溜到对岸去玩耍。到了中午，河上的冰便开始融化，那时你倾听化冰的声音就像遥远的琴瑟。

冬眠不觉晓。昨夜的雪落满了小院，那棵枣树仿佛玻璃制成的。少年醒来发现这变化的自然，感到特别兴奋。他很想出去画一幅油画写生，但那些颜料早已干枯了。后来，雪又让他想到了小丹戴口罩的样子。他和小丹有半年没见面了。他想春节去水市，那时父亲也会从巢湖回来。1977年的冬天这个国家也像开了封的冰河，但是流动得十分缓慢。从水市传来的消息，北京正在考虑落实政策。这从父亲个人的变化中也看出了端倪。父亲被临时聘请到当地公社中学教外语。但在一年前毛泽东逝世时，他和那些四类分子一起被捆在一座庙里，接受荷枪实弹民兵的看管。这是他一生中接受的最后的管制。上个月他收到父亲的来信，父亲重点谈到了高考，说千里之行，始于足下，一切从头开始。他觉得父亲并不了解自己的过去，高考不过是一件很自然的事。所以他在这个冬天里，差不多都是在读那一堆从母校偷来的小说。现在他觉得，放弃绘画已不再那么困难了。文学所营造的空间似乎更大。绘画的空间只是一瞬的凝固，文学的空间却在流动着。他甚至想着手写一部长篇小说了。

这是令人愉快的一天。离别三年的朋友冯维明从成都复员回来了。他刚洗好脸，维明就进了院子。他一直认为在那些入伍的同学中，冯维明是最优秀的。冯维明这天穿着父亲的旧呢子军装，围着一条暗红格子的羊毛围巾，显得很英俊。当他知道维明真的不是探亲而是复员后，便猜测其中的原因。维明说：你别猜了。我急着回来，是想赶明年的高考。明年是全国统一命题，我们没有考不上的道理。冯维明是自信的。这个出生在军官家庭的青年有着与生俱来的优越感。他的父亲是县人武部政委，但资历很深，是在当年皖南新四军里扛过几天枪的。入伍前，冯维明的理想是当一名职业军人。但是他那个部队是个物资供应站，他看了两年的仓库。后来，据说站长的女儿看上了他，可他又不愿意，说那个女孩一脸的雀斑。冯维明的处境变难了，干脆彻底脱了军装。现在，冯维明说，我的目标是上大学外语系。维明说国家最缺的就是外语人才，语种偏冷最好，比如说德语和西班牙语。这个上午，他被冯维明设计的外交官生涯弄得不知所措。他觉得维明见识很不一般，这种职业别人是不敢想也想不到的。他想从前确实把这个冯维明想得太简单了。

文科将来一定是到机关了，维明说，你想做官？

他愣了一下。他从来没有想文科的毕业生前途就是做官。教师，记者，文化干部，这都是文科的前途。但他告诉冯维明：我决定当作家。他忽然觉得"决定"这个词用得特别好。很多年以后，他回想起这个冬天在石镇阁楼上与冯维明的谈话，仍然有些怦然心动。但那时不会想到，自己这一生和冯维明将有种种纠缠。

于是，他常和冯维明一起讨论复习的事。那时维明集中精力突击英语，他拥有这方面的天赋与激情。关于语文、政治、历史与地理，都是由他将一些试题做好，再让维明抄去背诵。他们复习得似乎很轻松。有一天，冯维明借了一枝小口径步枪，背着照相机，两人去郊外的大成湖打鸟。冯维明的枪法很准，几乎是弹无虚发。他们租了一条渔船，在大成湖上兜着风。这一次，他们谈论着爱情。维明说他不准备在大学里恋爱，因为这会给分配带来麻烦。万一分不到一块怎么办？维明说，再调动又得花气力。这可不是在石镇，凡事老头子出面就妥当了。他越发觉得冯维明比自己成熟，但他说：你是不是想得太多了？冯维明举起枪，瞄准水面上的一只白鸟，一枪击穿了鸟的颈项。然后维明将枪竖着举起说：你能不瞄准就扣动扳机吗？他笑着点起香烟，觉得冯维明这句话很有点哲学意味。他本来想谈谈韦青，然而这念头在枪声中消灭了。

似乎有一种感应。第二天，他去菜市上买菜，无意中竟看见了一年未见的韦青！

他们的视线有了瞬间的相碰，但是很快被一把伞隔断了。那时他仿佛又听到了冯维明的枪声。那声音是微弱的，但在湖面上显得异常清脆。他的情绪在这一天里低沉而杂乱，后来他就去了冯维明家。路过石镇中学门前，他听见一群人在议论着几个月前的高考，说谁谁考取了，谁谁只差两分。他突然意识到，韦青一定是来领录取通知书、转户口的。就是说，她考取了。她身边那个略嫌臃肿的妇人无疑是她母亲，这对母女视察似的逛着街市，对小镇的风景颇有兴致，以投下最后的一瞥吧？

那时候冯维明正对着一台老式录音机，用标准的普通话把关于历史的复习答题输入。这样就不需要看书了，冯维明说，每天听他几遍。他想冯维明真是一个精明人，干什么都有条不紊，手段高明。维明已经知道原来的同学中哪些人考取了，一个不漏地报了出来。他感到有点惊讶，因为至少有一半的人是出乎意料的。维明递给他一支烟，说：这就是考试。有许多东西你可能不懂，但你能背诵，照书上一字不差地做了，你照样可以拿分。他就没有再说什么。

他在冯维明那儿一直待到晚上。这是1978年开始的日子，四野的残雪尚未化尽。月光如水，使这个冬夜看上去无限透明。镇中心的高音喇叭正放着浓烈的《交城山》，偶尔听见一串爆竹声，那是在宣布谁家的子女考取了。这时他便有了些心酸，也有了些胆怯，很怕碰见一个熟人来问：你考取了吧？所以他一直走在路灯照不到的地方，脚下的雪渣吱吱作响。等他推开小院的门，他看见韦青正在和外婆说话，内容是关于老人的白内障手术后的复明程度，三个妹妹都在边上吃着糖。听见门声时，韦青回过头，对他笑了一下：晚饭吃了吗？

他点点头，说：楼上谈吧。

于是韦青就随他去了阁楼。这个凌乱的环境却让她产生了几分欣喜，韦青问：你的画呢？我想看看。

他说：我已经不画了。

然后他又问：你是来向我辞行的吧？你妈知道吗？

韦青愉悦的表情便敛住了。

他躺到床上，抽着烟。他说：我知道你考取了，但你没有必要用伞挡住脸，我没有想看你的意思。

韦青很委屈地站起来，想离开，他一把抓住她的手，说：我还是要祝贺你，韦青！

韦青流泪了。韦青说你就这样祝贺我吗？你知道我今天为什么来吗？我是给你送复习资料的。

说着，她从包里拿出一摞书，可他没让她完全拿出来，他说：我不需要！

韦青没有再说，下楼走了。他追出去，但没有走到韦青身边。他跟在韦青大约二十米的地方，看着她走进人民饭店。事隔多年，他还为这个晚上的鲁莽感到懊恼。他说不清自己的情绪是报复还是嫉妒，或者是在竭力维护作为一个小男人的自尊。但无论怎么说，他的行为对韦青构成了伤害。那时他全然忘却了,这个女人是为自己流过血的!

几个月后,1978年度的全国高考开始了。

1978年夏季的这个晚上,石镇全镇停电,但是剧团照常点汽灯演出。那时我正躺在竹床上收听侯宝林的相声段子。小院的枣树纹丝不动,那是个闷热的夜。不久,冯维明骑车赶来,说考试的分数下来了。我俩便去了县教育局,街上一片昏暗,到处都有手电的闪光,就像农村的夏夜去田埂上逮青蛙一样。教育局的门口已被陆续赶来的考生包围了,一个负责高考的科长举着马灯,正给拥着往楼上走。那人看到我们,就说:你们别来了,都取了!维明在黑暗中狠捏了我一把,说还得查一下分数,这才踏实。于是我们都把分数查了,抄到纸片上。冯维明考得比我还多几分,似乎有些不好意思。他说我怎么会比你多呢?我说你有录音机嘛。

其实从高考的第一天,我就知道自己必取无疑。我回来告诉母亲,说今年肯定得走。母亲说:反正我是准备着你考到三十岁。她对高考的态度也就是这句话。从教育局回来,我就在等候母亲散场。外婆和妹妹们都高兴。外婆说这下好了,去年人家送的贺礼不用退回去了。妹妹们笑起来,嚷着要外婆明天杀鸡。到了临近十一点的光景,母亲才回家。我还没有开口,母亲就说:你取了吧?刚才街上的人对我讲了。然后母亲就拿出大妹用的小算盘,把我五门课的成绩反复打了三遍。这时她才放松了一些,说:我也算对得起你老子了。明天给他写封信吧。

这时候,月亮升起来了。外婆带妹妹们去睡了,我和母亲坐在竹床上。她点了支烟,似乎有许多的话要说,却终于没说出什么来。她突然自语般地问道:超出分数线八十七分,应该没有问题吧?这是我第一次听到母亲缺乏自信的感叹。当时我并没有更多的想法,只说怎么会呢?这已是很高的分了。母亲又说:明天你去医院体检一下,看看身体如何。我说我身体一向很健康。母亲说:还是先检一下好。你这回要是在体检上出了纰漏,老天可真是和我过不去了。

很多年过去了,我在故乡的小楼上回忆起那个遥远的晚上,心情不能平静。我想起母亲很多的经历。一小时前,二妹从美国俄亥俄打来电话,告之她已平安产下了一女婴。这些日子,母亲一直为这件事寝食不安,甚至去青云山为二妹求签。时间过得太快了,1967年,母亲正怀着二妹,却被拉上剧团的舞台,接受无情的批斗,胸前挂着一块写有"资产阶级三名三高黑线分子"的大牌子。那天我在台下,我看见母亲挺着大肚子,自己把牌子挂到胸前,自己站到一只很高的凳子上。她的目光显得异常平静。后来她说,她当时最怕的是从凳子上摔下来,那样二妹恐怕就保不住了。从1974年到1979年,我们家六口人,全靠母亲每月六十元的薪水支撑着,而我因为要买绘画的材料,要买书,每月差不多都要花去这个家庭全部经济来源的三分之一。母亲在那个深夜表现出的不自信,实在是经受了太多的失望,她几乎只剩下了最后一点力气、一点希望。她难以承受更多的幻灭。从二十岁初为人母到三十六岁独立支撑六口之家,长期的磨难使她很早就成为一个没有乳房的女人。她拥有的是一个男人的胸膛。1992年,母亲突然决定信佛。在我家的神龛上,供起了大慈大悲的观世音菩萨。她每日三次敬香,十分的虔诚。那时,我已去了南方。第二年冬天,二妹去美国,我和同在海南的小妹飞抵上海,与父母和二妹会合。我们在上海玩了两天。多年以前母亲就告诉我,说晚年有两个愿望:坐一趟飞机,玩一趟上海。这回她的两个愿望都实现了,但她已失去了兴致。我们在萧瑟的外滩缓缓走动着,母亲一路都没有言语,总是趁大家不注意时悄悄抹去泪水。第三天一早,我们去了虹桥机场。二妹办好了登机手续,同大家告别。二妹对母亲说:妈,我走了。母亲说:走吧。二妹突然哭泣起来,像小时候那样扎到母亲怀里。母亲理着女儿的头发,把她的发卡重新别了,说:是好事,哭什么?走吧,好好过日子。二妹走了,我们还在机场,等待着那架波音747升空。母亲的泪水沁在眼眶里,我说:想哭就哭吧。母亲还是把泪水抹了,然后说:我这一生就打过一仗,把你们都养大了。我胜了。

高考的录取通知书不久就下来了。我被录取在犁城大学中文系。1978年9月初的一个阴天,我离开故乡石镇前往这个叫犁城的都市。从这一天起,我算是出远门了。母亲交给我一百元钱,这是我父亲十六年来的全部积蓄。

——1997年10月27日

犁城：1979 年 10 月

  我从水市返回石镇是在昨天傍晚，当时天正下着小雨。秋意开始浓了，沿途所见的树木落叶萧萧。细雨中山色迷蒙，坡上少许的茶树透着自然的生机。据说秋茶是最好喝的，但是不宜采摘，否则便断送了茶树的生命。我在城里待久了，渴望见到这活的山水，所以一路上车速都放得很慢，从水市到石镇的七十公里路程，我竟开了一百分钟。再过几天，我又得走了。北京的一家影业机构在催我做一部长篇的电视剧，我将在北京住上相当长的一个时期，这是我自我放逐生涯的又一个驿站，但绝不是最后一个。我不止一次地想过，我最后的停泊地可能还是故乡石镇，就像一首流行歌中所唱的那样：从终点回到起点。我下个月年满四十，却在提前渴望着叶落归根。我想我的心态显然是老了。

想想也是，我离家已有二十年了。

1978年9月，我去犁城上大学。后来又阴错阳差地把户口落在了这个呆板的城市，一住就是十多年。我不喜欢犁城，而且对我最后的母校也缺乏应有的激情。在我全部的小说作品里，大学这一块生活至今还是一块处女地，苍白得没有一点血色。从开学的第一天起我就在等待着毕业，因为我深信，这里学不到任何东西。七七级、七八级学生大都是从社会上来的，年龄、经历有着很大的差异。开学的头一个月，课堂上老师和学生都可以公开抽烟。有个农村来的且是三个孩子父亲的老学生还抽水烟袋，一堂课要吹掉一根草纸媒子。但是，师生间的距离却因这些有趣的事拉近了。大家成了哥们儿，一些事比较容易通融，比如旷课。我发现有好几门课老师的讲义都是由几本书凑合起来的，而这些书我都从图书馆借来看过了，便不想再上。我事先同授课老师打了招呼，所以后来老师说我是"有礼貌的旷课"，这真让我心旷神怡。大学四年让我怀念的是我的几位老师，他们心胸开阔地放了我一马，使我有一半的时间留在了图书馆。1996年，我回母校开关于后现代主义文学的讲座，突然对十八年前坐过的阶梯教室有了亲切感。那天，我的几位老师坐在最后一排，而且还在记录，这实在让我惭愧不已。老师朴实的身影让我反省从前的傲慢与轻浮。不过那次我还是信口开河了。我说：对于一个愿意从事写作的人而言，大学这道门槛显得无关紧要。大学的设计——至少是文科大学的设计，如同一个门框的设计，它要照顾到人的高矮胖瘦，所以规定了两米的高度和九十公分的宽度，然而作家更愿意从窗户翻进去。大家鼓掌了。一位戴眼镜的女同学说：作家是贼吗？大家哄堂大笑。我说是，他要偷走的是你的灵魂。于是大家又给了掌声。我承认那是一次有卖弄之嫌的演讲，让我愉快的是与老师的团聚，我爱他们，尽管我实在算不上一个好学生。

现在我该说说北京了。

1979年暑假我第一次去北京。任务是学校科研处下达的，为卸任的校长撰写回忆录搜集资料。这位校长曾在皖南新四军里干过，有几位战友在京城做官。选择我做这件事是因为我在全省大学生作文竞赛中拿了奖，而且北方的一家电影制片厂正同我洽谈着一个电影剧本。我的写作才能第一次被官方重视，于是才有了这样一趟美差。我在北京住了一周，采访了那几位身居要职的老革命。谈起往昔峥嵘岁月，老人们都显得有些激动，而我却因为另一件事心不在焉。我在火车上遇见了一个女孩，是犁城财贸学院的，刚刚接到录取通知，身轻若燕地来北京走亲戚。财贸学院距我们学校不过一箭之遥，我想我们今后见面会很方便。她长相文静，梳着两条齐腰的辫子，言谈简洁却不俗。几年后，这个叫李佳的女孩长大了，于一个雨天同我打着一把伞，走进了民政部门的结婚登记处，成了我合法的妻子。

我和李佳就是这么认识的。那时她才十八岁，青春年华。时间于不经意中又过去了十八年，太快了，此刻我的眼前仍然浮现着当年的李佳。这时分由犁城开往北京的特快刚过徐州，硬卧的车厢灯已经熄了，只有车厢连接处还亮着灯……

——1997年10月28日

从这儿望过去,无法看到那个女孩的身影,刚才她就在灯光下看着一本厚书。车停了,这是徐州,当年淮海战役的舞台。他想她或许下车看看这夜的景色了,铁轨边有许多小紫灯,女孩子肯定会把它视作花朵。于是他也下了车,果然就看见那女孩在向一个小贩买橘子。她只买两个橘子,小贩似乎很不情愿,女孩就又挑了两个梨。他觉得有点好笑,这真是个孩子。现在夜凉爽了,从旷野上吹来的风让人暂时忘记了这是八月。他环视车站的周围,很想看到当年那场战役的遗迹。如果杜聿明固守徐州,战争又该怎样收场?杜聿明不服,想用一块砖头敲碎自己的脑壳,可他为何要换上一套士兵服装呢?他难道不会用枪吗?杜聿明当了半辈子的军人,最后却成了演员。火车的气又开始喘了,他回到车上,先到了车厢连接处,也看起了一本书。她还会来这儿吗?他想着,我会等到天亮的。在等待中他琢磨着将要说的第一句话:你看的是什么书?小说?你喜爱文学?我就是中文系的,你呢?你今年是不是应届生……

但是后来的第一句话是她说的。她说:你吃橘子吗?

谢谢。可你就买了两个。

我每到一站都买两个。

这么个买法?

各地的橘子味道不一样。徐州的就没有宿县好。

这是徐州的?

不,是宿县的,就一个了。

不好意思,好的让给我了……去北京玩?

去我姑姑家。高考忙了一阵,现在该轻松一下了。

你喜欢文学?

对,我的第一志愿就是中文。

我是学文学的。你这本书是……

陀思妥耶夫斯基的《罪与罚》。你觉得这书好吗?

哦,挺好的……

他有些不好意思,因为他还从未读过陀思妥耶夫斯基的书。俄国作家他只读了列夫·托尔斯泰和屠格涅夫,还有契诃夫,高尔基要算到苏联才是。他不敢就这个话题谈下去,怕露出马脚。于是他问道:你常去北京吗?

不常去。你呢?

我还是第一回去，为学校出差。

出差？学生还出差？

为我们老校长写回忆录，去北京采访。

那你的成绩一定很好。

还行吧，其实以前我是学画的。我的画在北京展览过。

现在他有效地控制了谈话的方向，这个晚上后来就成了他个人的专场演出。几小时前，这个踌躇满志的大学生还在徐州站私下嘲弄着杜聿明，认为这位四星将军乔装打扮不过是想活下来。现在呢，他的侃侃而谈其实是想赢得面前这个邂逅的女孩的好感。她在听他的叙说，听得很专注。她的眼睛很大，眉毛的形状很美，睫毛也长。她的眼神尤为特别，好像始终虚着而且爱眨，这让他陶醉，那时他根本不会想到导致这种眼神的原因是近视。1979年8月的这个夜晚，北上的列车上，两个年轻的大学生交谈了一个通宵，看着华北平原上渐渐染上曙色。这是他们最初的相识，也是几年后他们缔结姻缘最原始的基础。他们共同走过了一段风雨历程，然后又在一个阳光明媚的日子里分手。那一天，他们回首注视着当年的这趟夜行列车，发现无论怎么看，这个基础都显得过于薄弱。但作为一个爱情故事的序幕，它又呈现出最自然淳朴的光芒。

你吃橘子吗？

我给李佳挂了电话，告诉她我明天回犁城。电话里，女儿在弹奏着钢琴，是理查德·克莱德曼演奏的那首著名的《秋日的私语》。女儿是在模仿，生疏的指法结合着她顽皮的天性，使这首感伤的曲子成了轻快的旋律。这是我和李佳的纪念，也是我们最大的收获和最后的安慰。我想，没有别的女人今生会再为我生一个孩子了。我和李佳离婚已有三年，相处却如朋友。在犁城，我们各有寓所。通常的情况下，在我外出期间李佳和女儿还是住在原先的房子里。等我回来后，李佳又把女儿交给我，自己回寓所过一段轻松的日子。我把这种做法称之为"换防"。每个周末，李佳会买些菜过来，我下厨房烹制，一家三口和美地吃上一顿——在我心目中，只要是和女儿在一起，这个家庭就不意味着解散。有一次女儿问我：你们能复婚吗？我看你们在一起挺好的呀？我笑着

说：我们是挺好的，但是只能偶尔一聚。你还小，不懂。女儿说：我怎么不懂？你们就像一对刺猬，碰到一块就互相扎着，分开了又彼此看着！我不禁惊讶，女儿长大了。这孩子才十二岁，刚上初中，个头却已和她妈妈一般高了。李佳为此自豪。女儿可以穿妈妈的旧衣了，可以陪妈妈一道逛街了。甚至有人还把她们看作了姐妹。但是，从另一个角度看，这个女儿来得太早了。她匆忙出世无疑成了父母最终分手的一个重要原因——我和李佳几乎没有一天的二人世界，我让她过早扮演了母亲。那时，我们被生活折磨得疲惫不堪，以致双双成为现实生活中不堪一击的失败者。

一个男人和一个女人，共同生活了十年，实际上情感是无法剥离开的。婚姻的有无已经变得不重要了。法律只能改变外在的形式，却难以改变情感的实质。这是两个人一生中最美好的十年，这十年孕育了恋人之爱、夫妻之怨甚至兄妹之情，更孕育了作为一个人的尊严。十年，铭心刻骨。我还是从头说起吧——

十八岁的李佳楚楚动人。在这个少女面前，大学生活与爱情故事是同时展开的。新学期到了，我因北京的采访推迟了几日返回犁城。等我回来，这一天正是农历八月十五的中秋佳节。那夜，财贸学院正在举行欢迎新生的联欢会。我去找李佳，她的同学告诉我：李佳正在团委办公室忙着化妆，今晚她有节目。于是，我早早进了学校的礼堂。那会儿，我突然想到了另一个女人，就是韦青。三年前在梅岭，韦青曾答应给我跳舞。此刻，韦青所在的那所大学是否也在举行着联欢晚会呢？韦青是否也将粉墨登场翩翩起舞？我眼前浮现着韦青在江边留下的最后的背影，与月光融为一体……

李佳表演的就是独舞《春江花月夜》。低回婉转的箫声是我最喜欢的民族器乐，张若虚此一孤篇是我最喜欢的唐诗，当我看到李佳打开两把羽扇左右顾盼时，我的心下剧烈一挫。我意识到我已经爱上了这个少女。很多年后，我和李佳在西子湖畔欣赏着著名的断桥残月，我回忆起了这个晚上。我说，张若虚以一首《春江花月夜》大气磅礴孤篇压全唐，而我在那一刻已经爱上了你，并且最终结为连理。这仿佛也是前定。但李佳说：这是一个前定的错误。

舞蹈《春江花月夜》以形体语言叙述了一个怀春少女的浪漫憧憬。这部由陈爱莲女士成功推出的杰作，那一时期正盛行大江南北。因诗而音乐，又因音乐而舞蹈，不同的语言讲述着同一个故事。但是，我们没有讲好。作为小说，我已没有能力去讲述关于爱情的故事。我不过是在回忆一个男人的情感经历。这经历其实很平乏，缺少色彩，然而却显得真实。爱情的故事业已被大师们讲完，一个时代的枯竭便开始了。世纪末，人性濒临堕落的边缘，爱情拯救不了这个时代，杯水车薪的危机弥漫在日益污浊的空气里，我甚至可以看见二氧化碳在芸芸众生中飞翔的姿态。

十几年前财贸学院舞台上的灯光转暗了，大幕徐徐合上，而我和李佳的故事才刚刚开始。我去了后台,看见李佳一边卸妆一边对陪伴的同学说什么地方跳错了。我站在一只很旧的柜子旁,安静地等待着她的发现。但是她始终没有看我,倒是其他的女生不时向我这边望上一眼。一个女生碰碰李佳,问道:是找你的吧?李佳这才走过来,然后呀了一声,说是你呀!你什么时候到的?我说晚饭后,我刚从北京回来。李佳说:那你等我一会儿,我先洗洗脸。你看到我跳舞了?我点点头。我说跳得不错。李佳说:我没有基本功,动作都到不了位呢。我说这不重要,重要的是你完成了。李佳又说她跳错了。我看不出来,我说,倒觉得很流畅。说完,我先出去了。1992年秋天,我由南方回来,在一个月夜我与李佳在晾台上交谈,我忽然想起从前那个晚上李佳所说的"我跳错了"。我说:我一直不知道你错在哪。李佳笑了一下,说:我倒是知道,可我的问题在于没有勇气去纠正。然后,我们沉默了。

故乡今夜无月。确属秋天的天空星光惨淡。我家的晾台实际是餐厅的顶部,很大,父亲一直想把它变成一间三面有窗的玻璃书房。或者作画室,父亲说,你想作画的时候就回来。这倒是个不错的建议。我早有一个计划,六十岁之前舞文,六十岁之后弄墨。六十岁是个界限,我可以彻底结束这种颠沛流离的生活了。那时我叶落归根回到石镇,我的双亲可能不在了,我不会让他们远离我。院子里那块地我是为他们预备的,我将种上草坪和鲜花,让他们安息其中。每个清晨,我会从楼上下来,陪他们喝杯热茶。那时,我女儿在哪?北京?上海?深圳?还是俄亥俄她二姑那儿?或者是墨尔本她大姨那儿?总之,女儿会离开我的。我倒是希望她能和她母亲生活在一块。那时候,这偌大的房子里就只剩下我了?还会有一个女人同我朝夕相处么?

我在晾台上抽完了一支烟,手臂有点凉了。从这个位置,可以看到石镇的半边街。石镇的路灯始终不明亮,或许是这个缘故,我每次回来都有一种恍然若梦的感觉。

似乎很远的地方传来了一个妇人的呼喊,断断续续。我想,她的孩子可能跑丢了。

——1997 年 10 月 30 日

犁城从来就是喧闹的。眼下这条街是犁城的主要街道,由东而西延绵了三华里,狭窄使它看上去像一根消化不良的肠子。据说当初规划这条街的是第一任市长。他走了二十步,以此确定了街的宽度。但此人是个矮子。1979年的犁城经历了一次著名的冰雹袭击。关于这次袭击的话题完全可以谈上一百年。人们由此重新审视了脚下这块土地,追溯楚汉相争的古旧踪迹和淮海战役一次不同凡响的围点打援。人们还联系到发生在十多年前的"文革"武斗,两派交火的枪声与冰雹袭击的音响十分相似。

冰雹是突然从天而降的，没有任何征兆。一阵昏天黑地的狂风呼啸过后，蚕豆大的冰雹便扫射了整个城市，据说市郊出现的不比乒乓球小多少。那个时刻，他和李佳正坐在一个幼儿园废弃的秋千上晃荡，谈论着学校的伙食和图书馆。李佳想通过他弄到一张犁城大学的借书卡，因为财贸学院的文学藏书极为有限。李佳感谢的方式是每周从家里给他带上一瓶肉丁炸酱。我家的炸酱可好吃呢！李佳说。这时狂风就刮过来了，天陡然大暗。他叫了声不好，急忙把李佳从秋千上抱下来，一口气跑向不远处的滑梯。滑梯的造型是大象，现在他们是在象的肚皮之下。冰雹在他们眼前炸开了，李佳还没有反应过来，只问：这是怎么了？天色越来越暗，带有哨音的风声和玻璃的破碎声混杂在一起，包围了他们。突然，一根水泥电线杆给刮倒了，扯断的电线碰出"啪啪"的火花，距他们只有两米远，犹如一条吐信舞动的大蛇。李佳害怕地贴着他。他说，没事，木头是绝缘的。在他们头顶上冰雹射击着大象，声若鞭炮。他感到牙齿的缝隙里塞满了沙子，眼难以睁开了。这个瞬间，他想起了1968年秋天石镇的那个雨夜，密集的枪声划过了他和小丹的头顶……

　　这次冰雹袭击前后不过二十分钟，城市受尽了皮肉之苦，但他与李佳的距离意外地拉近了。第二个星期天下午，他去13路公共汽车站接李佳，感觉这个女孩突然长大了很多。后来他们去看了一场电影，那是一部外国片子，讲述一个艺术家同一位芭蕾舞演员的忧伤爱情故事。电影即将结束的时刻，他捉住了李佳的小手。他没有作任何试探，捉得很果断，很紧。他慢慢感到手心出汗了。不多会，灯亮了，观众纷纷站起，坐椅的碰击声凌乱而刺耳。他扶起李佳，牵着她走出电影院，天已经彻底黑了，轻微的寒气扑面而来。他问道：冷吗？李佳说不冷。他注视着李佳的侧面，她已摘去了眼镜，长睫毛又明显了。从这女孩的脸上看不出一点羞涩，她似乎很平静。街道上正是车辆行驶的高峰期，扬起的灰尘呛人鼻息。于是他们插上了一条小路，把闹市甩到了身后。

　　小路是宁静的。那时他希望脚下这条路没有尽头，就这么一直走下去。李佳没有声响，近视使她行走的姿势有点摇晃，也许是倦了。这是一个弱不禁风的女孩，他这么想着，这女孩的安静仿佛与生俱来。他很喜欢，接着便有了一些不安，为刚才在黑暗中的握手。他几次想提起一个自然贴切的话题来冲淡一下业已发生的冒昧，但是都觉得过于掩饰。

路在一寸一寸地缩短，已经望得见财贸学院教学楼的轮廓了。不远处的三岔道口，将是他们结束这一晚的地点。他停了下来。

他说：我刚才是不是太冒失了？

李佳说：没什么。你不是都已经抱过我了吗？

回答依旧是平静的。可他还是准备拥抱李佳。她向后挪了半步，然后说：我想考虑一下。我觉得这一切来得太快了，其实我们才刚刚认识。

他说：那好。你肯定累了，走吧，我看着你走。

李佳点点头，从挎包里拿出了一瓶肉丁炸酱放到他手上。李佳说：下星期你别去车站接我。有事我会去找你的。

这句话让他心下顿了顿。他目送着李佳通过马路，消失在梧桐树后。渐渐，他有了一些伤感。对于李佳，接触确实是快了一点。可他是"过来人"，他需要来自异性全面的安慰。如同一只在天空中盘旋的苍鹰，他不能永无止境地张开翅膀，他需要在一棵树梢上落下来。他自然想到了韦青。总是在无边的寂寞裹袭之际，他开始努力去想初识云雨的那个乡村之夜。那时他希望韦青的胴体清晰地得到展现。这诱惑足以打垮他对任何异性的向往。如果现在韦青立在他的面前，他也许会毫不犹豫地拥抱她，然后去找一家简陋的旅馆，重新找回那不可替代的最高感觉……

这个时刻，韦青在干什么？她会同另一个男人在一条小路上散步吗？她会躺到另一张床上愉悦地接受那男人的身体吗？韦青不会忘记她的血已经流过了。那根折断的羽毛！他浑身颤了一下，一个部位已充满了血，像满弓绷紧了弦。做爱使韦青扎根于记忆，也限制了他对其他异性——包括刚从身边离开的李佳——的深入渴求，除非出现新的做爱。他觉得自己像一件刷过油漆的家具，只有更新更浓的油漆才能将从前的痕迹盖住。在这个枯叶飘零的秋夜，他总结出了这一条规律，并由此支配了以后漫长的时间。

夜八时，我抵达了犁城。行前照例会与李佳通一次电话，告诉她确切的时间。所以我进门时，她已经在整理自己的提箱了，把叠好的衣服朝里放。女儿在里屋写作业，反复提醒妈妈不要错拿了她的梳子。李佳便有些烦，说我就是拿错了又怎么样呢？我头发脏吗？女儿说：反正拿错了不好。李佳叹了声：你妈这辈子还真是拿错了不少东西。女儿回头说：你不就是想说你拿错了爸爸吗？李佳笑了，说写你的作业吧，明天归你爸爸伺候了，我得歇歇。李佳把房门带上，问我：你爸爸妈妈还好吗？我说还好，只是剧团给烧了，对母亲的情绪有所刺激。李佳说：这有什么？烧了再盖一个新的嘛！我说：县里财政紧张，拿不出钱。再说，即使以后盖了新的也会是另一个样子了，找不到旧时的痕迹。

李佳又问我，在犁城能住几日？

我说想多住些时候，陪陪孩子，就怕北京那边突然来电话。

李佳说：最好多住些日子，这孩子其实很恋你的。

我们在客厅里坐下来。这儿也是我的书房，还有一张单人床。从前我时常熬夜写东西，就睡这。李佳已将被套、床单、枕巾都换好了。我们继续谈论孩子。李佳说：孩子如今已上初中了，学习压力增大，还要练琴，不抓紧不行。你这样长年在外，光给几个钱解决不了问题。李佳说她一个人挑这副担子很吃力。我无言以对。我想李佳这些年几乎全部的精力都给这个女儿耗去了，她很不容易。这次见面，她明显有了憔悴。由此我能推断出她近期生活得不够如意，三年前离婚时的自信已发生了动摇。这是我所担忧的。我之所以至今还没有把注意力放到某个具体女人身上，最深层的原因，是在等待着李佳先行一步。我希望看见她获得新的情感生活新的爱。对于李佳，这困难吗？如果再等上三年五载李佳还是独身呢？我没有想下去。有一个成语叫鸳梦重温，浪漫而美好，但是与我们无涉。其一，我们从未有过鸳梦；其二，一个已知的梦境本身就是枯燥。那么，又是什么使我们丧失了选择的热情而迟疑不决呢？

你可以随时找一个女人。李佳说。但我不愿意看到你再有一个孩子。

我说，我还没有想过这个问题。

你这个女儿很脆弱，她不能面对父亲把爱像蛋糕一样切出一块给另外的孩子。我也会有想法。我准备再陪女儿两年，等她上高中，这也算对得起她了。以后，你必须负起责任。李佳这么说道。

你随时可以把她交给我，我说，不要因为孩子放弃你的一切。

我有我的安排。李佳说完，拎起箱子出门了。她又说：冰箱里还有排骨和带鱼，孩子很快要期中考试，让她吃得讲究一些。你回来就别再做自己的事了。

我一一允诺，送她下楼。在楼洞口碰见了一位过去机关里的同事，寒暄了两句。后来李佳说这很好，免得让人背后说三道四。我笑道：这有什么呢？即使你留在这屋里。李佳说：你不在乎我可在乎，我是女人。然后她就独自上前了。她的行姿和十几年前完全一样，总让我感到她脚下很软，仿佛走在棉絮上，也仿佛是走在虚幻的梦境里。这个女人在梦中行走了很多年，又自己把自己唤醒，带回来的只是一种行姿。她的不幸在于不该以这种飘飘忽忽犹豫不定的姿势来走一条比石头还硬的路，也在于过早唤醒了自己。对于一个拥有知识和敏感的女人，很容易找到存在的局限和不足的，况且与她相伴的这个男人本身就是个错误。李佳错误地抓住了本不该属于她的男人，她错在哪，只有她自己知道，就像十几年前在舞台上表演《春江花月夜》一样。

现在，我越发相信命运了。

1979年秋天犁城的冰雹袭击似乎不能算是"始乱"，但确实暗示着"终弃"的结局。那时我抱着她从浪漫的秋千奔向一头笨重的"大象"。昏天黑地的气氛下，这座木制的大玩具俨然成了宿命的诺亚方舟。那正是悲剧和伤感盛行的年代，我们被自己刻画的形象所打动。我们双双沉浸在一场短暂天灾导致的忧郁情调里，咀嚼着尚未发生的爱情。很长时间过去后，有一回李佳这样对我说道：

你不觉得这是瞎子摸象吗？

我们都笑了。我们在欣赏对方灿烂的笑容。然后，我们乘上漂亮的汽车去一个风景秀丽的地点，那儿，是我们婚姻最后的法律终结场所。那天是一个阳光明媚的日子。

有一种女孩子拥有对空泛的爱情最细腻最深刻的理解，因此对具体的两性生活笨手笨脚乃至一筹莫展。李佳就是这种女孩。她的爱情观来源于该死的文学。另一个源头则是她的一位中学老师——一个可以做她父亲且又具备关怀女生手段的男人。1981年3月的某日，在李佳的引领下我见到了这位老师。我的直觉让我相信此人是一个不折不扣的伪君子和意淫狂。这个人热情地接待了我们，在不到一小时的谈话里，他至少占用四十分钟向我大谈中学时代的李佳是一个多么让人操心的女孩。他指出李佳诸如丢三落四、好逸恶劳、心比天高之类的缺点，并以长辈的语气告诫道：你们应该看远一点。那时我的感觉是我和这个鸟男人在办一项移交手续。似乎从这个晚上开始，他正式把李佳托付于我了。这真让我恶心。但是，李佳对这个老男人是敬重而钦佩的。她甚至幻想我能以他为楷模来重塑自我。十几年来，这家伙始终是横在我们之间的一道魔障。它左右了李佳的心情指标和判断力。我们的爱情本会昙花一现，然而命运又调整了安排。这一调整导致我们长达十余载的狼狈不堪，几乎只剩下了最后一口气。

我该从哪儿说起呢？

——1997 年 10 月 31 日

犁城：1981年12月

  这片水杉林位于犁城大学与财贸学院之间，无疑是一道风景。在许多黄昏，你会见到李佳飘忽不定的行踪。天气好的时候，夕阳的余晖会穿过树隙照进来，形成一道道动人的光束。那时李佳便会觉得这儿也是一个舞台，她仿佛还是踩着《春江花月夜》的旋律节拍，在读陀思妥耶夫斯基的书。她唯一的反感是林间残存的一些报纸和卫生纸。有一回她还发现了一只皱巴巴的避孕套。1981年的大学是安分而宁静的，但1981年的大学生已显得躁动不安。校园里到处都是喇叭裤和迪斯科旋律。那又是所谓"伤痕文学"不可一世的时代，一些莫名其妙的人用文字大诉别人的痛苦到处混吃混喝。犁城大学中文系还开了一个关于"伤痕文学"的系列讲座，吸引了包括附近医学院、财贸学院、工学院在内的许多人。李佳也来听过一次，但是讲座并没有打动她。"伤痕"时代她还是个孩子，和沉重的阶梯教室相比，她更喜欢这片杉树林。

　　1981年春天少女李佳经历了初恋的幻灭。她已清醒地认识到自己的初恋远没有书中那么美丽而忧伤。她不过是在火车上遇到了一个邻校的男生，后来他们散步、看电影、在小馆子里吃两菜一汤，差不多隔两周给那男生送去一瓶家中带来的肉丁炸酱。这就是初恋的全部。少女李佳伴随着这些枯燥的内容不经意地度过了一年，却已相当地疲惫。在家的时候，她就会想到那位中学老师的话"看远一点"。她实在看不出所谓远一点的地方究竟是个什么东西。是性吗？她在十五岁时开始意识到性的存在——那是在"农业基础"课上，一个女老师在讲授花朵的授粉。李佳从女老师具体的演示中突然悟出，男人身上也将有一种类似花粉的东西授到女人体内。不久，她从一本《赤脚医生手册》里了解到那东西叫精子。人的授粉称之为性交。就是说，男人的阴茎必须进入女人的阴道，然后精子进入子宫寻找卵子，这便是全过程。那本手册上还有男女生殖器的插图，它完全背离了李佳的想象，远没有小男孩的"蚕宝宝"玲珑可爱，甚至面目可憎。

　　那本手册只字不提性交的欢乐与快感。这一点，小说倒是提供了。无论是陀思妥耶夫斯基还是列夫·托尔斯泰，都在赞美肉体，但这仅仅是文字的肉体，连温度都没有。她自然要怀疑这肉体之欢的真伪，在尝试过接吻与拥抱之后，她的感觉一落千丈。什么"春心荡漾"，什么"浑身酥软"，什么"像触电一样"，全不是这么回事。她不习惯他嘴唇的潮湿和鼻息带来的凉风，还怕弄乱了自己的头发。

　　远一点的地方未必好看。在这个黄昏来临之际，少女李佳正努力作出一个决定，这便是分手，尽快结束这场汤泡饭一般的初恋。她决定把问题彻底摊开：我们不是儿戏，我们是真诚的，但是这种恋爱确实乏味，不是吗？

后来她也就这么对他说了。意外的是，他并不觉得突然。这让李佳有些伤心，觉得是一种轻视。相爱的人面对分手应该是心潮起伏，应该是洒泪而别，现在这些假设都没有出现。他显然是有备而来的，把曾经装过肉丁炸酱的玻璃瓶子洗刷得十分干净。他还带来了一套用照片制作的书签，照片上是他的国画小品。这算是对肉丁炸酱的回报吧？李佳的情绪一下子变得恶劣，似乎又感受到了他嘴唇的潮湿和鼻息的凉风。她问道：你怪我吗？

他摇摇头。他说我比你大五岁，怎么能怪你呢？

我只是觉得我们不合适，李佳说，但你是个好人。你不怪我就好，毕竟……

毕竟什么呢？是有过抿紧嘴唇的接吻还是有过隔着毛衣的拥抱？他自嘲地一笑，觉得还是不说什么为好。既然眼下是结束的地方，那就尽早走出这片看上去很美其实并不舒适的林子。

你其实还是个孩子。他说。这句话说完，他就先离开了。在回校的路上，他的耳边一直响着由近而远的火车声，然后是：你吃橘子吗？他为这句话心酸。他没有从后门进来，而是走了捷径，爬墙而过。那时天刚刚黑，教学楼的每个窗口已亮起了灯。他在墙头坐了一会，抽了支烟，李佳的形象不断浮现眼前，伸手可触。这形象是静止的，连睫毛都不眨动，又显得那么久远。他想到每次和李佳拥抱总有一种抱不紧的感觉。他厌恶这感觉，为这感觉沮丧。

就这么完了？他想着，心里越发凌乱了，一口气怎么也不顺畅。他觉得还应该同李佳谈一次，认真谈谈。机会还有，因为李佳还有一本乔治·桑的小说没还来。但是几天后，他从学校邮政所收到了这本书，李佳没有写信。那时他才真的意识到，李佳是决定不再同他见面了。

这一天，他旷课去了郊外。

他当时就走在这条土路上，走了很久，竟没有碰见一个行人，也没见到一只鸟。路显得幽深而静谧，城外的天空突然变得高大，仿佛竖立起来了。然而他不觉得孤寂，有的是一种轻松的伤感。这伤感像玻璃上的一层薄雾，抹去之后看到的是另一个女人，就是韦青。昨天夜里，久违的韦青意外地访问了他的梦境。韦青是乘一片羽毛来的，她从那片杉树林的上空掠过，最后停在他寝室的窗边。那时他赤身裸体地站在床前，手里居然拿着一只剥开的橘子。他听不见韦青在说着什么,但从她的口型上,他还是听懂了一句话。

韦青说:这不是我的橘子。

韦青总是很适时地光顾我的梦。他这么想着。但他不明白梦中的自己为何一丝不挂?他的确在梦中把自己脱光了,短裤塞在枕头下面,这已在早晨得到了证实。他有些慌乱地把蚊帐压紧,看着同寝室的人陆续走出。昨天深夜我下过床吗?他越发不安起来,有人见过一个裸者在校园里游动吗?关于梦游的种种传说纠缠了他很长时间。他深信自己绝不是个梦游患者,然而梦中把自己脱光则是无可辩驳的事实——在以后十五年里,这个事实呈现得更加明显,他的困惑也随之加重。他清晰地看见自己的裸体像金属一样在黑夜里穿行,奇异的姿态介于飞翔与堕落之间……

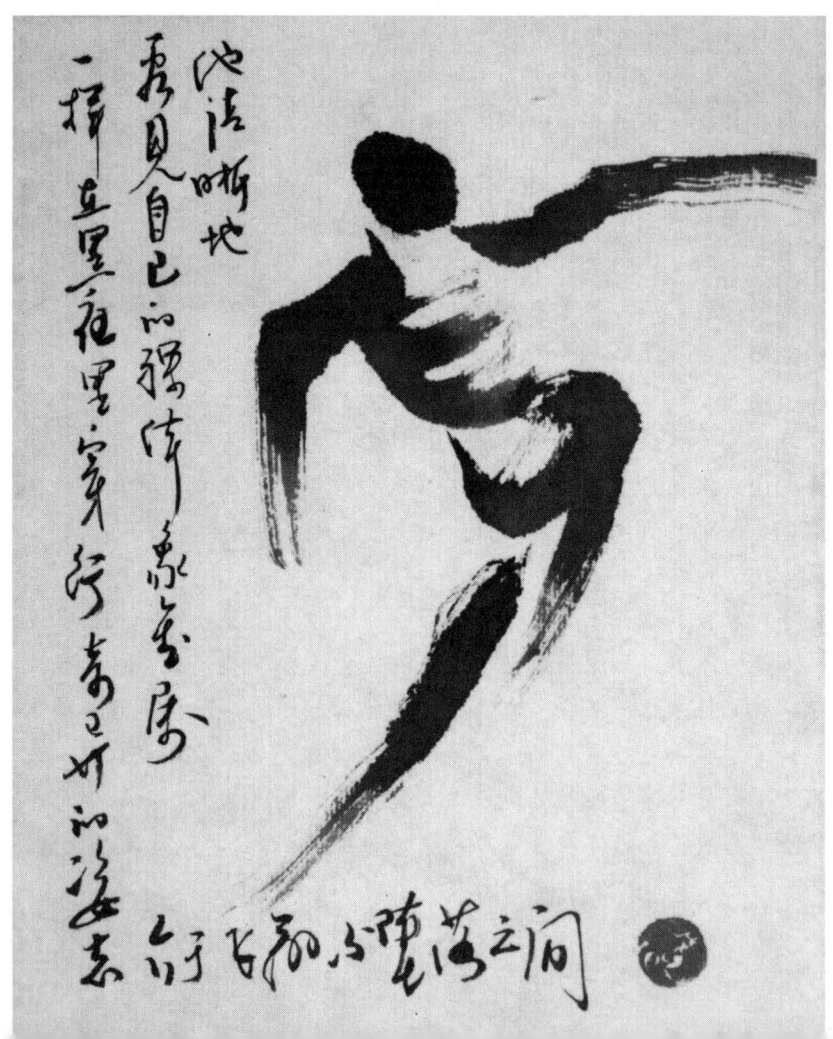

13路公共汽车站。

你见到李佳了吗？每个星期日的下午，或者黄昏，她会在这儿下车的。那会儿还没有实行双休日制度，这女孩只能回家住上一夜。她每周如此，这是规律，所以真想见她并不难。冬天来了，少女李佳肯定穿了一件藏青色的呢外套，那是她母亲过去穿的，重新翻改过。不过李佳穿起来很得体。她还会围上一条鹅黄色的羊绒围巾，她的辫子应该长到腰以下了。还有，她也喜欢戴一面大口罩。这并不妨碍你认识她。她的睫毛很长，眼神永远的朦胧忧郁似看非看，这很美是吗？但你不会立刻知道这美与近视有关。1981年就是一个莫名其妙的年头，时间老气横秋地流淌着，转眼便进入了冬季。犁城的冬天十分丑陋，往往一场小雪把地面弄得斑斑驳驳面目可憎。此时的另一个不幸是校园里席卷而来的舞潮。食堂、礼堂以及教室和办公室，一夜间都成了舞厅。犁城的八所大学成了八个歌舞团。大学生们互相走动，彼此跳来跳去，在邓丽君温柔有加的歌声中拙劣地扭动着身体。这是一群在社会中混过多年的家伙，已被囚禁了三年，他们荷尔蒙过剩又不敢公然放肆，意外地找到了一个发泄精力、缓冲手淫的好形式。他们不再喊冷了。他们有理由可以去和女人随意拥抱了，这些嘴上喊着思想解放骨子里却是强奸犯的杂种。

下雪的时候，他忽然想到了李佳。

他们已有九个月没见面了。他记得他们是在那片杉树林里分手的，是三月间的事，在造访那位父亲一般的中学老师的第五天或者第六天的黄昏。这是最后的一面。如果不是后来李佳以邮寄的方式还书，他肯定还会去财贸学院找这女孩的。当他从学校邮政所取出那本书时，他陡然觉得装在牛皮纸信封里的不是一本小说，而是一个男人的自尊心。这颗自尊心密封在纸袋里，扔进邮筒又装入邮袋，经过多双陌生的手之后，又回到了他这儿。

男人的自尊让一个女人拿走很重要吗？

我这次回来有一项具体的事要办，就是想把房子装修一下。这房子是我在犁城机关工作时分配的，半年前我买下了产权。房子坐落于省委机关宿舍大院内，有着完全配套的生活设施和特殊的安全保障。历史上这儿称作"红门"，自然是犁城最佳的居住地点。这些年我过着一种自我放逐的生活，没有尽到为父之责。现在我只能通过这类事作些弥补，希望女儿有一个舒适美观的居所。女儿大了，开始有了自己的社交圈。她的口袋里除了课程表还有钱包和电话号码簿。我喜欢听她在电话里同她的朋友谈意甲和英超、NBA和迈克尔·乔丹。但她又特别痴迷《红楼梦》和酒井法子。这是个天性活泼的孩子，是我最大的慰藉。十二年前的夏天当她来到人世时，惊人的啼哭让我激动不已。她睁着大眼，当夜就吮吸手指，一头乌黑的卷发下是十分光洁的脸庞，呈现出我的骄傲我的希望。那是个下着微雨的黎明，空气清新，我倚窗守候着我的女儿，看到了另一副情形——那是多少年后，朝气蓬勃的女儿搀扶着老迈的父亲，走在落满黄叶的林中。夕阳的余晖透过树枝的间隙洒落在我的眼前，我面对的将是死亡。这虚幻的景象让我忧伤，我不知道在最后的时刻怎样才能松开女儿那只柔软的手。那个微雨的黎明，女儿的生明确地提示着我的死。但我在暗暗地发下誓言：至少要确保女儿长到三十岁，才能让她的父亲死掉！这是一个父亲的誓言。

现在，女儿起床了。她似乎已经适应了我与她母亲的这种"换防"。在她的感觉中这个家庭仍是完整无缺。等她梳洗完毕，我开始与她商谈房子的装修计划。昨天夜里我画了很多图纸，想把现有的家具全部作废，并重新添置一些电器。可是她没有表现出多大的兴趣，她说：我无所谓，反正房子是你们的，我不过是暂时住在这儿。我感到意外，想不到她会作出如此冷漠的反应。女儿倚在门框上，手里捧着从微波炉取出的牛奶。又说：爸，我这么说你很伤心是吗？可我就是这么想的。这个星期日咱们也别在一块吃饭了，我宁可和同学去逛书店。我大了，一顿饭温暖不了我。

这话对你妈说了吗？我从沙发上站起来。

等你走了，我会对她说。我妈这一年买了不少衣服，没有一件我觉得好看。女儿又喝了口牛奶，她说：我妈现在脾气也大了，但我不怪她。

说完，她开始收拾琴谱，准备去老师家上钢琴课。这之后她将去她外婆家吃午饭。我想我应该陪女儿去上这堂钢琴课，她不需要，但我需要。我已经意识到李佳对女儿的判断是不准确的甚至是错误的，这孩子心理上已是大人。我突然联想到以前的几次电话，女儿回答得总是含含糊糊，像是敷衍，像是回避，其实是她当时不便与我多作交谈，因为这

屋子除了她和李佳,还有另外的人在场。那个人一定是个男人。真难为了这孩子!

　这个上午我的心情如同犁城的这片天空一样灰暗。在那位钢琴老师家,我的视线始终追随着键盘上女儿滚动的手指。老师是个小老头,算得上犁城的一名音乐权威,与我曾有过一些交往。他说,你女儿有极好的音乐天赋,如果能再刻苦一些,就更好了。我说,现在学校的作业量太大,这孩子的书包至少有十公斤。我不指望她将来在音乐上有多少造诣,能当做一个业余爱好就不错了。老师说,其实女孩子毕生做音乐也挺好，音乐能使人的灵魂纯净。我点点头，说这要看孩子自己的选择。老师显得有些固执，说：孩子重要的关口，大人有责任帮助选择，不能完全放手。

　　回来的路上，我问起女儿对音乐的态度。女儿说她听见了老师与我的交谈。搞音乐纯净吗？她反问道，你没见连中央乐团都快下岗了吗？我搞音乐，谁管我饭？我说：我管。女儿说：爸，你不可能养我一辈子。其实我对钢琴没多少兴趣，我是为你们弹这琴的。妈给我买了琴，我能不弹吗？妈想用这台琴拴住我，怕我学坏，我明白。就像你现在急着装修房子，想让我高兴，让我安心学习。上次考试我没考好，妈当时就哭了……我一个人要来安慰你们两个，我太累了。

　　我握住了女儿的手。

　　女儿指间的痛仿佛传递到我手上，所谓十指连心的痛在我四十岁这年才真正体味到。这几年我和李佳的种种努力为的都是一个目标，不让女儿的心灵受到创伤。我们彼此都在考虑，把各自下一步的安排推迟到女儿上大学之后。然而眼下的事实已宣告了我们的失败。我们伤害了这个孩子却让孩子来慰藉我们，自私的是我们，该指责的也是我们。天下有很多父母为了孩子的利益不受侵犯而牺牲自己的全部，我们却做不到。我们没有对天职尽责。

　　出租车艰涩地通过了这条繁华嘈杂的街道。我的胃很不舒服，一股酸液在食道里涌动着。这个二十年没有引起我好感的城市，此刻却给了我莫名其妙的温馨。或许，我到了该回来的时候了，她才流露出对一个游子浪人的柔情大度！我随时可以回来，回到"红门"里的家，回到李佳和女儿身边，让一切重新开始？可是，我并不老，李佳还属青年，如果没有不测，我们还可以活四十年甚至半个世纪。这是多么漫长的日子！我说过，一个已知的梦境本身就是枯燥，况且这个梦的时间将长达五十年……

　　爸，你的手好凉。

　　没事……

　　我喜欢你画的图纸。

　　这是草图，回头我再征求一下你妈的意见。

　　爸，不用花那么多的钱。

　　爸有钱……

挣钱不容易,我知道。

爸想让你和妈妈住得舒服一些……

爸,我就在这下车吧。

不,再拐进去一点……

出租车拐进一片住宅区,在第四排一幢灰色的楼第二个单元前停下。女儿下车了,她又说:爸,你去食堂吃饭吧,一个人别烧了。晚上我们去"肯德基"。

我点点头,看着她走上楼梯。这个楼洞因楼距太近总显得光线不足。我已经三年没有来过了。最后一次,那是1994年的春节前夕,我买了两盒西洋参送李佳回这儿。李佳说:你最好别上去。我把礼品递给她,她没接,转身上楼。我把东西放在楼梯台阶上,走出了那片阴影。那一天我步行了很久,看着天一点一点黑下来。地上的残雪已结成冰碴,踩在上面其声如梦中的磨牙。恍恍惚惚的路灯揭示着城市冬日的贫血与虚弱,一切看上去都极不真实……

在这个冰冷的城市藏匿着多少虚伪。每天,人们用暧昧的眼神表达着关于出卖、索贿、背叛、通奸的肮脏话题,语言却用于讨价还价、吹牛拍马和教训孩子。他们激动地打着手势,于是围绕城市的一切阴谋便从这下流手势中诞生了。每天都有犯罪。每天都有阴谋。每天都有噪音、废气、污水……

一场雪又能掩盖多少劣迹呢?

那是我一生中沮丧不堪的日子。我茫然走了很多路,却找不出这个城市的方向。后来,我看见了13路公共汽车站的站牌。这个不祥的数字在那个逝去的冬夜让我再次正视了命运的不可捉摸。

——1997年11月2日

1981年犁城的那个冬夜本来与他没有关系。从下午起,他就躲在帐子里读库里肖夫的《电影导演基础》。这是一部很厚的书,有许多剧照和插图,读起来有点意思。他对电影的兴趣,最初起源于少年时代见过的一张照片。那是崔嵬导演《青春之歌》的工作照,偌大的摄影棚里,逼真的布景和落雪的效果在灯光下散发出诱人的色彩。一"墙"之隔,划分出现实与虚构的两个世界。于是这张照片就沉到了他的脑海,再幻变成一个气势非凡的梦境:少年站在高高的脚手架上,指挥着现场拍摄——那是一部战争片,翻腾的硝烟中杀出大量的骑兵。这以后少年的心思几乎全用在了电影上,他自制了一台幻灯机,在玻璃片上画出一幅幅的画面,一面石灰墙当作了银幕。有一个叫小丹的女孩是他忠实的观众,这也是唯一的观众。那时石镇附近的农村常有露天电影,放映《地道战》、《地雷战》和《平原游击队》。他和小丹扛着一条长凳去看,有时候去晚了,他们就坐到银幕的反面——电影里的人一律用左手吃饭左手打枪,他们很开心。他告诉小丹,将来他要拍电影,并答应让小丹来演主角。小丹说:你做梦吧!小丹说电影只有大城市里的人来拍,我们是小县城的人,只比乡下人好一点。他说,我们不会永远待在小县城。毛主席从前到处钻山沟沟,后来不是到了最大的城市吗?小丹说,你这话反动,你不能跟毛主席比。他吓了一跳,轻轻地解释道:我只想拍电影。1977年高考恢复时,他才得知北京有一座电影学院,但不知怎样才能报考。后来他贸然给校方写了一封信，不久有了回音，但是那一年的招生已经结束了。

在梨城大学的这三年，他一半的兴趣放到了电影上。但他没有打算日后去做一名编剧，他想干的仍是导演。他觉得这个行当能够调动他的全部才华。这个诱惑远远超过了去当一个作家或者画家。他在给冯维明的信中表达了这个愿望，然而却遭到了后者驳斥。这是异想天开，冯维明说，谁会信任你这样一个来自县城的小子？国家养了那么多的职业导演当摆设吗？你是文化部长的儿子吗？他自嘲地一笑，想，维明的话没有说错，如果他真是文化部长的儿子，一切都不成为问题，理想顷刻成为现实。但眼下的现实是，上帝没有派给你一个当文化部长的父亲而只给了你一个刚刚右派平反的父亲。那个瘦小的中年人此刻正骑着一辆旧自行车，去乡下辅导业余剧团。你看清这现实了吗？他又想起那个美院教授所说的"硬性标准"，想起母亲常挂在嘴边的那句话：你只能靠自己。可是这些扑不灭他对电影的狂热，就像一瓢冷水不能使醉汉清醒一样，固执的他给自己制订了一套打入电影界的方案，并已着手实施。他想起好莱坞一个叫弗朗西斯·福特·科波拉的男人，在执导《教父》和《现代启示录》之前，这个人成功地写出了剧本《巴顿将军》而获得奥斯卡最佳编剧奖。派拉蒙公司的老板当初选择科波拉来拍《教父》，正是从文学的《巴顿将军》中看出了其诉诸影像的功力。这个信息无疑对他很鼓舞，于是，他写了一个电影文学剧本，寄给了北方的一家电影厂。半个月后，他收到了电影厂总编室热情洋溢的来信，对剧本给予了很好的评价。那封信还表示，剧本现在已送到了一位著名的导演手上，在适当的时候，厂方将派人来梨城与他商谈剧本修改事宜。

开局比想象的要好。那时他觉得，电影界的大门已对他裂开了一条缝隙，他仿佛看见自己的梦想已由空气形成了一团云彩，无形变作有形，停在了头顶上。他的计划也越来越具体了——如果电影投拍，那么分配时他有可能让电影厂来要他；如果那位著名导演赏识他，在这次合作之后他有可能成为副导演或者导演助理；如果……如果财贸学院的那个叫李佳的女孩了解这一切，还会同他分手吗？有一天下午，他从街上逛完书店回来，那片杉树林再次吸引了他的注意力。他想在那儿停歇，想等待一个曾经熟悉的身影出现，结果天下起了雨。雨浇灭了这个念头，他觉得上天的安排可能就是这样，一切都该顺其自然。

冬日的天色很容易转暗。今天是星期日，寝室里的同学都去了市里，现在陆续回来了。有人在议论晚上的舞会，说外语系的一个女生跳得特别好。那人撩开他的帐子，问道：你去吗？他摇摇头，说礼堂太乱，和澡堂差不多，跳不出意思。那人就说：把你的西装借我一下吧。他指指门背后：拿吧，干洗时你掏一半钱。然后他就起床了，打算去洗脸间。这时，系办公室秘书推门进来，递给他一张纸条，说电影厂的人已经到了犁城，让他尽快去一趟。

于是他就去了。

现在看来，这是一次极为糟糕的会晤。从电影厂来的导演和责任编辑是一对标准的笨蛋。长达两个小时的谈话让人啼笑皆非。那个体态略嫌臃肿的导演自以为是地提了十二条意见，又甩出一个"有突破"的构思框架，明确地指出让他按这个思路重写。那编辑也不时添油加醋，说这样就对了。他一语不发，觉得这不是在谈论电影而是在谈一宗买卖婚姻。这个戴眼镜的男媒婆要把他卖给这个糟老头子做妾，但却不知这人裤裆里挺着一根坚硬的鸡巴。谁操谁呢？电影？操你妈的电影！

他想他的神色已表达了自己的立场。离开时，那位编辑送他下楼。在楼梯拐弯处，编辑郑重地说：你好好考虑下导演的思路，毕竟，你还不懂电影。

他笑道：我十岁就懂电影了，不懂的是电影界。

那一刻他的心情就是这个样子，像一堵腐蚀的老墙，千疮百孔，鸟翅的阴影像锯一样将它锯开，也许只有他的尿才能使它弥合。所以逃出这座优美的宾馆后，他急着要做的是赶快找一个阴暗的角落撒尿。滚烫的尿液冲击在残雪上发出爆裂的声响，这是对梦想最好的发言。很多年后，当他走进北京电影制片厂的一座摄影棚时，这爆裂的声响竟激发出他惊人的想象力。这个仿佛废弃仓库一般的地方居然锁住了他的一个梦，实在显得不可思议。

晦气的一夜。坐在13路公共汽车上，他还在为刚才的事懊恼。合作显然不可能了，所谓综合艺术到头来不过是综合了平庸。艺术可以综合吗？从这个意义上，写小说要幸福得多。小说可以坐在马桶上写，可以写到香烟皮上，没有人来给你提十二条意见。你完全可以大大咧咧地在方格稿纸上建筑你的独立王国。1981年的中国有小说吗？这个瞬间他听见了火车声，悠长的汽笛穿透了干燥的夜空。是那列火车么？车厢的连接处还亮着灯，那个一边吃橘子一边读陀思妥耶夫斯基的女孩哪里去了？他叹了口气，看见这辆早该淘汰的大公共缓慢地接近了13路站牌。学院路到了，售票员用犁城土语吆喝着，先下后上。他跳下车，到一棵粗大的梧桐树后面点上香烟。等他转过身，一颗流星带着细小的光弧从他头顶上空向西北方向坠落。他的视线追寻着这道转瞬即逝的光弧，但那时他还不知道这是上帝的一个暧昧的手势。

然后他就见到了李佳飘忽的背影。

很多次，我和李佳都谈到那个夜晚。如果那一夜我们没有在13路车站碰上，还会有后来发生的一切吗？李佳说不会。我已经把你忘得差不多了，她说，我那时只想安心把书读完。我想你也不会再来找我了。

李佳说那个晚上她本不想回校，因为第二天上午没有课，她可以在家里再住一宿。可是晚饭后她接到同学的电话，说有一个讲座于翌日上午八点半开始，主讲的教授来自北京，曾参加政府工作报告的起草，算得上权威。同学还说，讲座结束后，她们想利用中午那一会时间，把元旦晚会的节目再排练一下。于是李佳就提前离家了。那时不过八点，从她家到学校大约十一站路，但中途要转一趟车。即使这样，她在路上所花费的时间也顶多一个钟头。然而转车时，她遇见了以前中学的一个同学，现在手表厂工作。两个人谈起来就没个完，之后又去路边的小摊子喝了瓶酸奶。我不知道这么磨磨蹭蹭是为了等你，李佳说，似乎是在劫难逃了。我说，当时我见到了一颗流星。冬天是很难看到流星的。

那是一颗灾星吧，李佳叹道，为什么偏要降到我俩头上？

重逢是一种奇异的现象，它强调了短暂的激动和夸张的愉悦。在重逢的那一刻，烦恼和痛苦都会失踪。所以自古以来重逢都是喜出望外，诧异之后便是幸福。1981年那个冬夜，我和李佳所走的路不过是以前行程的百分之一甚至千分之一，但是意义比过去重要一百倍乃至一千倍。我们像一对落水者，在行将溺毙之际各自抓住了对方伸出的一只手，似乎只有作出这种选择，才能够活下来。这显然是重逢导致的错觉。重逢意味着失而复得，意味着最后的机会，于是我们抓住了而且抓得很紧。

李佳问我，你还是一个人吗？我说是的，一个人。这极为普通的对话在当时却蕴含着弦外之音。在李佳看来，面前这个男人一直在等着她，期待着她重新投到他的怀抱。我呢？我所得到的无疑是一次明确的试探——如果你也还是一个人，那么我们可否重新开始？世上的事往往就是这样，简单可以复杂，复杂也可以简单，所谓爱情都是糊涂和不讲理的。李佳没有想到，当初决意离开我却成了最终走近我的动力，我却因为第一次的匆忙失去则格外珍视这回归的第二次。

　　第二次意味着什么？甜蜜？幸福？沮丧？懊恼？痛苦？我无法说清楚。

　　第二次给我带来了婚姻、女儿，却让我最终失去了家庭。房子已不能作为家庭的象征，尽管它需要一次彻底的装修。

十三年前我结婚时，父母用尽了家中全部的木料给我置办了一房家具，现在已没有用了。昨天我叫来旧货市场的人，粗略估算可值七百元。价格谈定，那人便让民工开始搬运。这时李佳回来了，问道：全卖了？我点点头。李佳说：留下一个柜子吧，把它挪到晾台上堆堆杂物。她就挑出了一只，指使民工往晾台上搬。旧货市场的人不大情愿地说：那你得退我八十块钱。李佳给了那人一百元，说：这柜子我买了。

家具搬走，房子一下显得空荡而陌生。那只柜子孤单地立在晾台上，像这房子里的第三者，注视着我们。

沉默是令人伤感的。我们默然收拾着书籍和衣物，觉得东西太多，怎么理也是乱。这是一个家的气息，一个十年之家的物质沉积。像儿时玩的一种"垒宝塔"的游戏，我们千辛万苦地用一片片碎瓦垒成一座塔，最终的目的不过是用一块石头将它击溃。这是一个不可理喻的游戏，它以艰辛的创造为代价换取一瞬的毁灭之乐。但它隐匿着最朴素的宿命观，从你垒第一片碎瓦起就预示着将有毁灭的时刻，仿佛生预示着死。这游戏远没有燕子衔泥筑巢那么富有诗意而令人神往。

我把装修的方案对李佳说了，问她有什么意见。李佳说：我没必要再参与了，你女儿满意就行。而且，我也不想出钱。

钱当然由我出，我说，包括刚才那只柜子。

不，柜子是我想买的，李佳说。我得让你知道，我一生中最好的十年都装在那里面。

——1997年11月5日

水市：1982 年 9 月

眼前这条街那时还算水市的主要繁华街道，你会明显觉得与犁城不同，沿街的建筑物透露出江南风韵。水市坐落江北，却不掩饰对江南的青睐。据说民国初时水市的男人去江南行商，大都落得个血本无归的下场，却带回了一个个与秦淮粉黛可争高下的老婆。所以今天水市人有着白净的面目和纤细的身材，连语言语音都散发出母系那一支的阴柔。这是个浪漫温情的小城市，走在街上你看不见一缕豪气，但你会被她的小巧玲珑所触动，她保养得很好，你会觉得这块水土非常适宜过生活，也能渲染你的多愁善感。

1982 年夏季开始的时候，水市人正在推敲一种窗式空调，在确认价格可以承受之后，人们普遍关心的是这种空调的寿命。与此同时，养花成为这年的时尚，取代了风行已久的养金鱼。历史上的水市从来就是养尊处优的，这里没有贫穷，也没有暴富，缺少刺激却减去了冒险，发展缓慢但社会稳定。如果你已经过了五十岁，你完全有可能把这儿看作最后的归宿。然而那时你才二十五岁。

你可能没有料到你又会回到水市来。你不想回来是你对这座小城有着一种距离感，这儿离你的家乡石镇很近，但你厌恶一只苍蝇的飞行轨迹。另一个原因，是你不想同那个财贸学院的女孩分开。你们正式恋爱了，需要经常见面，因为这个你希望分配在犁城，留在那姑娘身边——你们对这场一波三折的爱情总是显得信心不足，分开与其说是痛苦，倒不如说是危险。你们总抓不紧对方却又害怕失去对方。是这样吗？

那时他正为此苦恼。如果没有李佳，他对毕业分配几乎没有要求。犁城大学此生只会分配他一次，那就让她分好了。还能分到地球之外吗？而且，他讨厌辅导员那副刁钻的神情，让他想起以前在林场的那个场长。到处都有这种人。辅导员其实无权过问分配，却总是大言不惭地说他有一票在手，而且还是关键的一票。这个人又特别爱占小便宜，一本挂历就能让他乐上半天。相比之下，系主任要可爱得多。这个大腹便便的中年人至少还看重一个学生的成绩，还有职业道德，但他天生胆小，很难指望他会站出来为某个受屈的学生讲几句公道话。

分配果真那么重要吗？在和冯维明的通信中，他们讨论过这个问题。冯维明的回答十分肯定，他以在部队的经验说，如果他当时没有分配到供应站而是留在了司令部，那么他的命运将是另一个样子，没准今天已是副团职了。分配是一个关口，维明说，它决定着一个人的起点高低。他想冯维明的观点不算错，但只适合于行政那一套。他对行政没有兴趣，想的是能够留在犁城。他觉得这应该是可能的。第一，他虽然旷课但成绩一直名列前茅；第二，他为老校长整理过回忆录；第三，他写的话剧在全国大学生会演中得了一等奖，为学校赢得了荣誉。他把这三条理由告诉李佳，后者也认为问题不大。但她担心学校会按户口所在地的方式进行分配，虽然不科学，但容易服众。李佳问：如果留在犁城，你打算干什么呢？他说或许先到某个报社干一阵子编辑记者什么的，再逐渐过渡到专业创作上来。李佳说你没想过坐机关吗？他笑道：我这样子像坐机关的吗？李佳说，我觉得机关里办事要容易一些，这也是我父母的意思。他想了想，说：进了机关就是混进了官场，不自在的事就多了。

那时社会上开始有"四化"干部的舆论，机关需要大量的文科毕业生，据说各级的组织部都来学校翻档案了。

五月，分配方案公布，果真是机关的名额居多，占去了一大半。但是能够留在犁城的只有二十来人，这个数字勉强可以应付犁城的学生，他们都不想分到外地，也就意味着外地人分进犁城很困难。这种形势对外地学生极为不利，他们向校长反映，说分配不能像过去对工农兵大学生那样，"哪里来哪里去"，这还是极"左"的一套。分配必须因人制宜，应该人尽其才。甚至有人在食堂门前张贴了大字报，声称不提高分配的透明度，就是破坏改革。1982年，"改革"是最响亮的词语，"改革开放"是最鼓舞人心的口号，它让人正视一个民族的命运和一个国家的前途。但是中国人首先要考虑自己的命运和前途，那一届的大学毕业生更是如此，他们为何不贴大字报申请去边疆呢？

这是一批真正的政治投机分子，一批名副其实地向社会讨债的家伙。从考进大学的那天起，他们就在等待着分进机关，以取得接近权力的新起点。他们拉开大干一场的架势，不择手段地去达到目的。

他轻视这些人。很多年后，当他在不同场合见到这些人时，他仍然掩饰不住轻视的表情尽管这些人差不多都混到了处长甚至副厅长、厅长。他觉得这些人活得没劲，因为目标太明确。人生其实是一个困顿而迷惘的过程，看透了也就失去了意思。他对写作的痴迷与此有关，写作的过程也是困顿而迷惘的，不像某项科研，可以瞄准一个目标亦步亦趋地往上走，最终获得一项成果。写作的诱惑在于未知的不断显现，写作者如同夜行者，始终在假设中行走。

五月下旬，一件不幸的事发生了，二班一个姓张的男生跳楼自杀。作为这桩惨案的目击者之一，他向校方和警方提供了以下证词——

今天下午大约三点一刻，我在宿舍里拆蚊帐，想洗一下收起来。我去窗口吐痰，看见一个黑东西从上面飘下来，还以为是谁扔掉了一件旧棉衣。然后我听见"嘭"的一声，再看，就看见地上趴着一个男人，血往外淌，腿还在动弹。楼上的人这时也嚷嚷起来了，说不好，有人自杀了！我跟着大伙跑出去，姓张的同学已被别人抬起来，我也帮了一把。

大家急着把他往学校卫生所送，可能半路上就没气了。

我看到的就是这些。这个同学平时和我们在一个阶梯教室上大课，样子有些腼腆，不知道因为什么就这么走了。

后来他听二班的人说，那个下午大家去宿舍里议论着分配方案，认为系里肯定还会坚持"哪里来哪里去"的原则，顶多不过是把班长学生会主席之类的角色塞进大机关，装一下门面。其实这种人最应该去支边。二班有两名进藏名额，至今没有人报名。说着说着，那姓张的同学就从床上翻出了窗户。这件事在犁城大学引起了不小的震动，但出人意料的是愈演愈烈的分配风波竟以此画上了句号。没有人再闹了，也没有人再贴大字报了，这是多么奇怪的事！好像姓张的学生不是自杀而是被镇压下去的，大家受到了惊吓，却不明白那人为何而死，死得是否值得。那人的血居然替校方帮了大忙，于是校方理直气壮，强调做好毕业生的思想政治工作。校方杀出重围，荒唐不经地把一切理顺了。

于是，他被分配到水市市委宣传部。

现在他已走过了这条花香四溢的老街。这条街的尽头便是市委大院。

他向卫兵出示了全部证件。卫兵告诉他，宣传部在最后面的那幢三层楼上。当他提起行李迈进这道门槛时，突然自问道：

我是不是卖到这儿了？

如果1982年我没有去水市而是留在了犁城，我和李佳还会结婚吗？于是，我又想起一个词：离别。在一对恋人间，古今中外离别意味着相思之苦，这似乎无一例外。虽然有"两情若是长久时，又岂在朝朝暮暮"这样虚怀若谷的佳句，离别照样是一种痛。然而这种推断却不适合我和李佳。我至今记得，当我把分配的结果告诉她时，她显得比我还平静。她说，这下离你妈倒是近了。她说我们分开一段也没坏处，你可以常回来看我。这后一句话明显不是在安慰我了。我暗暗吃惊。我吃惊的是这种反应偏离了一个少女的情怀。这应该是我妈的反应才对。自从我们重逢之后，我们便进入到准军事化的恋爱阶段。一周约会一次，内容基本上是去公园、看电影、下馆子。我们也接吻，但必须抿紧嘴唇，这和第一次没什么两样，区别是当事人清楚了约会的性质：这是恋爱，不是闹着玩的。有一次，我们在公园玩到很迟，我搂着她，另一只手试着伸向她的胸部，她一下哭了起来。我吓得手足无措，问她：我做错了吗？她什么也不说，哭得像个孩子似的。那是一次真正的哭泣，凝聚着忧伤与悲愤。多少年后，我再次提到这个细节，问道：我不明白，你怎么哭得那么凄惨？李佳说：那一刻我自觉是把自己交出去了，我不想就这么交出去。

1982年的离别对于我和李佳意味深长。除了恋人常有的别愁相思，更多是拉开一段距离，彼此再看看。离别之于我们是一种冷静的观察与自省，又似乎是等待时间的检验——不是检验恋爱的质量，而是检验当事人的承受能力。就是说，如果这离别的几年没有风云变幻，便说明我们认可了这个恋爱再承受它的一切后果。这是一次哲学的恋爱，思辨吃掉了想象，理智取代了情感。很难想象它的一方当事人是一个年方二十的姑娘。而我不是柏拉图。我血气方刚，我需要的是情感的冲动和欲望的燃烧，我需要女人的娇嗔女人的媚眼女人的骚劲女人的身体！

一切都显得格格不入。那么，当初为什么不放弃呢？这又是离别导致的后果。离别意味着等待，等待意味着债务，债务意味着偿还，偿还意味着结婚——这真是个怪圈。我们双双陷入其中，乏味的恋爱这时却成了沉重的枷锁，锁不住肉体倒锁住了两个人的观念。我们是恋爱中人，我们自然要给对方以忠实以专一以循规蹈矩。离别让我们忽略了对方的弱点，离别也强化了重逢后的喜悦，尽管那还是抿紧嘴唇的吻，隔着毛衣的抱。如果我当初留在犁城，我还能忍受这种准军事化的恋爱吗？李佳还会觉得该嫁给我吗？离别如同水中窥月雾里看花，倒是利于我们耐心地欣赏对方了。的确，我们是在欣赏，不是在爱；欣赏是挑剔的前奏，只有爱是不顾一切的，把好的坏的看得惯的看不惯的喜欢的不喜欢的，一揽子兜过去。

我们因欣赏而结合，再因挑剔而离异。没有爱，也就失去了宽容。

这些是1982年至1984年两年间，我和李佳的情书。刚才我把它翻了出来，却没有再读它的欲望了。我相信它仍能触动我的心弦。这包东西也证明了我们对待这宗姻缘的态度，既不想珍视它又难以将它割舍，于是就随便捆捆，束之高阁。现在我想买一只漂亮的皮箱来装它，这已是离异后的第三年。我想我这辈子不会再为另一个女人写下这么多的情书了，我已疲惫，措词的重复会让我汗颜不已。这些情书还是标准的情书，倾诉的还是恋人絮语，但是内容空泛，弥补的形式是抒情的语词。

还需要指出的,我的情书有一些是不真实的,我隐瞒了我在水市期间的某些生活,但我所表达的,仍是对一个女人的爱慕。虽然,这个女人不是李佳。或者说,在某种意义上,我把李佳当作了那个女人。这是我的卑鄙,我不需要解释。在我和李佳结束婚姻法律形式的那年秋天,我曾对她坦言了这段生活。那时她用一种旁观者的标准眼光看着我,发出从容的微笑,说:你的故事很动人。

然后她又说了一句让我吃惊的话:其实你当时告诉我,我还是会嫁你的。

我问:是宽容吗?

她说:不,是无奈。

我想这不是言不由衷。无奈这个词准确地表现了她在1982年的心态。其实,无奈的岂止是她一人呢?我也是无奈的。我的无奈在于我没有能力将自己的恋人点燃,而我的欲火每刻都在焚烧。我像一个在茫茫沙漠中艰难跋涉的行者,渴望看到一片绿洲喝到一口甘泉,我差不多已被欲火烧焦⋯⋯

——1997 年 11 月 7 日

他被派到了宣传科。

宣传科当时已有五人，是最大的科。科长姓汪，年纪四十六，是部里资格最老的男人。这个人在宣传科干了八年的科长，一直提不上去，据说是脚力不够。于是这人便开始混了，每天不迟到便早退，有时上班泡了杯茶，打开半截抽屉，人影就不见了。如有人找他，都以为他没有走远。其实那时候他正在街上替家里换液化气或者戴一副墨镜逛菜市。但是这人又很坦率，第一次见面，掩上门就问新来的大学生：你是"永久牌"还是"飞鸽牌"？永久就是在这个部门干下去，飞鸽是过两年调走——你对象不是在犁城吗？人往高处走，犁城比水市好。水市连火车都没有，一个机场还同部队伙用，停不了大飞机。

他一下就觉得科长这人好亲近。至少比几个部长可亲。部长说他是新生力量，是人才，这话听起来很不真实。部长看他的神情和街上人打量空调的神情差不多，感兴趣的是又多了一个人好使唤，这个年轻的大学生据说笔头子还可以，练他两年就能拿住大材料。什么叫宣传部？宣传部就是写材料、编材料、发材料的地方。你没见到有两台打字机，三台油印机吗？（那时还没有电脑和复印机）这儿成天就是打字机"噼噼啪啪"地响，油印机"嗞嗞啦啦"地响，电话铃"丁丁铃铃"地响，这是一个噪音交响的空间，你得适应。你的办公室在这儿，进去吧。左边那张桌子那个文件柜你可以用了。

他还是有点兴奋。这个环境让他想起梅岭林场的小屋。大学四年一切都发生了变化，到现在才真的看出来了。他由农村打入了城市，由农民变成了干部，由每日挣四毛钱的工分改为每月领五十三元的工资。没有"国家农民"一说，有的只是"国家干部"。这社会本来就存在着等级之分，国家要养一批人，再让这些人去管住国家不养的人，其中一大块便是农民。农民自食其力，他们的健康形象印在人民币上，但最没有钱的是他们。所以农民意识一般表现为对钱财的斤斤计较上，因为他们最穷，必须斤斤计较才能活人。美国有"农民意识"吗？日本有吗？所以农民翻身最值得扬眉吐气了。他欣赏着室内的陈设，觉得这是个读书写作的好场所，以后每个晚上他会安静地坐在这张台子面前。但是这把椅子不舒服，最好能换一把。他忽然想起毛泽东在《湖南农民运动考察报告》里说过的一句话：痞子也可以到少奶奶的牙床上滚三滚。原来毛泽东对老太爷的高楼也没有兴趣。他不禁笑了起来。正好科长路过门口，问道：你笑什么？他说：我笑这把椅子。

安顿好天就黑了。这一批新分来的大学生暂时还没有宿舍，临时住在市委招待所。新的宿舍楼正在装修，大约两个月后交付使用。市委招待所处的位置因袭了从前的名号，叫"状元府"。究竟是否出过状元已无从查考，但这并不影响名号的漂亮与吉祥。

新分来的大学生四人合住一个单间，到他这儿只剩了三人。所长说，这张空床得留着，还会有人来，你们别往上面堆行李。他们就住下了。同屋的两人一个是他的校友，叫杨文胜，哲学系的，分在讲师团；另一个分在政法委的叫陈波，来自西南政法学院。他们年纪相仿，经历也差不多，很容易谈到一块。陈波说这两届的文科学生分得都不错，基本都在城市机关，因为国家面临着干部的青黄不接。杨文胜说这两届的人经历很特殊，素质不一般，进入社会便对过去的工农兵大学生是一个冲击。杨文胜还说在校时就知道他的名字，知道中文系某某人写了一个得奖的话剧，后来又拍成了电视。他心中得意却做谦虚地摆摆手，但说了一句实话：我上大学不过是解决了一个户口问题。陈波就有点较真，说：户口不重要，重要的是我们这些人改变了身份。中国有十亿人，干部占多少比例？这在西方就是国家公务员，旱涝保收的差事，你不能轻视这个。他给大家发烟，说：你们的专业都对口，我却不能。宣传部要我不过是写材料，可我想写的是小说。杨文胜说：那你将来到文联去。宣传部到文联只是一句话。陈波说：别别，人往下走容易。宣传部管的是一个口子，文、教、卫、体，往哪儿去都成，你先干几年再说。

那时他想，我可能干不了几年，我得调回犁城去陪李佳。

然后大家想去街上喝酒。他说不行，说我得去看一个亲戚。他找所长借了辆自行车，就奔齐叔家去了。街上华灯初上，风从江边吹过来，使这个夏夜拥有一份清凉之感。路过水果摊，他买了一些苹果和香蕉。他觉得这街上的行人都在看自己，眼光都充满着狐疑。这时，卖水果的小贩随便问道：你不是水市人吧？

他反问道：你以为我不是？

当然不是，一听口音我就知道了。

你听毛主席口音是哪儿人？

湖南嘛。

可他住北京。

小贩有些不知所措地看着他，找他钱。他想这小贩肯定以为自己是个神经病，要不就是个没事乱找茬的主，心里特别高兴。这算个什么鸡巴城市呢？连铁路都没有，公共汽车不过十来站，人却这么张狂！可是这个城市同自己又有着特殊而复杂的纠葛。他祖父曾在此发迹，外祖父在这儿跑过码头，父亲在这地方读大学，现在他又来这里工作了。他生命中曾经出现的三个女人也都在这个城市。红颜薄命的雨浓，青梅竹马的小丹，还有韦青——他不知该怎样来看待这个女人。他们已有五年没见面。韦青应该于半年前就分配了，她学的专业是高分子化学，她会在这个城市吗？没有任何消息，但是这个女人经常不期而访地光顾他的梦境，使他在梦中急不可待地把自己脱光……

他进门时，小丹正在洗头。家中就只有小丹，齐叔由于阿姨陪着去上海看病已有半月。小丹没有想到今夜他会来，小丹说你个鬼东西怎么也不来封信说一声？他说：我分回来了，在市委宣传部。小丹说好呀，进了市委就没有可愁的了，日后我们办事也多了一条路。他一边换拖鞋一边说：给我弄点吃的吧。小丹便忙起来，又问道：你要不要先洗个澡？他说：我没带洗换衣服。小丹说：穿我爸的吧。说着就先替他洗了澡盆，打好了热水。这才是回家的感觉，他想。一天里的疲惫全被水洗去了，浑身顿时轻松了许多。小丹还是小丹，你天天在这或者隔十年来一次，她都是这个样子。他想要是当初和小丹好上，那么现在就该着手筹办婚事了。他们都没有看到有这么一天，这个国家的形势没有人能够预测。他渐渐有了一些悲凉之感，想这人生有时真是无奈。

后来他们就去了江边。天上有很好的月亮，江面上生出氤氲之气，看上去像蒙上了一层薄纱。过江的最后一班轮渡正在江心行驶着，嘹亮的汽笛叫人惊心不已。他们沉默着。那一刻，他们都在想死去的雨浓。小丹像从前那样把手伸给他，轻声说：这么快，我们就长大了。

那张空床现在堆上了行李。下午，他回来赶写一份部长的讲话稿，进门就注意到这个，正寻思着，一个人影从窗边闪过。等这人提着水瓶进门，他差点喊了起来：维明！

他怎么也不会想到，这张空了一月之久的床铺是留给冯维明的！他

记得维明在信中说自己有可能去北京,在国务院的某个部委。

冯维明似乎有点沮丧,一边沏茶一边说自己的情况。他原来是想去北京,但那个部委要一名学西班牙语的不是留在部机关,而是放到本系统的一所技校。我何苦要去北京教书呢?冯维明说,再调整,余地已经不大了。我只好通过老头子在省里想办法,临时要了一个名额,到了市委办公室。

市委办公室用得着西班牙语么?他说。

冯维明说,管不了那么多了。真想搞专业,我还可以考研究生嘛!

其实专业这个概念已经很含糊了，特别是文科。

这话他听不明白。文科专业怎么就含糊了呢？他想冯维明的意思大概是想说，在机关里无专业可谈吧？这倒不错。他上班这些日子，写了一堆乱七八糟的材料。而对付这个，用科长的话来说，一个中专生的能力足够。如果当初知道会到机关干活，何苦要再读上他妈的四年大学呢？他告诉冯维明，在机关很无聊，闲得让人想吞鸦片，忙起来又让人想跳楼。冯维明递给他一支烟，说其实上大学也就是弄块好看的牌子，有时候这块牌子还挺管用，没有还不行。这个国家正在改革，明年就要落到实处，先从机构开刀，紧跟着人事制度干部制度都要发生大变化了。所以，冯维明以总结的口气说，我们这些人赶上了好势头。然后他又问：你还不是党员吧？那你得赶紧写一份申请。

他一下笑了起来，说：我倒想写一份调动申请，我女朋友在犁城，明年就毕业了。

冯维明责备道：你这个人怎么总长不大呢？你才分出来就向组织上递这种申请岂不荒唐？结果人非走不掉，反倒弄坏了影响。

他喝了口茶，说：我确实不想在机关干。

冯维明质问道：机关哪儿不好？

他说：机关哪儿都好，就是没意思。你看我写的材料，全是从中央文件、省里文件一个腔调套下来的，没有一点的想象和创造。

冯维明说这叫同中央保持一致，必须这样。你千万别在机关耍书生气耍文人气！你根本不懂得机关。

那天两人就这么理论了几句。后来他想，冯维明的这些话还是对的。机关就是机关。机关必须有机关气。你要适应文山会海，你要注意言谈举止。领导来了，你得赶快从椅子上站起来，他说什么你都得点头，他批评你哪儿做得不好你照样微笑。你不要觉得你委屈，问问冯维明，问问杨文胜陈波，他们其实一样委屈，这没什么。你要是觉得气不顺，那说明你错了，机关不会错，你得想办法调整。坐机关要的就是一股子熬劲，一股子忍劲，千万别使性子，这不是你家，是在机关。

他几乎每天都这么劝自己。他调整得不错，因为他压根没想在机关多待，只想熬过两年之后调走，到犁城重新开始一切。那时的人事政策是这么要求的，新来的大学生必须干满两年才可调动。这两年怎么说也得熬过去的。再说,人家每月出五十三块钱雇了你,就是让你干让人家满意的活儿。没有人愿意花钱来养你的兴趣和想象力。你当然也可以不干,你敢吗?这样想下来,他也就没什么不平衡了。白天的时间反正是卖出去了,八小时之后仍可以自由支配。这间办公室到了晚上就是天堂,那时他就留出一圈台灯的光亮,照出一个自由舒畅的世界来。也就在这个时期,他正式开始了小说创作。他觉得小说这种形式非常适合自己的表达,那种被称作小说家生活的生存方式充满着诱惑力。威廉·福克纳正是因为羡慕舍伍德·安德森的小说家生活才萌生写作之念的。在福克纳看来,那种"除了下午喝茶,其余时间用于写小说"的日子是最为理想的人生安排。这实在是美好的安排,他想,一个人能找点自己当家做主的事做并不容易。

他喜欢这样的气氛、这样的情调。从前那些穿长衫的先生，总是与一盏青灯为伴，一杯苦茶，一盒香烟，听着窗外的风声和檐下的雨滴，蝇头小楷行走于纸砚之间。这是他心目中标准的文人形象。他觉得走在这些老先生身后是值得骄傲的事。然而这生活又显得清冷而寂寞。每个晚上放笔之后，他就有些想念远在犁城的李佳了。他们通信很频繁，每周一封，甚至两封。但从李佳的信上看，她的情绪很不稳定。而且她所倾诉的不像是一个恋爱中的少女那种特有的情怀，倒像是一个过来人对情感的反思。李佳说：我一直为我们的性格差异担忧。李佳说：有时我问自己，这就是爱吗？李佳说：也许我就是属于那种"柏拉图主义者"，我看重的是恋人精神上的默契。李佳说：分开这么久了，我居然没有梦见过你一次，连我也感到诧异。

他为此沮丧不已。有时，他也想长痛不如短痛，与其这么不死不活地吊着还不如置之死地而后生。可是，李佳并没有做错什么。

1982年的秋天对这个男人而言是一个伤感而疲惫的季节。他在用书信的形式和一个少女的形象谈恋爱。这形象是一张平面的照片，眉清目秀却没有气息，肌肤光洁而失去温度，整个感觉就像隔着玻璃接吻或者戴着手套握手。这个男人开始变得阴郁而沉默寡言，恍惚的神思使他看上去像一个大病初愈的人。他事事显得心不在焉，烟瘾却越来越大。他时常深夜出门，喜欢独自走在这条小巷里。

水市现存的街道，只有这条巷子相对而言保持着旧时的风貌。这巷叫墨子巷，相传清末大金石家也是大书法家的邓石如，少时曾在此鬻字谋生，遗下墨迹而得其名，遂唤至今。这条古拙幽静的巷子给他带来了短暂的安宁。他喜欢注意自己被路灯拉长的身影和清脆的脚步声，喜欢看这沿街的楼阁建筑和倾斜的坡势，更喜欢看尽头江面上错落闪烁的灯火。这影像总是动人的，给了他特殊的一份安慰。

现在，他又来了。这是个微雨之夜，有风，因此雨丝在路灯的映照下像一片雾，地面异常光洁地发出黝亮。他没有打伞，只穿了件风衣。微雨落在他的脸颊和手臂上，痒丝丝的很幸福。街上的行人稀少，这儿也听不见汽车声。不远处卖馄饨的小贩有气无力地摇着拨浪鼓，使这巷子格外显得深不可测。他觉得有点饿了，就朝那馄饨摊走去。这时，从后面过来了一辆自行车，他正要躲闪，那车却停下了。然后他听见有人在喊他的名字，他回过头来，那人已撩开了雨衣的帽子。

这个人竟是韦青！

就是这样，我和韦青在那个微雨之夜于墨子巷中再次相遇了。这情形看上去像一部并不高明的好莱坞式的老片子，但我却不能忘记。我说过，我的心态确实有些老了，过去的事不断逼近眼前，越来越清晰。回忆在1997年已经成为我日常生活里一个组成部分，我来不及梳理它，我也不想去梳理它。我需要守着这份回忆，这样我就会对窗外的声音充耳不闻。在这个资讯沉重信息爆炸的时代，回忆让我宁静，心如止水。

1982年秋天我和韦青重逢，其时她已在上海工作了半年。她是回水市养病的。如果不是遇见了我，她想过完中秋节就走。这之前，她不知道我分配在水市。

为此她同父亲发生了争吵，她责怪这个从前的教育局长过于自私，不透露一点风声。即使作为朋友，我难道没有看看他的权利吗？韦青的父亲自然也很恼火，一气之下把女儿赶出了家门。于是韦青就住到了一个同学家。然而这件事给我带来了压力，一下陷入到两难的境地。当年，韦青因为父亲的教训与我分手，如今却因为我的存在同父亲反目，这似乎表示了一种加倍的补偿，而在我看来，就像获得了一笔不义之财。我的内心顿时起了慌乱，不知该以怎样的脸孔面对这个韦青了。同时，我在琢磨下一封给李佳的信将从何发端。毕竟已是时过境迁，各人的情况都发生了变化但是感觉是无法欺骗的。那个微雨之夜我们视线相遇的最初一瞬，就明白无误地向对方显示了心底的波澜——我们至今仍在深爱着对方。这是人生初始的两性挚爱，时间的流逝只能模糊它的轮廓，空间的转移也只能淡化它的表面，却使它的本质内涵更加暴露凸现，如同野火春风的狂舞！

韦青的那个同学不久便去部队探望丈夫了。那屋子就由韦青住着。据说她母亲曾几次去找女儿回来，韦青不肯，又说得替同学看好房子。其实她是在等待我的造访。而我却迟疑了。我在提醒自己迈出这一步意味着什么，我在强化对另一个女人的责任，那时我还想努力去做一个虚伪的好男人。可是这男人的信心是一捧雪垒起的，天一放晴便会眼睁睁地看着它融化掉，最终成为一摊浊水……

一个黄昏将至的下午，我正要下班，接到了韦青的电话。

她说：我做了一条鱼，太大了，想让你来帮我吃了它。

我说好，我真的好久没吃鱼了。

放下话筒，我便骑上自行车奔韦青所指示的方向而去。那是临江一幢孤立的旧楼房，暗红色的墙体现已风化，没有一面是平整的。西墙上披挂着干枯的"爬墙虎"，面目狰狞，但开着一个温情的窗口。

我想，韦青已在这窗前站立多时了。这地方距离江岸确实太近，十步开外就是混凝土的防洪墙。而我分明是一尾过江之鲫，有人可以从窗口钓我。但是，我何尝又不是一只猫呢？

然而这次见面的结果大出我的所料。韦青闭口不谈从前，话题始终扣着现在。她像一位脾气极好的大夫耐心询问患者的病状那样关心着我的近况。你对象在犁城是吗？她一定很漂亮。什么时候让她来水市玩玩，

我很想见见她。我没别的意思,只是有点好奇。

　　我有点烦了,我说:韦青,你没必要说这些。我觉得你不该和你父亲吵翻,你得搬回去!对过去的事,我一点也不怪你。

　　韦青诧异地看着我:你一直觉得我欠你的?

　　我无言以对。我的眼前飘动着一片折断的红色羽毛,这微弱的光亮竟

晚的情形每一次再现都让我魂不守舍。我和韦青默然相对,那空气是悲凉的。后来,我轻声问起她的病情,我不知她到底患了什么病,为何要放弃上海的医疗条件。韦青说:我没有病,我只想回家来看看。也许,我该走了。

说完,她去了卫生间,好久没出来。

我的眼前只剩下了一具鱼的形骸。

——1997年11月8日

石镇：1982 年 11 月

我在水市工作的那两年，每隔两周都要回石镇一趟，所以一到周末下午，石镇人会在汽车站看见我父亲瘦小的身影，推着一辆过于笨重的旧自行车。我父亲是 1979 年回石镇平反，重新安排工作的。他又去了文化馆。与此同时，与我母亲办理了复婚手续。我们这个家庭在经历十八年的风风雨雨之后终于得以完整团圆。1986 年，我在第一本小说集的出版后记上记载了这件事，我写道：父母的青春已葬在故乡的湖泊里，打捞不起了，再见已是夫妻重相顾，两鬓白如霜。

1978 年 10 月 1 日，中华人民共和国成立二十九年的这天，我由犁城乘火车去了一个叫灵桥的地方看望我的父亲。这个位于美丽的巢湖之滨的小村子是我的祖籍，而我才第一次走近它。其时政治形势正发生根本的变化，父亲在公社中学教英语，一面干着漆工。下了火车，步行四公里，我直接去了那座山坡上的学校。很快我就发现了夕阳下父亲略显佝偻的身影，他正在油漆一排新添的课桌。父亲没有想到我会来灵桥，竟有了些不自在。他说：你怎么来了？学习那么紧张。我说国庆有两天的假。

那天我穿着一套黑色的呢制服，别着大学的校徽，显得有些英姿勃发。我的到来便吸引了许多人，谁也没有料到这个还乡劳教十六年的右派会突然冒出这样一个儿子。我父亲的表情很复杂，他似乎在竭力掩饰着内心的激动，却又希望这个消息不胫而走。父亲没有领我走上大路，而是从村后的田野里绕了一圈。那时分农民们还没有收工，田埂上还插着学大寨的红旗。我们一前一后地走着，若无其事地谈笑着，农民们全都放下了手里的活，往我们这边看。我能听见他们的议论声，这情形让我自豪，迈过一道沟坎，我挽住了父亲干瘦的胳膊。

就在这间草舍，我父亲默默度过了十六个春秋。人生有几个十六年？一个人怎样去过十六年这进门一盏灯、出门一把锁的日子？到了掌灯时分，父亲点上煤油灯，我们爷儿俩下厨房做饭。这个带风箱的土灶上只

有两个碗,父亲说:我们吃鸡蛋下面吧。明天我去集上剁肉。

我在灶下,用棉花壳子当柴火,拉起了风箱。父亲在煎鸡蛋,却有些焦糊味。我问父亲:油是不是放少了?父亲迟疑地说:还少吗?那我再放一些。我突然有些鼻酸,风箱的声响如同一个肺癌患者的喘息。村口广播里正响着国庆招待会的迎宾曲,播音员高亢的腔调、诗化的语言在热情洋溢地宣传着二十九年的光辉成就。我离开土灶,进了里房,沉默地坐在父亲的床榻上。我看见桌上那块小镜子的背面,镶嵌着我母亲当年扮演七仙女的剧照。那时,母亲不过二十岁吧。"大姐常说人间好,男耕女织度光阴"——在那个煤油灯照亮的草舍之夜,这唱词让我痛楚心悸……

石镇的老人至今仍在谈论着我父亲。他们心目中的这个知识分子有着了不起的才华和仁义的心肠。他们看过他写的戏,读过他的文章,索取过他写的春联,也委托他写过状子。1979年父亲重返石镇成为一条新闻,那些日子,每天都有许多人来家里探望他。然而我的眼中看不见这些。我眼中的父亲是一个节俭得近乎小气的人,一个不肯扔掉一件旧东西的人，一个见熟人就先下自行车打招呼的人，一个可以给十岁的孩子泡盖碗茶的人。他的现状与他的传说是那样的格格不入，几乎没有一点相似之处。我感到诧异与困惑。有一次，我问母亲：二十年前父亲是这个样子吗？母亲说：要是这个样子，用枪指着我我也不会嫁他。母亲笑着，又叹了口气，不想再说什么了。

每次回来，父亲总在汽车站接我。等我走时，他又把我送上车。1982年11月，我随部长到石镇检查关于计划生育方面的工作。我们乘着一辆老式的北京吉普车，直接去了县委招待所。一下车，县委分管书记和宣传部长便迎了上来，一阵热烈的寒暄。这时，我发现父亲正推着自行车在一棵古怪的树下，便跑了过去，想把他介绍给我的部长。可是他说：你们在谈工作，我不便打岔，有空就回家看看你妈吧。部长和县里的头头注意到这边，就款款走过来。部长伸出他厚实的手，父亲竟双手接住。部长说你这孩子不错很聪明呀！父亲说让领导费心了他还年轻。父亲的脸上刻满了感激之情，好像部长是我今世的大恩人。我心里直觉得委屈，一种难忍的耻辱在折磨着我。

我和父亲的第一次冲突由此引发。当晚，我回到家里，进门便冲着父亲喊道：爸！你根本不需要用双手去握那一只手，你根本不用对他千恩万谢！如果这个国家不发生变化，宣传部会要一个右派的儿子吗？你即便对这个叫部长的人下跪，他也不会高抬贵手！

父亲被这突如其来的责问弄得发蒙，竟说不出一句话来。他蹲在边上擦着那辆单位配发的破自行车。半响，他轻声用家乡的土语说道：伢，你的八字几多硬，不可知啊！

那一夜，我彻夜未眠。这些年里我时常想起父亲，总想从他日益衰老的形象上发现一点从前的光泽。父亲已是古稀之人了，他是一部历史，一部潮湿的典籍。他曾经在石镇像陶瓷那样闪亮，而今却看不见一层釉色，岁月使它还原为泥土，与这块贫瘠的土地相融。我深爱我的父亲就像眷恋这片泥土，但是我无法对他表达我的忧思与梦想，我甚至找不到一种恰当的语言来倾诉作为人子的心声……

——1997年11月10日

水市开往石镇最后一班车的发出时间是十七点。像往常一样，机关的周末下午时间都比较松弛，用于打扫环境卫生。忙完这些，他就去赶末班车。这个周末他原本不打算回石镇。自从和韦青相遇，他就没打算另行分配周末的时间，觉得应该和她在一起，尽管那次闹得不欢而散。他有点纳闷，不明白韦青为什么闭口不提他们的过去。他也问起过韦青的个人情况，后者的回答总是闪烁其词。韦青说：我会让你知道一切的。韦青又说：其实这已经不重要了。韦青的话很实际，他想，你不是正和那个叫李佳的姑娘恋爱吗？既然一切都已成为过去，又何必旧话重提呢？可是韦青，当两个曾经相爱的人再度面对面地呼吸时，那滋味该有多苦啊！

这种纯粹的暧昧关系让他陷入新的苦恼，他担心日益复活的旧情会抵消对李佳本来就不够的激情。然而，他又渴望着旧情使自己燃烧，肉体的诱惑像蛇一样捆绑着他。每个夜晚他辗转反侧，频频的手淫弄得他浑身乏力憔悴不堪。黑暗中的呻吟如同这个秋天的一首挽歌，他甚至嗅出了空气中死亡的气息正移近自己的窗口。

他苦苦挣扎着，想获得情感的突围。这时候，通往石镇的路便会成为一条逃遁之道。不久前他从故乡搞调查回来，胃溃疡又加重了，每天伴随着酸水和疼痛。他告假一周，打算回石镇静养。他想再回水市时，韦青或许就离开了，一切都会慢慢平静下来。然后，他得找一趟公差去犁城看看李佳。再过两个月春节就来了，他想同李佳商量，这个春节来石镇见见他的父母。这意思曾在信中表达过，可是李佳没有作出确切的答复。她只说春节还早。

太阳西沉，沿街的梧桐树干上挂着微弱的橘色。他正往车站赶，忽然一辆湖蓝色的上海牌轿车在他边上停下，紧接着听见冯维明的喊声，让他快上。这车是市委组织部的，司机又是冯维明的战友，去石镇送一批学习材料。冯维明现在是市委办公室秘书科的一员，常伴书记们左右，人缘也十分好。

你最近气色很差，冯维明问道，是不是急着想去犁城？

他笑了笑：我胃不舒服，想回家住几天。

冯维明递给他一支烟，说：明天我们出去走走，我觉得你情绪有些不对头。

他觉得冯维明的语气很像一位队伍上的指导员，不过听起来很入耳。现在，他有点佩服这个男人了。这个人无论在哪儿都能把自己迅速调整到最佳状态，朝气蓬勃，而他却总是暮气沉沉。他不知这人在感情上是否也有苦恼，一块工作了这么久，他们还没有就此很深入地谈过。机关宿舍楼盖好后，他们是一层楼上的邻居，时常晚上一起聊上几句。凡涉及男女之事，冯维明往往一笑付之，或者说：天下美女如云，你爱得过来吗？他欣赏冯维明的达观态度和那种轻松劲，想这人不去纠缠儿女情长，倒也不失为幸福。

　　第二天一早，冯维明就上他家来了。那时他还躺在床上，睡意正酣。冯维明弄醒了他，说县委书记今天中午请客。就请我们两个，冯维明强调道，眉宇间透着毫不掩饰的悦色，说不清是荣誉感还是自豪感。他眨眨惺忪的眼睛，指指床头柜上的香烟，让冯维明抽，然后说：主要是请你，顺便把我带上了。冯维明一把拖起他来：别废话了，穿吧。他笑道：我说的是实话。我在石镇长了二十五年，哪一任县委书记对我这么破费过？你当然不同，你从小就和他们住一个院子，如今你又在市委书记的鞍前马后，很重要的。冯维明打断道：什么话？现在我们不是在一个大院里上班吗？他边穿衣服边说：那不一样。宣传部哪能和办公室一般齐的？我看那院子里最没劲的就是宣传部，部长都没参加常委。不过，我无所谓。

　　冯维明弹了烟灰：你还是想走？

　　他说：当然走，不走干吗？

　　冯维明说：我劝你沉住气。最近中央又来了文件，明年就全面进行机构改革了，强调学历和年龄。你最好别错过这千载难逢的机会。

　　他说：我不是这块材料。我也不想做这块材料。都去当官，谁当老百姓呢？

　　正说着，父亲进来了，让他和冯维明去吃早饭。冯维明礼貌地说已吃过了，父亲执意说再添一点。冯维明也就不再推辞。早点是煎鸡蛋下面条。父亲小心地问咸淡如何，油是否又放少了。他从父亲的眼神中看出了一种莫名的紧张，一下子觉得心头塞进了块棉絮。他跟进厨房对父亲说：爸，你歇着吧，我是你儿子，不是市委下来的干部。

　　父亲问道：中午县委书记请客？

他说：这些人，装装样子吧。要是你当右派那阵子他们给我一个包子，我都会对他们磕头的。

父亲说：过去的事，算了。

他有些吃惊地看了父亲一眼。父亲没有注意到儿子的表情，又去擦那辆旧自行车了。

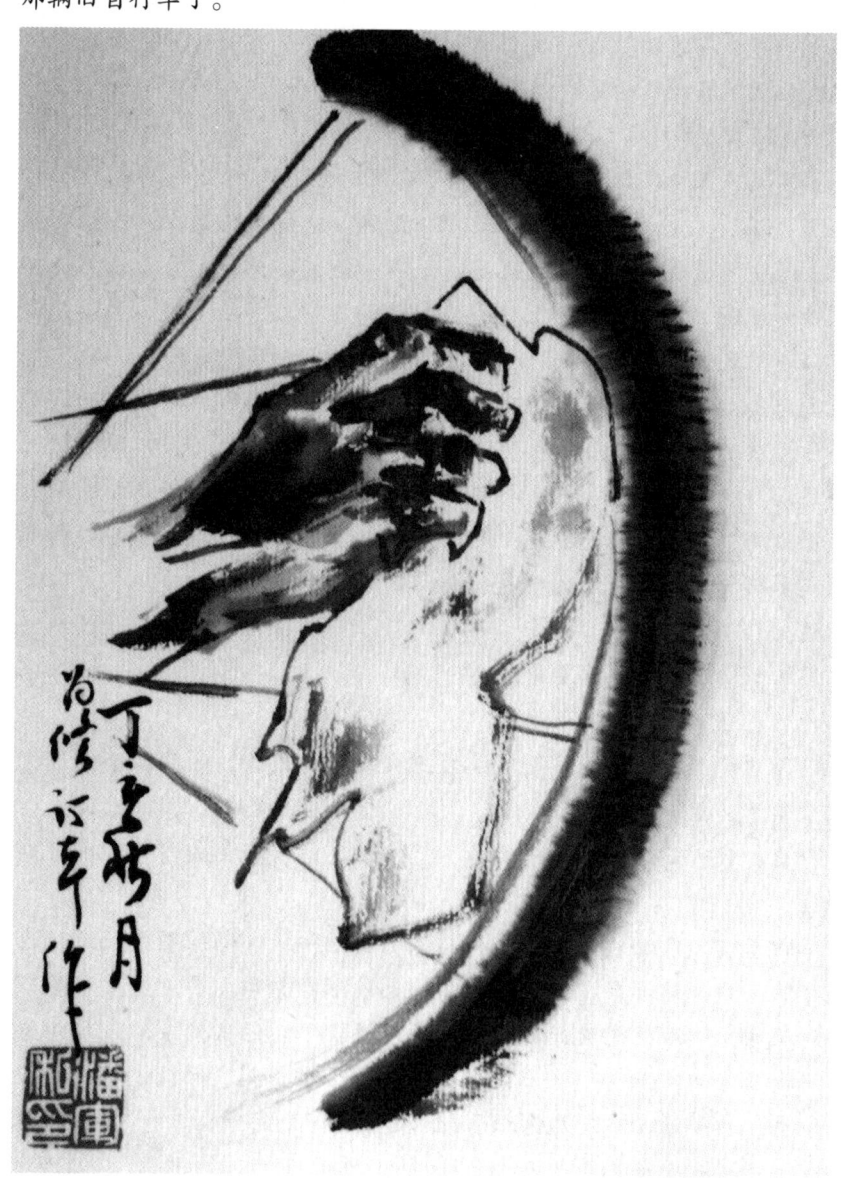

锈迹斑斑的齿轮带动着嵌满油泥的链条，父亲苍老的手缓缓地摇动着它。这声音已完全没有了金属感，倒像石头敲击着一根镂空的朽木。这声音平缓而均匀地响着，一下又一下，扎进了他的大脑皮层。多少年过去了，这声音仍时常在他梦境中回响着，越来越空洞。

　　这个星期天父亲请来了木匠，打算把家里积累的木料加工成板材。这些木料其中有一部分是外祖父退休时计划配发的，有些年头了。父母知道他和李佳的事，虽然他们没有见过李佳，但从照片上看，李佳很让他们满意。父亲问他，李佳春节会不会来石镇看看？他说：她来不来无所谓。母亲责问道：怎么叫无所谓呢？谈恋爱就好好谈，总归是要结婚的。母亲又说：你们分开已好些月份了，你该抽空去看看人家。他没吱声，去里屋躺下了。他能感觉父母困惑的目光正打在自己背上。

　　他想刚才母亲的话是一次暗示。这几次回来，他很少谈到李佳，母亲肯定为此担忧。母亲似乎窥探到他内心的隐秘，她不希望儿子在情感上出现任何波折。上辈人尝够了苦头，不能让下辈人再尝一遍。但是母亲又曾经念叨过，感情的事若处理不好，实在是比死了娘老子还伤心。他也曾问过母亲，如何叫感觉好？母亲说：我不懂你们现在年轻人知识分子的调调，我只知道这一男一女面对着，要从心里笑出来。母亲没有说错，她用最朴素的语言表达了人间最复杂的情感。从心里笑出来——他与李佳缺的不正是这个吗？所以他们的离别不是离别，重逢也不是重逢。十几年后，当他与李佳办妥离婚手续之后，他们曾有过一番长谈。他说，自从我们结婚以来，我不知出过多少次差，你却一次没送过我，也一次没迎过我，我们见面，在一起，有过"从心里笑出来"的时刻么？李佳笑了起来。李佳说：我现在就是从心里笑出来的。

　　他躺在床上，胃又有些隐隐作痛。他在想，是否应该去一趟犁城，把李佳那头拴紧一点？这也许能帮助自己闯过韦青这个关口。韦青总说想走，却至今待在水市那座长满爬墙虎的屋子里。现在这怪异的草木开始蔓延到他的心上了，斩断它，你的心难免会滴血。

　　你与韦青相见，从心里笑出来吗？你忘不掉这个韦青是你感觉到了这发自心底的笑还是在贪恋她的肉体？那次你去那间屋子，你完全可以拥抱她，吻她，和她做爱，她会拒绝吗？她是否也在苦闷中期待着你类似施暴般的举动？可是，你们却在演戏。你们在表演着绅士淑女般的矜持与清高，彻底背叛了上帝赋予你们最动人的初夜，使那个傍晚充满了晦气。他不禁长叹了一声。突然，他仿佛听见了韦青的声音，就在院子里，好像是在与母亲打招呼。他一下坐了起来。不是仿佛！韦青找上门来了！他听见母亲在外面喊他，说小韦来了，让他出来。他慌忙穿上鞋，看见韦青已随母亲进了客厅。韦青今天打扮得很雅致，脱下风衣，露出淡黄色的羊毛衫以及略显丰满的身体。韦青对他微笑道：病好点了吗？

他拢了拢头发：我没病。

然后他准备去给韦青沏茶，可是父亲已把茶沏好了，端给了韦青。他们不认识，于是他介绍道：这是我爸爸，这是韦青，以前插队和我一个公社。

韦青礼貌地对父亲欠身道：叔叔好。

父亲有点不自在，显然被这意外的礼貌给绊住了。他问起韦青的近况，韦青一一作答。韦青说自己学的专业不好，材料保护，其实就是研究油漆这类东西。父亲说：我在农村时就干过漆工，手艺还不赖。他在一旁看着，觉得父亲的情绪变得特别好，很轻松。韦青说：我对油漆这类化学物有些过敏，想改行去教书，我想去师范大学教英语。父亲笑着说：我以前也教过英语，我是正宗的英语专业，而且还是美国佬教的。

看着父亲和韦青一见如故的交谈，他觉得有一种说不出的安慰。他不想插进去，便去院子里看木匠锯木料。这时，母亲走近了他，轻声问道：你们又见面了？他感到母亲的神色有几分严峻，就解释说：韦青回水市养病，碰巧遇上了。母亲说：我看你们是同病相怜。犁城那头你打算怎么办？人家可在等你！他还想作进一步的辩解，但母亲已出门冲开水去了。

韦青从包里拿出一只相机，走过来对他说：我想在石镇、梅岭拍些照片，能陪我去吗？他点点头，说我们骑自行车吧。

他料定韦青会拍下这房子。韦青自己拍的，只有这片景物，她没有走进其中。后来，他们上了梅岭，坐在从前他们坐过的那块黑石头上。他记得有很多次，他们就坐在这儿看岭下农家的炊烟。现在，他在轻声念一首唐诗：

莫笑农家腊酒浑，
丰年待客有鸡豚。

山重水复疑无路，
柳暗花明又一村。

　　那次我们在梅岭上一直坐到黄昏，又一次见到了迷人的炊烟。前几年我写过一篇关于炊烟的散文，记录的便是这次的感受。在那篇忧伤的文章里，我这样写道：城里是见不到炊烟了，记忆中拥有炊烟的天空在山里。这炊烟织进了我最初的梦和最初的爱，每每从梦中醒来，总感到周围弥漫着悲怆的气息，爱已失踪了很久……

　　我和韦青都在回忆，但对这回忆又都缄口。也许真的是沉默是金，不言说的在于难以言说。直到太阳落山，岭上的风大起来，我才扶起韦青。我们的手一样凉。韦青说，她不打算在石镇过夜，我就送她去了公社车站。不久，由石镇开往水市的末班车便到了。在候车时，韦青问我：你什么时候结婚？快了吧，木匠都上门打家具了。我说那不过是把一棵树锯成板而已，我没考虑结婚问题。韦青说今天我好开心，谢谢你，什么时候回水市，还要劳你帮我把照片洗出来。她知道宣传部的那间暗室归我保管，我的暗房技术也不差。我告诉她，明天就回去。她说不急，让我在家多住几日。我说假期也满了，没必要小病大养。这样，我们就约好，第二天晚上八点见，她直接去那间暗室。

送走韦青，我再骑车回到家，天已完全黑了。家里在等我吃晚饭，父亲见韦青没有一块来，有点意外。他努力回忆着，总以为韦青的父亲他一定是见过的。母亲说：水市那么大，几十万人你都见过？你打右派是哪年的事？父亲说：也许见面会想起来。

很明显，父母对待韦青是截然不同的两种态度。吃过晚饭，母亲单独把我叫到里屋，严肃地说：我不干涉你的恋爱自由，但你不许脚踏两只船。即使你和李佳不成，也必须去犁城当面说清楚，对人家有个交代。我叹了口气，问道：妈，你是不是还记着以前农村插队的事？那也不能全怨韦青。母亲说：我没什么可怨的，但是从我内心来讲，不想和当官的人家结一门子亲。说着，母亲流泪了。我知道母亲是一个有骨气的女人，她鄙视权力以及与权力相关的一切。但是母亲，您怎能了解我的苦衷？我没有勇气承认我和韦青当年的暖，也没有勇气坦言我和李佳现在的冷。我只能叹息，只能听从命运的摆布。命运是无法抗拒的。

直到今天，我仍只能自言自语。或者把它看作一个故事，诉诸我的笔端。我说过，我的生命阶段里往往总有两个女人，她们磨砺着我，她们也同时在雕刻着我，情感对于我始终是一把双刃剑。多年以来我挥舞着这把剑，刺击着我的女人和我。我们的血像风一样呼啸，散发出咸味，我的生活便如同被这血风鼓起的伞，张开、坠落、再张开……

再过十几天我就年满四十岁了。四十是个可怕可叹的数字。尽管报纸上仍冠我以青年作家，但我的身心已完全是个中年甚至老年。去年的一日，我在犁城的街上碰上一个相面的术士，张口就言我能活到八十九岁。我着实吃了一惊，这个数字太大了，简直让我不敢相信。我哪有力气再活那么多的时日呢？像我这样的男人，活着其实是一种重负。而我又不能自寻短见，我不能以这种方式去推卸我对女儿的责任，免去我对父母的孝心。所以，活着也是一种义务。我当然也渴望活着，渴望热血沸腾，阴茎永远勃起，在天鹅湖里畅游几个来回。我不敢设想没有女人的生活，不敢设想疾病和阳痿。林语堂八十岁被女儿搀扶着去逛商店，竟拉着女店员的小手不肯放，竟颤抖着嘴唇说不出话热泪盈眶，我能领会这老人的心情。但我将来不会去效仿他。我会回到石镇的小楼上，一遍又一遍地回想这辈子与女人们度过的灿烂时光，然后带着这不可磨灭的印记去选择一种安详不恐怖的死亡方式。我没有欧内斯特·海明威和三岛由纪夫的勇气，选择猎枪和切腹刀，轰掉大半个脑袋或让肠子流满一地。这一天离我还有多远？

——1997 年 11 月 9 日

水市：1982年12月

第二天上午他回到单位，正赶上上班时间。科长找到他，说有份材料需要送到省里，让他立刻动身去犁城。对你是趟美差吧？科长说，公私兼顾还省盘缠，你可以住上两天。科长又说：告诉你小对象，放寒假来水市玩玩。这地方没犁城好，倒还是有几处古迹的。

他就去找了韦青，说自己马上要去犁城出差，照片只好拖几天再洗了。那时韦青还没有起床，眼睛明显地浮肿，他想她昨天回来的路上肯定流了不少泪。韦青似乎看出他的心思，就说眼肿是因为枕头低了的缘故。韦青说：你们这下可团聚了。她是叫李佳吗？他点点头，说李佳目前正在犁城郊区的税务部门实习，再过半年也就毕业了。说这话时他一直看着窗外，韦青在他身后穿衣服。韦青说：你走吧，祝你玩得开心。他心里突然有些酸楚，说：但愿吧。

车到犁城已是下午。离开数月，这个城市竟有了些亲切感。街道上的树叶全落光了，而且又经过了修剪，所以道路看上去比以前宽敞了许多。他的心绪好了起来，想尽快去见李佳。这一路上他都在想他们的事。再过半年李佳就毕业了，然后他得考虑调往这座城市，接下去就得着手筹备婚事了。这些看起来有些匆忙，有些不安，可是缓一步又似乎没有必要。人人都是这么过来的，婚姻是人人想要的结果。他想，等这个结果下来，那些理不清的烦恼便会都剪断了。所以婚姻有时也是解决问题的一种手段。他想这次就同李佳谈这个问题，如果没有意外，这个春节李佳应该来石镇一趟。这样，眼下他与韦青的故事便会成为一份安静的记忆了。韦青当然也有自己的安排，许多事都不以人的意志为转移。其实即便转移，又当如何呢？

办好公事，他就乘公共汽车去了郊区。

李佳实习的那个单位没有人，据传达室的那位半老太太说，都出去忙事了。那妇人问他是李佳什么人。他说：我是她男朋友。妇人就笑笑，没有再说什么。妇人的表情有些诡秘，她响亮地嗑着瓜子。他转身打算离开，想直接去李佳家里。这时听见那妇人说：你去电影院看看吧，别说是我讲的。

这是什么意思？他感到困惑，是指李佳上班时间偷偷去看电影吗？那电影是一部关于革命战争的老片子，值得看吗？李佳既然那么喜欢陀思妥耶夫斯基，何必如此消磨时光？他找到电影院，站到对面的一家店铺前。等一支烟抽完，电影散场了。没有多少观众，很快他就看到李佳和一个男人走在其中。他有些惊讶，想这个比自己老气的男人大概是李佳一个单位的。下台阶时李佳险些滑了一跤，那男人一下扶住了她。他们对视着笑了笑，男人对李佳说着什么，李佳的表情似乎有些迟疑，但还是与那男人走上了一条小路。

他这才感到情况不妙。联想到刚才传达室妇人最后的那句话和诡秘的神情，他意识到李佳这个下午不是在看一场电影。他没有追过去，却努力在想那个男人的脸，越想越不清晰。天已暗了，这是个不晴朗的日子，李佳和那男人还打算去哪里？他心中顿时起了慌乱，觉得有什么事可能发生了。

后来，他在街上转悠了很久。差不到快到九点的时候，他决定去李佳的家里。他想必须把下午的事搞搞清楚，悬在心里总不是个滋味。敲开门，李佳已经在屋里了，见到他还是有一种意外的喜悦。李佳说你怎么突然就来了？能住几天？他说也就两三天。他注意到桌上的菜还没有收掉，一只空碗和一双筷子，想李佳也是刚刚到家，就问：实习很忙？李佳说这些日子总是加班，突击催税款什么的，每天早出晚归。他看看李佳，没有往下接话。李佳的父母也问起他在水市的情况，他说工作倒不重，就是没意思。然后，他和李佳就去了北面的小屋，掩上门，他拥抱了她。他想吻她，但李佳说：我刚吃完饭，没漱口呢。他就觉得这拥抱很像外交礼仪形式，应该出现在人民大会堂东门外广场的光天化日之下，而不是在这间朝北的小屋里。他问李佳，毕业论文打算写什么。李佳说论税赋制度改革。接着他又谈起春节想让李佳去石镇，李佳说：我跟我爸爸说过，他不同意，说不结婚不能在男方家中过夜。

过夜又怎么了？他有点不悦，就是我们单独过夜又怎么了？

李佳也不高兴地说：这是我们家的规矩，你急什么？

他说我不急，我一点也不急，我不急是因为这不像恋爱，一点都不像。

那你说怎样才像？李佳说，见面就拥抱接吻然后未婚同居？

这时，外面响起了李佳父亲的咳嗽，接着进来倒开水。他站起身，顺势说：伯父，我该回招待所了。李佳父亲便与他握手，又吩咐女儿送一程。李佳父亲说：明天过来吃顿饭吧。

外面风刮得很紧。1982年犁城的冬天异常干燥，空气中充满着尘土味。地上已给风刮得干干净净，见不到一片枯叶。13路车站下没有人迹，给人一种特殊的孤寂感。他们走到这站下，他提起了一个话题：明天去看场电影吧。李佳说明天还得加班。他扔掉香烟说，我也很忙，也许明天得走了。李佳不解地问：不是可以住两三天吗？他说：你看来很好，我放心了。李佳沉默着，过了一会才说：我其实不好。李佳的语气突然变得沉重，而且也不再看他。

他问道：出什么事了？

她说：没有……

他说：有事最好别瞒我……我感觉到你有心事。

她叹了口气：以后信中说吧。

他扶着她：不能现在说？

李佳的眼睛湿了，有些吃力地说：我实习的那个单位，有个男人对我很好……我们很谈得来。那人没有什么才华，却很实在……

他放下手：我懂了。

李佳说：你懂了什么？我没做任何对不起你的事！

他质问道：那你哭什么？你痛苦是吗？为难是吗？你们一块看电影是不是就不痛苦了？

李佳感到意外：你监视我？

他说我犯不着干那种缺德事，但我很懂"谈得来"是什么意思。你也不存在什么对不起我，对得起你自己就行了。

车摇摇晃晃地来了，他很快上了车，连头都没有回。

翌日，他随部里那辆吉普车返回了水市。

当夜他就走进了这间暗室。红色的光线使这个狭小的空间显得温暖。（刚进来那阵子他还打开了电炉）红色在这个晚上也很动人，让他想到革命、博爱和马蒂斯。他现在觉得心情舒畅多了，手也随之热了起来。韦青的照片一张张显现而出，看上去效果还不错。这种利用一个女人去忘却另一个女人的方式属于他的独创。但他深知这方式仅仅只是一支吗啡，忘却不是件容易事。有时候，你越想忘却的东西会越记得清楚。这不奇怪，奇怪的是某种感应存在于他和李佳之间。他仔细推算过，自己在墨子巷遇见韦青和李佳在郊区邂逅那个"谈得来"的男人，几乎是同时发生的。（这糟糕的感应在以后的十几年中又多次得到了印证）或许正是这种感应，使他敢于正视眼下的一切，也使他不那么吃力地从苦恼中挣脱出来。他的心理实际上并没有倾斜，那么也就没有必要去责备李佳了。和女人相比，失衡的这一头还是自己。你敢对李佳坦言在水市发生的故事吗？你敢承认你身边也有一位至少是谈得来的女人吗？

现在你考虑的是如何进一步地了断和李佳的关系。你已经对后者做出了姿态，比如说"连头都不回"。但你是否意识到，李佳可能是故意挑起这个话题的，不过是递给你一个台阶，然后跟在你身后与你一块下来。你们都已被这宗莫名其妙的恋爱拖垮了，筋疲力尽，也确实到了该了结的时候。接下来，你们会不再通信。天各一方会省去许多不必要的麻烦。所以真想了断不是一件难事。

他把韦青的照片从水中捞起来，放到烘干机上。然后他点上香烟，想怎样去给李佳写这最后一封信。口气一定得平和，要有一副大度从容，要表示事出有因的理解，还要多少拿着点，算是好聚好散吧。他想这封信还得尽快写，要是李佳的信先到，问题就复杂了。比如说李佳来一番道歉，怎么办？你不理睬便是小肚鸡肠，便是小男人——这是否又夺去了你的尊严？

这时有人敲门。他以为是科长，便将韦青的照片用废报纸盖上。等打开门，他意外地看到来人就是韦青！

你怎么知道我回来了？他一边掩门一边说。

韦青解下围巾，脱下呢外套，说：下午我逛书店，看见你坐在小车上。怎么了？

什么怎么了？

我是说怎么这么快就回来了？

事办完了嘛。

和李佳吵架了？

没有……她实习，下去催税了。

不对。

怎么不对？

你喊什么？

他没再言语，把烘干的照片一张张拿出来，然后用裁刀将照片的边框切齐。

他一刀一刀地切着，十分利索，发出的声响很有力量。这真是把好刀。当他切"梅岭小屋"这张风光照时，他的速度一下放慢了。这张照片他放大了两张。他慢慢切出一张，用图钉按到墙上。

这是我的，他轻声叹道。等他回过头，发现韦青已是满脸泪水。他将韦青紧紧抱住，用嘴去吻这不断涌出的泪。他们接吻，韦青咬住他的舌头，他的手双双探向韦青的衣服下面，探向那双微微颤动的乳房，紧握着。然后他坐到椅子上，让韦青触摸自己坚硬的下体。他听见韦青呓语般地呻吟着，说我要我要，他将风衣垫到地上，再把韦青放倒……

疯狂的做爱使他像箭一样从弦上发射出去。他睡在韦青身上，不想再动了。过了一会，他听见韦青对着他耳边说：去我那儿吧。我先走。

他问道：为什么不能一块走？

韦青说：这毕竟是在机关院子里，熟人多。

韦青走后，他还躺在地上。做爱的余味还没有散尽。他想这才是一个人的活法，居然挺过了这么些年。他又想，今天这行为迟早都要发生，李佳的事不过是心理上的一种借口吧。现在他不会内疚了，他已经决定与李佳了断，况且韦青七年前就是他的女人，现在不过是重新把她接回来。他想韦青之所以从家里搬出来另觅住处，就是在等这个结果。

骑车去韦青那儿的路上，他感觉自己像飞。

韦青已把床铺好，并排放着一对枕头。屋内只开着一盏台灯，橙色的光效神秘而温馨。他们一块洗了脚，韦青的脚喜欢压在他的脚背上，并不时用趾甲挠他的小腿。他们对视着，他觉得女人真是个怪物，做爱之后变得明显地动人。他替韦青揩好脚，把她抱到床上。等他收拾好，韦青已把自己脱得只剩下一副胸罩和一条内裤——这是留给他的活。于是，他先脱光了自己，再仔细伺候床上的韦青。他蹲在床上，欣赏着女人的身体，一只手始终放在女人下部。很快，女人潮了，他又硬了。

这次是平静地进行。他故意放慢抽送动作，想咀嚼这久违的肉体之欢。韦青说：你很棒。你真的很棒。他说：我每天得这样。韦青灿烂地笑着，突然翻到他上面，坐在他身上快速地动起来，嘴里喊着关灯关灯！他腾出一只手伸向台灯，觉得韦青的五官像撕碎了一样。黑暗中，女人的呻吟声越来越大了。

大约是我从犁城回来的第三天头上，我郑重地给李佳写了一封信。和在暗室里井井有条的考虑不一样，我完全撇开了她对我所说的那件事，竭力倾诉的是我对这场恋爱的总结。我说我早就察觉到这不是恋爱，我的激情已经在煎熬中全部耗尽，余下的不过是一缕思念，而人是不能靠思念来维系爱情的。我说我现在真正懂得了什么叫不合适，既然如此，再作苦苦厮守就没有任何价值了。大意就是这些。奇怪的是这封写起来冷静理智的信，再读一遍竟有些忧伤。几年前火车上的那一幕一次次地闪过我的眼前。

我与韦青的关系倒是正常发展了。可不知为什么，我总觉得这种关系带有偷情色彩，秘密的，不想惊动任何人。从我这方面看，压力主要来自两个方面。其一是李佳，我还是感到自己的行为是就汤下面的背叛，可耻的自责挥之不去。另一方面来自我母亲。她总记着当初插队时的事，认为我和韦青不是一种人。1982年我们家庭已不再被社会歧视，但我母亲仍不断受到过去那漫长的阴影的困扰。万一母亲执意不允，我又该当如何？再从韦青那方面看，她似乎挣脱了家庭的束缚，然而对这种偷情式的同居也没有异议，她怕什么？是怕过分刺伤她的父亲吗？那位保养很好的从前的教育局长经常来宣传部开会，我们见面时并没有想象中的那种难堪。我觉得应该同她谈谈才是，毕竟我们分开了好几年。

有一天，是个星期日的下午，我们去江边的临江寺吃豆腐宴，顺便爬一下寺内的七层宝塔。吃饭的时候我问韦青，打算什么时候回上海？她说她请了三个月的病假，原想安心复习考研究生，改变一下工作环境，现在她在犹豫。然后她就问我，和李佳到底怎么样了。我还是说不合适，彼此都拖累了，不如卸下包袱轻松一下。她问这包袱真能卸了吗？我说我给李佳写了信，这么久了还未见回，也许就不回了，就这么算了吧。韦青感叹道：人的感情是复杂的，此一时彼一时，女人就更复杂。李佳不回信不等于放弃。我说她已经放弃了，在犁城身边有"谈得来"的男人。我看见他们快乐地从电影院出来，然后又去散步，或者去一个什么地方。

韦青抬起眼看我：就为这？

我反问道：这还不够是吗？你是不是非要我亲眼看见他们从床上下来？

韦青说：如果真和男人上床了，你能原谅吗？

我说不能，绝对不能。

韦青就没有再说什么。

临江寺内的这座塔建于清嘉庆四年,名目是镇水。塔建得完美,其工本足以筑一道牢固的江堤。但是我们这个民族自古以来就是崇尚精神的民族,塔便是钱财码起的象征,它镇不住水但镇定了人心。1995 年我去杭州,在西湖之畔的人造景观"塔林"里觅见了水市的这座优美的塔,自然想到那个遥远的星期日下午。韦青忧郁的面容久久现在我的眼前,尽管那次伴我游湖的是另一个可爱的女人。那时我想,我和韦青的悲剧就是从这个下午开始的,从而铸成我这一生的大错!

分手的时候韦青告诉我她有些不舒服,让我晚上别过去了。我以为女人到了行经期,就点点头。韦青的气色很难看,最后几乎连路也走不动了。我用自行车驮着她,后来又将她背上楼。我建议她去看医生,她摇摇头说:我只是感到倦,没事的。第二天,我原想去看她,结果部长让我随他出差,说走就走。我来不及去和韦青打招呼,便匆匆给她发了封短信,告诉她我三天就回来,叮嘱她好好休息。谁知这一去就是一周,等我返回水市,正赶上圣诞节。

1982 年水市还没赶上过这洋节的时髦,人们谈论的话题是天气预报说近两日会有雪降。天色看上去的确如此,云层压得很低,水市仿佛是在干燥与喘息之中生存。我刚进办公室沏上一杯茶,韦青的电话就来了。这之前她先后来过三次电话,询问我出差是否回来了。电话里的韦青声音喜悦中掺有几分凄凉,她说你总算回来了,今天正好是圣诞节,她马上去买菜。我说我这就过去,挂了电话。

我骑车沿江边的那条路过去,快接近韦青那座楼时,迎面驶来了一辆殡葬车。死者是个中年男子,照片看上去很健康的。车上摆满了花圈,亲属的哭喊声和鸣放的鞭炮声混杂一块,让人心悸不已。我想死去的男人一定住在那幢旧楼上,也一定死于非命,这让我很不舒服。到了楼边,正好与买菜回来的韦青相遇。我们都穿着黑呢外套,似乎赶来给那死者送葬的。韦青说,我出差的那天,楼下的这个男人惨遭车祸,那几天楼道上塞满了花圈。韦青说:我好害怕。我便握住了她的手,说:现在你不用怕了。我们上楼,在楼梯上发现了一朵白纸花。

现在看来,这朵白色纸花是某种隐喻。我对颜色历来很敏感,有着许多可能是牵强附会的诠释。人的身体如果打开,是色彩斑斓的。头发和瞳孔是纯正的黑色,血液和心脏是标准的红色,胆汁是绿的,经络是蓝的,肝脏的表面是棕红,切开则是粉红,这类似平静与兴奋状态中的阴唇。粉红的还有牙床,健康的舌苔以及处女的乳头。中国人的皮肤是浅浅的黄色,真正的黄属于体内的黄疸。骨头白得无光无泽,精液白得闪耀灿烂,乳汁白得接近透明……

但我无法知道人的情感是什么颜色。

——1997年11月12日

韦青熄灭了全部的灯,点上一屋子的蜡烛。在这个冬夜,水市没有哪间屋子有这种温馨浪漫的情调。卡式收录机里低放着一首古典的钢琴曲,那张"梅岭小屋"已被镶嵌在精致的镜框里。韦青买了牛排和三明治,又自己拌了蔬菜沙拉和水果布丁。他带了瓶干红葡萄酒,现在斟到了高脚酒杯里。既然过洋节,似乎就该吃西餐。这些看上去有些做作,但是也对日常生活做了调节,所以他还是很喜欢。吃有时就是一个气氛,不过别把节奏放得过于缓慢。这是冬天的晚上,一个男人和一个女人最好的位置是被窝里。他吃得很快,酒倒没怎么喝。韦青却相反,一直是在喝酒。于是他提醒道:别喝那么多,这酒有后劲。韦青说没事,喝酒暖和。他觉得今夜的韦青有些反常,神情恍惚,好像没喝酒就有了几分醉了。他拿开杯子,说:我看够了,韦青。

韦青轻声问道:够了吗?

他迟疑地问道:你想什么呢?

韦青抿了抿嘴说:我在想台阶上那朵白纸花……很怪……什么意思?

他笑了笑:别瞎琢磨,咱们睡吧。

韦青说:今夜我想你多陪我坐一会。

他站起来说:你还想守岁吗?我可是想到床上去守你。

说着他去了卫生间。这时他开始想,韦青一定是有什么心事。是什么呢?结婚?现在谈结婚不现实,至少先得让双方的父母沟通一下,把从前有的那些不愉快的事抹抹平吧?这种基础工作做起来并不困难,父母毕竟是父母,可是韦青怎么显得如此心重呢?他回到小客厅,看见韦青还保持着原来的姿势,两只手平放在小方桌上。他突然发现烛光下的这双手特别优美，就拿起了一根蜡烛……

　　红玉般的烛泪一点一点滴到十枚指甲上，这应该是世界上最漂亮也最动人的蔻丹。这双手经过他的创造成为一帧作品。他激动地把这双手举起来，就像捧着一位大师的经典之作，他感叹道：真美！

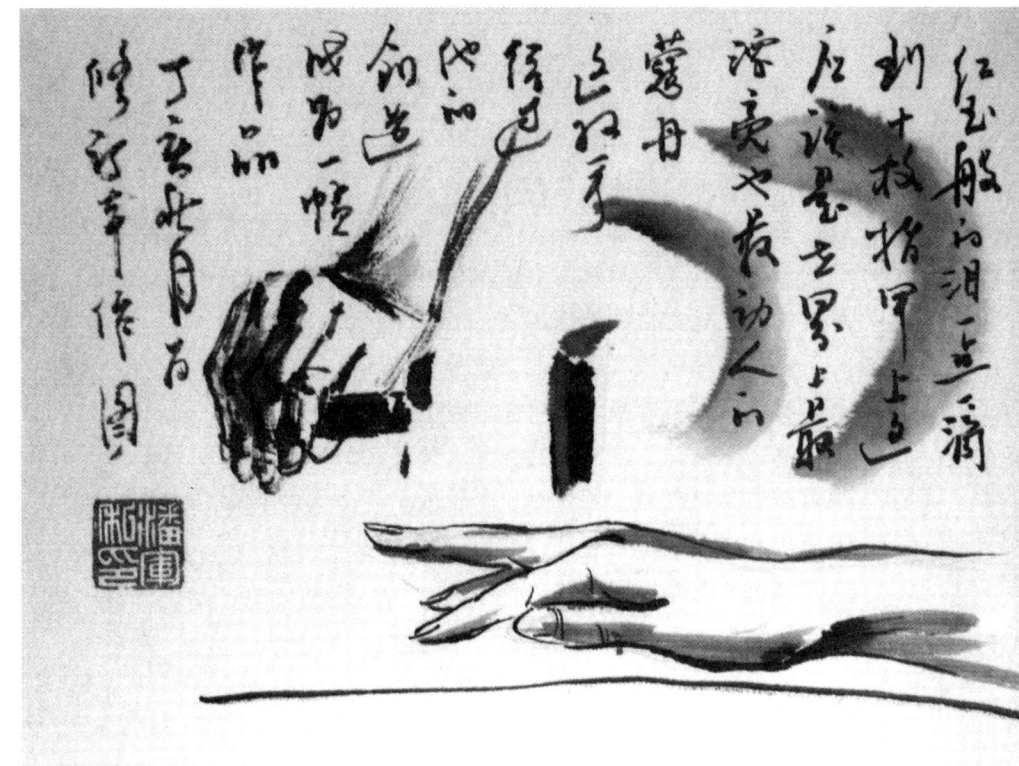

　　韦青问：喜欢吗？

　　他说：喜欢……

　　韦青说：你要真喜欢，我敢一刀剁下来送给你！

　　他吃了一惊，想韦青现在是真的醉了。

　　韦青说：你信吗？

　　他搂住韦青，说：我信……

　　韦青慢慢推开他：你坐下，我有话说。

　　他们又恢复到面对面的关系。韦青从他烟盒里拿出一支烟，就着蜡烛点上。这很让他不舒服，他从来就讨厌年轻女人吸烟，有一种风尘感。

他说：你最好把烟掐了。

韦青看了他一眼：你看不惯？

他说：对。

韦青又问：你还看不惯什么？

他越发生气了：韦青，你醉了！

韦青又吸了口烟：我没醉……我想知道你还看不惯什么。我这几天都在想我们的事。我没想到这次回来会撞上你，更没想过还会和你睡到一张床上，这都是天意……

他打断道：你到底想说什么？

韦青说：你别急，我会把一切说清楚。你还记得那天在临江寺我问你的话吗？我说如果她真和男人上床了，你能原谅吗？你说不能。你说绝对不能。我想你没讲假话。

他厌烦地说：怎么又扯上这事了？这与我们有什么关系？

有关系，韦青掐灭香烟说，那个"她"不是李佳，是我。

他一下怔住了，直视着韦青。他更为惊讶的是面前这张姣好的脸上显示着高贵的平静。韦青的目光停滞在那十枚指甲上。死寂的片刻之后，韦青接着说：

那个人是我同班同学，人不坏，在我生病期间一直照顾我。如果这回不遇见你，我可能会嫁给他……

他霍地站起来：你约我来就为说这个？

韦青淡淡一笑：这些我本可以不告诉你……

他冷笑道：可你还是告诉我了。

韦青这才看着他说：现在我觉得，告诉是必要的了。我想你可以走了。

他沉默着靠住墙。他的身影由于多处的光源而分裂出一组，涂满了两面墙壁。他感到痛苦此刻正从指尖开始游遍全身，很想跑到旷野里去嘶喊一通。在他的眼前，韦青已在用小勺子慢慢清除指甲上的"蔻丹"，每刮一下都让他心痛。他低声说：别刮它。

但是韦青没有住手。

1982年的圣诞之夜已随风而逝。十五年后的今天我再次从记忆中将它打捞上来，心情仍是那么沉重。那个夜晚实际上宣告了我作为一个男人的彻底失败。我最终还是离开了那个盛满烛光的屋子。韦青说，她想一个人躺会儿。韦青说每个人都不能做勉为其难的事，该在哪一步适可而止，大家都好好想想。其实那时她就已经想好了，没有想好的是我。

我从那幢旧楼走出来，外面正下着雪。这是人们期待已久的初雪，可在我眼中却变成了白的花絮。一种祭奠的意味强烈地感染着我。

那一夜我并没有走开。我站在远处的一处屋檐下，注视着韦青窗口的烛光。我想等到它们全部灭去才离开。烛光一直在燃烧，熄灭时天已大亮，而我差不多成了个雪人。那个夜晚我被沮丧和痛苦团团围住，又感到前程惘然，不知如何同韦青去走以后的路。走在街上，我打量着每一个过往的年轻男子，仿佛觉得他们都有可能是和韦青上床的那位。地上的雪很薄，已经被早上的行人和汽车碾得破烂不堪，枝头挂着的也纷纷扬扬地下落。这是个不冷的冬天，呈现的形象和散发的气息都让你感到可疑。这是个虚伪的冬天。

也就在这天上午，我收到了李佳的信。当科长把那封沉甸甸的信交到我手上时，我显得迟疑不决。我把信放到抽屉里，仍在忙工作上的事。那时机关天天都在谈机构改革和人事变动，说谁有可能直接进市委班子，谁又会提拔到省里，而这些人都有文凭，看来中央这回是动真格的了，没有文凭的全部一刀切。我对这些毫无兴趣。我从科长身上看到了我的未来。很多年后，我在南方意外地碰见这个老机关——当时他刚刚退休，为一家服装公司组织货源。我请他喝早茶，同时把新出版的一部长篇小说送给他。他很高兴，夸我混得不错，说我不走机关这条路非常英明。我说这还得感谢你呢！你是我的一面镜子，就像托尔斯泰是俄国革命的一面镜子。他哈哈大笑，说这话是列宁说的。他说列宁的遗体还陈放在红场，据报上讲有位科学家想从遗体皮肤上提取细胞，想克隆出另一个列宁，吓得老百姓上街打标语游行。这个世纪真可谓风云莫测。

然而在那个冬天的上午，我感到惆怅而迷惘。我原想在水市机关混过两年就往犁城调动，现在已不现实了。犁城本身不构成任何对我的吸引力。那么，继续在水市干下去，这种状态就得有相应的调整。我得向我的朋友冯维明学习才行，否则我便无立锥之地，我非但一时去不了文联，而且会死死地压在机关最底层，尽管我有文凭。我深信文凭只是一种摆设，想弄一张文凭很简单，比如后来就出现了名目繁多的培训班，泡上几个月，一张"相当于大学"的文凭就到手了。文凭对我这种人永远是一张废纸。而对另一种人，文凭就成了官场跑道上的一支兴奋剂。

来自事业和情感两方面的压力让我身心交瘁。晚上，我躺在床上看李佳的信，她写了八张纸。但是信中并未提及上回见面所说的那件事，却用很大的篇幅在讨论已经过时的"潘晓话题"。她说自己很快就要走向社会了，感到惶恐而不知所措。同时她又诉说了我不在身边的诸多不便，比如说论文的润色、分配的选择甚至"感到穿衣也缺了面镜子"。她几乎没有触及到我信中任何的一个话题。但她写道："我总觉得恋爱与婚姻的方式不同，有些事应该留给婚姻生活。"我惊讶于这种表达，因为它既是对冷漠的辩言又暗示了她守身如玉，让我彻底放心。那一年，李佳才十九岁！我想她真有可能成为一名才女。

我也悟出了一层意思，李佳写这封信并不是想和我现在了断。她以通信的方式占有着暂时不想舍弃的恋爱。我最初的满腔热情使她有理由相信，这个男人犹如一只风筝，无论飞到哪儿，线都会掌握在她手中，除非她想撒手。

忽然有人敲门。我下床去把门打开，来人竟是韦青父亲！我一时局促，请他进屋。他说时间很晚了，就从口袋里拿出一封信交给我。然后他说：韦青走了。

走了？我大为吃惊：几时走了？

韦青父亲说：下午五点的轮船，她母亲陪她一块走的。

我没有再说。

教育局长此刻保养很好的脸上也流露出一点歉意，说：她不让我把信早些交给你。

然后他就持重地离开了。我拆开信，那上面就写着一句话：

　　一个人的时候，过去与你相伴。

我潮湿的眼前浮现的是暮色中的长江，一艘轮船正顺流而下……

我仿佛看见韦青穿着那件黑色的呢外套站在船舷甲板上，茫然注视着江边越来越远的宝塔。这忧伤的情形让我想起多年前雨浓留给我的最后一幕。我其实早已在心中把她们叠到了一起。我爱她们！这些年我与她们在记忆中厮守,在梦境里团圆,可无论怎样,我都难以抚平心中的伤口与鞭痕。我在情感上其实是一个乞丐,而且债台高筑……

——1997 年 11 月 15 日

犁城：1984 年 11 月

转眼工夫，春节又到了。记忆中的这个春节清冷而无聊。直到除夕这天的下午他才回石镇，其时街市上已安静下来。家家户户都在准备年夜饭，孩童们提前燃放着鞭炮，剧团的新剧目完成了最后的彩排，将于大年初一公演。这是父亲重返石镇后写的第一部戏，是根据传统剧目改编的，是一出悲剧。似乎不合时宜，石镇历史上每年的初一到十五，舞台上演出的都是忧伤沉痛的戏文。很多年后，北京人模仿港台开始炮制所谓"贺岁片"，拙劣的搞笑使都市百姓乐不可支，他便想到故乡石镇业已成为灰烬的舞台。但他困惑，石镇人为何在吉祥喜庆之日去选择悲伤？

那天，水市开往石镇的班车最后只剩了他一个人。下了车，他很快发现了推自行车的父亲。你没去犁城？父亲这样问道，我以为你去看李佳了。他没吱声，把随身的行李放到车上。一路上他都在想，今年春节是决意不去犁城了。这个举动分明是做给李佳看的。也许，这便是最后的了断。他觉得自己这一年里感情上经历了太多的疲惫。徘徊在两个女人之间，现在又同时将她们失去，倒也拥有了一份难得的清静。那种迟疑不决、优柔寡断的情绪不能滞留在心中，这会弄乱一切的。现在他将另起炉灶，去寻求一个新的开端。水市不是久留之地。这块阴性的水土孕育不出阳刚之气。他觉得自己该走得远一点。往北走。但具体怎么个走法，他脑中一片空白。他只是想离开，想走。

父母已看出儿子的心思，却又不便多问。1983年的春节就这么平平淡淡地过去了。年初二，冯维明想邀他一同去给几位新老县委书记拜年，他拒绝了。他说我并不认识他们。冯维明说，毕竟是家乡的父母官，有一个礼节问题，再说上回人家还请了我们。他说我还是不想去，我不知道和他们在一起能说些什么。冯维明有些不悦，说：你这人太傲慢了。他反问道：我傲慢吗？我或许真有那么一点傲慢，因为我父亲已变得太谦虚了。

这是一次不愉快的谈话。冯维明走后，他的情绪变得恶劣。一个学西班牙语的如今居然从容地做着市委办公室的秘书工作，不仅没有烦恼，还干得颇有兴致，怎么看都是一件不可思议的事。这个人现在瞄准了另外的标靶。（你的枪法历来很过硬几乎弹无虚发一枪命中目标的要害部位可是维明你这么瞄着难道就一点不觉得累吗？）在市委大院，同时分来的大学生中，冯维明口碑甚好，据说他有望成为"第三梯队"的一员。春节一过，水市的机构改革将全面铺开，冯维明完全有可能进入到更好的位置，然而这些果真有意思吗？一个人的一生可以干出许多让人惊讶或者羡慕的事，但未必件件都有意思。他觉得这个"有意思"很重要。至少对他是重要的。他想跳来跳去，就是奔这"有意思"去的。眼下的问题是，这下一步该怎么迈？借助调动这个想法不现实，几乎行不通。余下便只有一条路可走，就是考研。可是再读上两年书又有意思吗？上大学解决了一个户口问题；考研要解决的问题是调动。很多年后，当社会发展到可以揣一张身份证随便跑的今天时，他才觉得自己当初的顾虑是多么幼稚。他把大部分的精力用于解决实际生活中一个又一个的问题，其过程便成了今生最大的乏味。

然而在这一天，一件意想不到的事发生了。他刚刚吃完午饭，想到里屋看几页卡夫卡，就听见门外响起了一个熟悉的声音：是这儿吗？然后他就见到了李佳风尘仆仆的身影,正向引路人道谢。

他十分诧异:你怎么来了?

李佳微笑道:我来拜年。

说着就把手里的礼品递给他,随他进了屋,这时父母和外婆全都迎了上来。父亲说:小佳你该来个电话我好去车站接你呀。李佳说,犁城到石镇是直达的汽车,石镇地方不会很大,找上门应该很方便。结果我一下车就碰上了这周围的人,多么顺利!李佳这样说着,一边大方地看着门口围观的孩子,把糖果分发给他们。孩子们哄起来:结婚!结婚!新娘子来了!

他不禁笑了一下,把李佳带到了里屋。掩上门,他帮李佳脱去呢外套,这个瞬间让他感到很温暖。李佳的脸上也流露出一种幸福感,这是三年的恋爱中从未有过的感觉。他一边沏茶一边打量着李佳的侧面,然后说了一句:石镇下午可没有车去犁城的。

他的意思是在质问:你爸爸不是不允许女儿在男方家里过夜吗?

李佳看了他一眼:我想在这儿住三宿,然后你送我回去。可以吗?

你决定了?

我决定了。

1983年春节李佳确实是自行决定来石镇的。她向父亲郑重地提出了这个要求,并已做好这样的准备:如果父亲不同意,她也将擅自行动。情况比她预计得要好,她父亲没有多说什么,只提醒女儿要入乡随俗。这次行动的目的很明确,她不想使这场三年之久的恋爱流产,决心把它从危险的边缘挽回。她轻易地就做到了。

这些年我总在想我和李佳之间的关系。我不得不承认李佳的某些能力在我之上。她十九岁时就可以控制一个年长她五岁的男人。这个男人的全部性格弱点尽在其掌握之中。她可以爱他,也可以冷落他;她可以需要他拥有他,也可以同他拉开距离或者暂时将他遗忘。甚至在婚姻解除三年之后,她的言行仍能有效地去影响这个男人,以至他不能轻松自如地去面对下一步的情感选择。

但她最为致命的错误也正在于此。她在爱情生活以及由此导致的婚姻生活中引入了实用主义原则,总是在危在旦夕之际做出最后的努力。她也过分相信了这个男人的承受能力。这个人毕竟不是田里的一棵禾苗，一瓢水终归是救不活的。她为此辛劳了十余年，也为此付出了最为昂贵的代价。她犯了毛泽东同样的错误，以为别人能够按照他的意志去改造思想乃至改造世界观。但她又的确能暂时扭转颓局，这不能不说是一种能力。

我们又一次扣到了一起。既然人已经来了，再言其他都显得多余。最要命的是，我一想到在水市与韦青的相处，就觉得对李佳很歉疚。这种莫名其妙的心理让我在那个时期脾气格外地好了起来，就像一个欠债人路过债主门前那般小心翼翼。我的思路重新返回到原先设定的轨道，那就是尽快调往犁城，调到李佳身边，从而从根本上改变了我和李佳的一生。

有很多次，我问李佳，当初她那么果决地去石镇将我抓回，是基于怎样的考虑。她说：我只是觉得你不该属于别人，但我来不及去考虑这个男人究竟是否适合我。这话真让我啼笑皆非。我说，你的行动类似抢购某种商品，你不过是想抢先占有它，至少满足了欲望。李佳说，如果我同你分手，再去同别人接触，情形又会怎样呢？

1984年10月，我调到了犁城，在省委下属的一个政策研究机构供职。这次调动出人意料地顺利，前后只用了半个月。我因一篇反映老区人民疾苦的调查报告引起了有关领导人的特别重视，由组织部门出面办妥了调动手续。在那篇充满忧愤之情的文字中，我列举了穷困山区原始的经济形态导致的诸如近亲联姻的种种恶果，提出了教育的必要性，认为这是根本的扶贫。调查报告后来印成省委的一份内参分送到有关部门，不久，有人便来水市看我的档案了。

这一年，我的生活中还有另一件重要的事。我被邀请去北京出席一个著名的笔会，似乎表明了我在文学创作上的崭露头角。那也是在秋天，我住在西山的宾馆里，窗外是层林尽染的红叶。我心情舒畅地给李佳写信——她刚刚分配到犁城的审计局。在这封信中，我第一次郑重地提到了结婚。我眼下就只剩结婚这一档子事了，我还会想什么需要什么？1984年我的运气很好。我离开水市时，曾想把一张贴花储蓄的折子转给机关的会计。我说我马上要走了不便寄钱到水市来贴花，希望他帮助处理一下。但这个人很不好通融，说机关账上没有钱，他本人也不想要。我便不多说了。这天晚上，我在办公室收拾书籍报刊，无意中看见了省报公布的贴花储蓄号码——一等奖的号码居然是我的！我不过贴花六十元，中奖却得了三百。这事我总觉得特别怪。

　　就要走了。离开水市的前一天，小丹陪我去看了雨浓的墓。日子竟过得这么快，算起来，雨浓已长眠了八年。我们在墓地呆到日落时分，摘回了一朵白菊。晚上，小丹在我宿舍里帮着收拾，除了被子，所有的东西都整理好了。这时小丹说，我有点冷。我便想给她找件衣服。小丹说：算了，别再开箱子了，我上床躺一会。我突然感到小丹今夜的情绪有些异样，以为她同那个苏建设闹了别扭。我坐到床沿上，想提起话题。但是小丹说：你也上床吧。

　　我略有迟疑，但并不感到紧张。我简单地脱了外衣，上床，小丹就随便地躺到我怀里，握着我的一只手。小丹说：我真不想你走，可我也从来没想过要嫁给你，怪不怪？我说这的确有点怪。我说我倒是动过要娶你的念头的。小丹说，我觉得这样也挺好，你以为呢？她的手伸到我内衣下面，我便将灯关了。然后我们脱尽了衣服，开始了亲吻和爱抚。这些做起来都那么平静，只是心跳快了。小丹说：我们认识了二十几年，不在一起总觉得有点儿亏。她被自己这句话弄笑了。她又说：你不会觉得是乱伦吧？我说：我感觉是对老夫妻。做爱之前，我突然问道：你是处女吗？小丹说怎么问这个？我说如果是，我就算了，不碰你。小丹轻轻在我肩上咬了一口，身体贴紧了我。

　　水市对于我有着太多的回忆。这座至今不发达的城市却屡屡成为我梦中的海市蜃楼。

　　我的离开自然不能算作错误，但无疑是生命的损失。这些年我走南闯北，曾在不少著名的城市蛰居过，但没有一座能够像水市这样给予我激情和想象。我生命的光泽全被现代都市大厦的阴影所遮盖，喧嚣夺去了我内心最后的宁静。这些城市向我提供格式一样的标准房间，向我提供内容重复的服务，我完全成了一个住标准间的男人。在那个拥有电视电话热水洗澡的十五平米的空间里，我最想看到的是我的书房。在那些年轻服务生热情礼貌的脸上，我捕捉不到亲人的表情。我在照度总是不够的台灯下看着当天的城市晚报，没有一条新闻让我相信，给我亲切感。我的空间里缺少生命的气息。这样的时刻，我便思念起水市和故乡石镇，那情绪确实可以称得上魂牵梦绕。1984年秋天我的离开，实际意味着我断了这条返乡之路。虽然每年的春节我还会回来，但这只是一种形式。

当一个游子成为故土的匆匆过客,那种忧伤是难以描摹的。或许因为这个,我羡慕威廉·福克纳。

——1997 年 11 月 17 日

又下雨了。雨是从昨天后半夜开始落的。雨其实下在今天凌晨,人们习惯把这段时间看作昨天晚上,因为光的缘故,人们还无法接受黑暗中的凌晨。

落雨时分,他正在招待所里读一本萨特的著作。译者艰涩的语言使这本名气很大的书索然无味。几次他都想把它扔了,但他又睡不着。调到犁城已有一个多月,他还是不习惯。大机关似乎一切都很正规,安静得像一座医院。但从每个办公室的格局看,它又像个裁缝铺。这儿的每张桌子都整齐地放着,靠近窗口的肯定就是处长。他是新来的,因此他的桌子离门最近。这个处人不多,六个人中却有三个处长。这个处所做的工作也还是写材料、印材料、发材料。除此之外,还得编一个叫做

《政策研究》的小册子，每天都忙得不可开交。和水市宣传部相比，这个单位唯一的优势是每月给大家提供一捆卫生纸的福利。在水市，因为那位科长在混，所以科里的几个人也比较散漫，而散漫总是和自由连在一块的。现在情况变了，这个处长以身作则，成天把头埋在桌子上。他那鞠躬尽瘁的身影好让人感动，然而一轮到下乡搞调查，这人就病了。那时候他就想，这人是坐病的。这人总埋头坐着，其他人便不好意思站着走动。于是他休息的方式便是多上几趟厕所，或者多出差。他喜欢去山里，一边调查一边呼吸新鲜的空气。尤其是去江南那一带，诗情画意的风景令他心旷神怡。他想倘若和一位可爱的女子做伴，每年定期在这山中过一些时日，必定是件美事。但这女子一定不会是李佳。

现在他与李佳近了，每天都能见面。凡是周末，他会去李佳家吃顿晚饭。李佳的父母对他调入省委是满意的，但对他的心猿意马又表示担忧。他们不主张这个未来的女婿日后去文联这种过于松散又毫无实惠的单位，觉得省委机关是个不错的起点。这种情绪影响了李佳，她说：我们已不是学生，得多想一些实际的问题。李佳现在开始关心住房的分配与两个人每月的储蓄，开始考虑结婚的旅行路线和最佳的生育年龄。这些给他带来了快慰也造成了忧虑。他觉得李佳一夜之间变成了另一个人。这个人不是二十三岁而是三十二岁，有着十年以上的社会经验和生活履历。听着李佳谈论机关的人事变动和某个要人的升官背景，他忽然感到当年在火车上夜读陀思妥耶夫斯基的那个女孩不见了。上个星期天，他陪李佳去理发店剪头发。当剪刀横向那两条乌黑的大辫子时，他的心为之一颤。他想，一个时代宣告结束了，而另一个时代则悄然开始。剪成短发的李佳呈现出别样的风采，但他仍然为那剪去的辫子而伤感。他觉得奇怪，李佳怎么会那么若无其事呢？那辫子至少养了十年，就是一颗痣让激光搞掉，也该有点儿舍不得的。可李佳说：我一点也不怀念少女时代。李佳说你这人感情细腻得有点变态，要是你得了阑尾炎，你是否也拒绝手术呢？

李佳的能言善辩总是令他暗暗吃惊。他不希望李佳成为这种世事洞明的女人，尤其厌烦这种女人来改造自己。他渴望的是小鸟依人，是温情脉脉，是对日常生活的粗线条。或者什么都没有，只剩下一个男人和一个女人，在最基本的物质条件下过最平凡的日子，把大量的时间分配给有意思的事。但是，这可能吗？李佳对生活的态度历来是严谨的。她重视实际和秩序。有一天他们逛街，相继发生的三件事都让他们不舒服。首先，他把一把折叠伞落在公共汽车上，她埋怨了几小时，由看不惯一个男人丢三落四上升到和一个粗心男人建立家庭日子将会过得狼狈不堪。接着她沿路挑选一条牛仔裤，每挑必试，每试必退，每退必说：这是冒牌货。他便质问：既然你认定是冒牌货又何苦左比右试呢？李佳说：你要是烦了，你可以不陪我。说完就又进了一家服装店。这回他没跟着进去，坐在门口台阶上抽烟。不一会里面吵起来了。李佳又说是冒牌货，想把价格拦腰一砍。那女店主便来气了，坚决不卖。他把李佳拖开，说买东西只是图个喜欢，相中了买下就是。李佳正色道：你不要以为你不砍价就有风度，其实人家赚了你的钱还打心眼里瞧不起你！最后是，路过新华书店，他想和李佳进去看看新书。李佳说：你那几架子书难道都读完了？他被这句话噎住了，独自进了书店。他的情绪变得十分恶劣，又掺有一种隐痛。这个姑娘怎么一点也不像大学里的那个李佳呢？

  这情绪就像窗外阴晦多雨的鬼天气，延绵到今天都没有调整过来。而今天，是个特殊的日子。

  他们约定去民政部门进行婚姻登记。几天前说好各自从单位里开具介绍信，昨天电话里谈定，上午九点在中市区民政局门前会合。昨天还是个晴天。

  雨中的街道湿漉漉的，像一张刚从水里捞出的照片。当时他就打着一把黑伞，站在这街的边上。街上行人匆匆，车辆拥挤，散发着阴郁的气息。他有些沮丧，怎么挑上这么一个日子呢？这日子似乎透着不祥之兆。他徘徊着，用力吸着烟。如果过了九点仍不见李佳，他立刻去给她办公室挂电话，想建议改期。但是现在李佳飘忽的身影在雨幕中出现了。她的气色不够好，但很平静。现在他们合打了一把伞，并肩进了民政局的大门。这对人根本不像是来登记结婚的，而像出席一次极不重要的会议。

  那天的情形就是这样。我们不仅没有"从心里笑出来"，即便在脸上，也察觉不到一丝的笑容。这情绪当然不对头，所以进了门厅，我便停下了。我问李佳：你考虑好了吗？李佳没有吱声，显然她的内心没有表情那么平静。于是我进一步说道：如果你还没有考虑好，我看不妨换个日子。说着，我把刚收拢的伞又打开了。我在等待她转身迈出第一步。

这时李佳说：办吧。反正跟谁都是结婚。

轮到我开口了。我在考虑措词，因为李佳实际上已向我表明了态度。固然她也矛盾，在这样的关口她容易失去信心和主见。但是我们都犯了不该犯的错误，共同做起了一锅夹生饭。李佳没有更多的解释。她迈进了婚姻登记处的门槛，而我也顾不上拉她一把。我要做的最后姿态是让她首先签字。她签了，我自然也签了。这签字沉重而草率，就像一对被炒鱿鱼的员工领取最后一份工资。事隔十几年，当我们回忆起这一幕时，李佳仍在埋怨我。她说如果当时你拉住我的胳膊就好了。我说，我不明白，这么些年我们都在希望对方先走一步，这很奇怪。李佳叹道：其实我俩心眼儿都不坏，只是过不好。我们的错误在于做了夫妻，如果是朋友或者情人，那或许是天底下最佳的一对。我干吗要当你老婆呢？老婆是头等倒霉的角色。

现在我们在晾台上这么交谈着，前来装修房子的工人已经进驻了。我把方案拿给李佳看，她提出地面不宜采用地板，应该换地砖。我说一屋子地砖会使这个空间变得像个澡堂子，地砖只能用于厨房和卫生间。李佳便列举了地板的种种弊端：其一不便打扫，其二容易生虫，其三价格太贵，其四今后重新油漆麻烦。我正想反驳，工头忍不住地插言道：现在哪还有人家铺地砖呢？我们在这院子里做了一年，家家都是地板。李佳想了想，说那就铺地板吧。我不禁笑了起来，轻声说：我费了那么多口舌说服不了你，一个工头两句话便搞定了。我们真该离婚。李佳也笑道：我这还是一个老婆的责任心在作怪。要是你情人，我才不问这些呢。情人只惦着一张软床。

说着，她又对那只旧柜子看了一眼。今晚我得住招待所了。十几年前我由水市调到犁城，住的就是这家招待所。我的屋子在最东端。眼下宾馆业不景气，招待所空房很多。东端的这屋成了临时仓库，堆放着棉被和损坏的电扇。我找到所长，他几乎认不出是我了。我说明来意，并说如果不太麻烦，我仍然想住原来的那间房。所长满口答应，立即令手下去收拾。然后他问起我和李佳以及我们的女儿，感叹日子太快。所长说当初这招待所一共住了六对夫妻，数我们两口子最般配也最有钱什么的。他当然不知道最先离婚的也是我们。没过多久，房子收拾好了。我便与所长道别，说晚上还得赶一篇稿子，改日再聊。

外面的天黑透了,临街的一家歌舞厅门头上的霓虹灯映照着这间屋子,机械地变幻出粉红与浅蓝的光晕。天空中飘着细雨,灯光下的姿态很缠绵。

　　我没有开灯,静静地看着这潮湿的夜和这凄迷的雨。我的身影在玻璃上忽明忽暗,但我看不清自己的面容。这屋子现在没有一件东西是我熟悉的,我便顿生出莫名的失落感。我环顾周围,想着当初的格局与布置。后来我发现了一根钉子还在墙上,这钉子上还裹有一层胶布,是当初悬挂结婚照的地方。

1985年中秋之夜，我把二十三岁的李佳接到这间屋。没有任何仪式，也没有通知其他朋友。傍晚，我们在她父母那儿吃了晚饭，然后就散步回来了。我们准备翌日乘早班车到石镇，住上一周。这便是整个蜜月之旅。这设计出乎我们的意料，但又是最终拍板的方案。那个时期，李佳的身体状况很糟糕，肠胃不适，又患上窦性心律不齐，险些演变成心肌炎。而更糟糕的是她的情绪。她终日愁眉不展对结婚失去了全部的热情。她似乎在向我偿还上辈子欠下的一笔债务。我不知所措，就像一个生疏的水手在驾驭一条陷入旋涡里的船，使出平生之力也无济于事。这个低血糖的开端其实已预示了我们日后贫血的婚姻生活，分手在所难免。但我们谁也没有料到，这日子一拖便是十年！

　　我只能说，这个玩笑开得太大了。

——1997年11月18日

犁城：1986 年 3 月

　　一年半前倾向将他调来犁城工作的那个人称作"严涛同志"，就像中央称"耀邦同志"那样。严涛同志并非官宦之后，都说他是一个人干出来的。那年严涛同志四十五岁，正是干大事的年纪。这个中学地理教员出身的"文革"前大学生，因为伶俐的口齿和惊人的记忆力无意中引起了官方重视，以为实在是干政府办公室主任的好材料。他从此投身官场，在邓小平没有提出"四化干部"之前，他就已经成了四化干部。到了 1983 年，他遇上了官场的好年景，连跳两级成为更大的主任，主持着这个被视为省委省政府决策智囊和参谋的庞大机构。严涛同志平易近人，爱才，讲话不带脏字，汇报数字准确，这些优秀品质在省直机关有口皆碑。最近有消息说，这个人又将调到国务院的某个部委任职，上面已派人下来考察了。严涛的晋升对他也是个好消息，他想现在可以考虑往文联这类单位调了。如果严涛不走，他还不敢动这个念头，觉得有点过河拆桥骑驴找马的意思。严涛出面把他调来是便于使用而并非照顾他的个人问题。这一年多时间里，严涛几乎每回出差都带着他。在单位内部，他俨然是严涛同志的人。这个印象让他极不舒服。没有人会知道，其实他心里并不佩服严涛。几次接触他就感到这是一个故作高深的人，其素质充其量还是个中学教员。他拥有的还是中学教员的口齿和记忆力，毫无过人之处，不过是当初发现他的那个伯乐素质更差一些，才显出他的才能。严涛倒是具备了惊人的综合能力，因为凡拿不准的事，他都主动到处里听听别人的意见，结果许多好见解经他一综合，就会成了他严涛的——而且他不带稿子，查无实证。古今中外唯独官场上没有版权和著作权。官场上倒也不乏才华超群之人，比如温斯敦·丘吉尔，比如理查德·尼克松，比如孙中山和毛泽东。

　　他感到了一种无形的压力。每天上班，机关里一些人在用异样的眼光打量着他，而另一些人又私下向他打听严涛的去留。他不明白，这重要吗？然后便很厌恶，觉得受到了莫名的侮辱。倘若这个严涛当了皇帝，他便让人看作了太监。于是这情绪就在寻找爆发点了。

不知出于什么缘故，机关举办了一次书画展览。他学过美术，自然这展览他得参与筹备。每个处送来的字画都由工会出资统一装裱。严涛同志也写了一幅，还做成了全绫裱。严涛的字谈不上任何碑帖师承，它的基础是粉笔。而且这位领导人不懂得书法的基本要求，改直书为横写，还使用了标点符号。果然大家都说好，但是他还是直言不讳地指出了这个常识性的错误。立轴的行草是没有横写的，他说，书法也不能带上标点。这话使在场的人吃了一惊，四周倏然安静了。严涛倒是哈哈一笑，说：我这不能算作书法，我是写毛笔字。说完，就背着手离开了。他不理解严涛的回答，这个人其实是狡辩。不是书法那裱它干吗？书法和写毛笔字在这个具体环境里怎样区别？你严涛干吗就不承认做错了呢？这一刻他的脸色很难看。处长把他叫到一边，说：你不该在这种场合说这种话。严涛同志其实是很器重你的，你没感觉到？这就更让他困惑了：受到器重就必须奉承他严涛？再说受到他严涛的器重就很光荣吗？

他说：我不需要任何的器重。

处长感到十分意外。边上的人眼光全看过来，以为他犯了什么病似的。

他有些激动地说：我不适合在机关干，我对这里的工作毫无兴趣。我尤其厌倦去伺候某一个人。如果命中注定我必须这样，那我肯定回家伺候我妈。

他这才感到一口气顺了。

第二天，李佳便知道了这件事，立刻训斥道：你怎么逞这个能？这不是捉虱子往头上放吗？严涛写字算不算书法与你何干？你不想在机关混那你有本事调走呀？文联就那么好进吗？就是进了文联何年何月才给你分上房子？你难道要拖着我住上一辈子招待所？

他一语不发地听着。李佳的责备全在理上，他无言以对。而且她的身体又不够好。他边洗碗边想，昨天的行为不过是向大家表明一个态度：他不是"严涛的人"。昨天这事也让他真正懂得了这个严涛。这是个虚伪的家伙。给这号人当拐杖难道不恶心吗？他真希望严涛早点离开，去当更大的主任。可是他要是不走呢？他会记住这次尴尬然后实行报复？这可怕吗？他不禁笑了笑，自语道：除非他把我杀了。

屋里的阴云依旧没有散去。李佳早早上了床，余怒未息。他坐到床沿上，想宽慰妻子几句。他希望她不要把这件事看得太重，兴许还是件好事，会加快他去文联搞专业。他这种人只能去搞专业。你难道不觉得我耗在机关里有点可惜吗？他调侃道。李佳欠起身说：我现在不需要一个才子，我要的是一个实实在在同我过日子的丈夫！你不能只图自己一时痛快，你得想想你是个有家的人了，而且……

他并没有打断她。

李佳叹道：我怀孕了。

现在，他得走过这条空洞的走廊去见严涛同志。这条道每天他要走很多趟，从来就没觉得艰难。但这个晚上他的腿提起来有些沉重。这条道你得走过去，然后推开那个套间的门，坐到一个叫严涛的中年男子面前。你先做出若无其事类似套近乎的样子，观察一下那人的脸色。倘若他还和蔼，你就开始把话题引向几天前的那次小小的不愉快。你得道歉，说自己为出言不逊感到懊恼，甚至把自己骂上一通，说自己忘恩负义不知好歹让领导失望了。于是严涛同志就会把手一摆，说他早就把这事给忘了，并且还会说你没有做错什么，坦率是一种可贵的品质。接下来你必须做出更内疚的表情，说自己鼠目寸光胸无大志，还继续检讨自己的骄傲与散漫，即使想当作家，过早失去了这个高屋建瓴宏观考察生活的位置，将是一件多么遗憾的事！这时候严涛同志可能会善意地批评你几句，说今后要安心工作，积极进取……

这幕戏会这么演吗？

他显得毫无信心。眼下首要的困难是把这截路走过去。这无疑是条可耻的走廊，那一端插着一面白旗，如果你按照刚才想的去做的话，绝对就是无条件投降。这之前他已向妻子投降了，答应对自己的过失作挽回的努力，至少要求得暂时的平安，指望明年分上一套房子。孩子生下来怎么住？保姆怎么安顿？李佳偏偏挑这个时候怀孕，他越发地慌乱了。

他往前迈了一步，又停了下来。今夜他是来同严涛谈话的，不是乞求施舍。他应该让严涛知道他早有离开的动意，怎么个离开都行。不管严涛怎么想，他都要准确表达这个立场。在机关待久了人会傻的，这个干净秩序的空间缺氧。要谈就谈这个，要么现在就转身离开。很多年后他回头正视这个夜晚，觉得当时自己内心的矛盾怎么看都不可思议。那状态很像一个小学生面对一张疑难考卷，紧张只是一会儿的事。当这个孩子再长大一点，回头再看就会觉得每一道题都很简单。

然而这个晚上一桩意想不到的事让他见到了，以致让他后来的日子变得沮丧不堪。

他轻轻推开严涛办公室的门。这个套间外面是客厅，里面才是办公的场所。外面没有灯，从门边的位置看不见严涛那张宽大的办公桌，却能看见墙上的投影。那影子反映出里面有两个人，除了严涛还有一个烫头发的女人，但他们是堆在一起的。他颇为惊讶，进退两难只好重重地敲了敲门。然后他看见墙上的影子分开了，他还看见女人正很快地理着头发。严涛同志镇定的声音传过来：请进。

他便慢慢进了里屋，发现烫发的女人是机关的打字员，现在正坐在一旁用订书机装订材料。他脱口道：主任，我想请几天假，我老婆怀孕了，反应很厉害。

严涛说：这事同你们处长说就行了。

他说：我怕你最近要出差，所以……

严涛微笑着说：我最近不出差，好好照顾你爱人吧。女同志这个阶段最需要体贴，代我问她好。

他说了声谢谢就离开了。走在大街上，严涛那张温文尔雅的脸一直闪现在他眼前。他怎么也难从这张脸上看出流氓相来。这个晦气的晚上后来他去了城市西边的一家啤酒屋。李佳今夜回娘家了，他可以自由活动。这个狭小的啤酒屋在犁城名气很大，老板据说是个女大学生，因为学潮被劝退。啤酒屋的生意一直不错，他到的时候里面已坐了不少人。这些人在大声谈论着关于倒彩电和批化肥的话题。他不懂其中的生意奥妙，但很有兴趣听下去。这些人年纪与他相仿，看上去也是副学生相。他忽然觉得自己被束之高阁，一种被抛弃的滋味很不好受。他沉闷地喝着啤酒，想到了一个被以后证明是十分重要的问题。在一个权力社会里，唯一的制衡方式是金钱。这二者可以换算。你是厅长你拥有四室一厅，但我可以花三十万去买同样的住房，于是这厅长就只值了三十万人民币。与其忍气吞声低三下四用毕生精力去乞讨一个厅局级待遇，不如想法子挣钱反倒纯粹。权力和金钱本来就是孪生兄弟。如今农民不理睬村长是因为农民腰包鼓了。眼前这个女老板若不是被劝退，会有这座兴旺的啤酒屋吗？这么想下来，他便有些兴奋，庆幸自己几小时前没有去向严涛投降。

第二天他没有上班。他去接李佳，喜形于色让后者不免困惑，以为他昨夜和严涛同志谈得不错。而他却抖落了一个夹生的设想，说自己很想辞职，然后和几个朋友一起搞点生意，比如说搞一家广告公司什么的，深圳那边的广告业就非常兴隆。李佳惊讶地看着他，说你这人怎么像个孩子似的？钱就那么好挣吗？居然还想到了辞职！要是你在银行里存上一百万，你就是辞去中国公民我也不管。他笑了笑，说不过是个设想而已，也未必不是一条路，万一被机关开除了呢？李佳瞪了他一眼，说你干吗不想想在机关提拔了呢？然后就问他昨夜同严涛谈了没有。他便小心地说出"墙上堆在一块的影子"来，说看不出严涛还好这一口。李佳这下是真的生气了，责怪道：你根本就不该进去！这事有朝一日传出来，严涛一定会认为是你在散布流言！

他心里顿了一下。这层意思他确实没有想到。

那年春天到来的时候，机关里便有了关于严涛作风问题的风声，这表明他现在这把椅子坐不长了。严涛要走已成定局，但不是往上走。我想风声实际上是吹给上面来考察的人听的，其实是否真有人下来考察他，至今也没多少人清楚。官场上钩心斗角不是新闻。吹这股风的人自然是严涛的政敌，比如说副主任金一凡之类。这个人总以本省的理论权威自居，曾在《红旗》上发表过文章，但他绝口不提文章发表的年代。1993年我在南方，一天夜里我上街闲逛，买了两块菠萝，小贩便撕了张旧纸给我擦手，我发现这正是金一凡的文章，他的笔名叫金典。这篇"经典"是研究普及大寨县对批判"四人帮"的深远意义的，于是我知道了文章大致的写作时间，当然今天可以大度地说这是"时代的产物"。

我在犁城那个单位上班，每回写大材料，都是在金一凡的主持下。他对我的批评是说我写的东西缺乏逻辑性。这可不是写小说，他总忘不了说上这一句，言下之意是小说这种东西根本就算不上文章。可让我十分开心的是，差不多每次我执笔的那个部分，报到省委书记那儿都是最先通过，这又是什么"逻辑性"呢？自从机关内部传出严涛作风问题的风声，这个金一凡忽然对我亲切了。有时在走廊上碰到，他都会热情地同我打声招呼。这让我很不自在，好像严涛真是由我出卖的，李佳的预言不幸言中。金一凡确有目的，有一次他把我叫到办公室问道：机关里传严涛同志一些事,你信吗?问得十分狡猾。我说我对这些不感兴趣。我知道金一凡想从我嘴里掏点什么,这么做十分卑鄙,但合乎他的逻辑性。他不会不想,严涛一走,主任的位置便是他的,他需要那张大台子去写署名金典的文章。

　　这时候的严涛已是春天里一片没落的风景。尽管他作报告口齿还是一样伶俐,记忆力还是那么惊人,但明显地底气不足了。他的面色黯淡无光,是一张典型的缺少性生活的脸。我倒是有点同情他了。这个人要是始终站在中学的讲台上,没准会成为本省最优秀的地理教师,结果命运却安排他当了一大堆的主任。

　　那天我从金一凡办公室出来,正巧碰上了严涛。我记得我在那一刻里有些慌张,也有点尴尬,就像在公共澡堂里赤裸着身子撞上了一个同样赤裸的熟人。我感到特别懊恼,想严涛肯定会以为我在帮金一凡整他的黑材料。于是我便成了恩将仇报的小人,成了叛徒和卖友者。这真是天底下最窝囊最倒霉的事,让我遭遇了。那一天我的情绪一落千丈,好像跌入深渊的不是严涛而是我。我的眼前飞动着奇异的景象,让我惶然而茫然。

　　我仿佛让人诱进了一座迷宫,怎么走都觉得不对。

临下班时，严涛不出所料地来了。他先问了我家里的情况，比如说爱人是否做定期检查之类。绕了一会，他很从容地问道：你对金主任没说什么吧？但他的眼神告诉我是，我已经对金一凡说了很多了。我于是反问道：你觉得我会说什么？我能说什么？严涛就故作轻松地笑道：我倒不怕人在背后说什么，我相信组织。这真是虚伪到家了，你不怕那你问我这些干吗？

机关里这点破事把我家里也搅得不安宁。那些日子李佳动不动就数落我，说我这下是彻底地栽了，里外都不是人。终于引发了自结婚以来最大的一次冲突。我大叫道：我做了什么？我讨厌那个无聊透顶的单位！李佳一气之下摔碎了一只茶杯。

那时候我对李佳的埋怨，是她不支持我尽快脱离机关那种险恶的环境，去轻松地走另外的路。我也理解她的苦衷，她希望过平安稳定的日子，把家弄得像一个家样。李佳不能不后悔，这后悔由始而来，所以她怀孕几个月后才告诉我。这意味着她曾动过人流的念头，也表明她在做离婚的打算。但是她最终还是放弃了。我和李佳从恋爱到结婚再到离婚，全部过程都伴随着迟疑不决当断不断的节拍。漫长的十几年下来，两个人心累到了极点。现在，家倒像个家样了，再过半个月装修便结束，几十平米的空间会焕然一新，然而我们已不是夫妻。

——1997 年 11 月 23 日

1986 年春天对犁城最后的馈赠是一场规模宏大的流行感冒。城市每个角落都在打喷嚏发低烧。大街像人的肢体一样无力，地上到处是痰和揩过鼻涕的纸屑。这时的机关便更像一个医院了，每个人都在吃药，疗治和预防变得同样重要。对感冒的恐惧掩盖了对严涛作风问题的好奇心，人们现在关心的是属于自己的身体。四体不勤本来就是机关人隐匿的病灶，或许因为这一点，这些人的医疗待遇总是优于其他人，正如无休止的会议对其他人也是刑罚一样。似乎是一条规律，凡是经常开会的地方一定是问题成堆的场所，也就一定是贫穷和落后。那时候沿海一带人们是不乐意开会的，哪怕你愿意向与会者支付一笔开会费。这个省的领导班子频频更换，而高层的人事变动带来的不过是口号翻新。每一届都有动人的誓言，每一届也都把工作搞不上去。所以在外省人看来，这地方总与洪涝灾害相连，于是这洪涝灾害也就成了一班人平庸无能的口实与

台阶。与此同时,丑闻爆出不胫而走。某一届的主要负责人因涉嫌一宗受贿案垮台了,某个省委秘书长锒铛入狱了,然后是某个副省长乱搞女人受到查办,又一个副省长外养情人在人大会上落选。这一连串的事件成为百姓茶余饭后的谈资,其影响恶劣远远超过了一场流行感冒。现在新一届的班子又形成了,新的负责人开始了整肃,扬言这回要动真格的。这话听起来好像在说,以前动的都不是真格的。人们对新的精神口号业已失去了天真,凭直觉就不愿意交出信任感。所以省委机关大会开到一半的时候,便有人溜号了。他是其中一个。

他想去一趟书店。这是城市给予他的最后一块乐土,翻检书籍的乐趣能有效地冲消种种烦恼,况且这里还放着他的第一本小说集。书店本来占据着很好的市口,但是现在这儿要修一座人行过街天桥。从图纸上看或日后从直升机上鸟瞰，桥的形状活像一只老王八。这设施让他极不舒服，这条历史遗留下来的狭窄街道成为今天城市的重负。没有人敢拆了它，这条街被称作"犁城第一街"。1958年秋天的一个阴日，毛泽东视察犁城，站在敞篷吉普车上对这条街夹道欢迎的群众挥动着帽子。这个场面已进入历史的相册。但之后的三年里，这个省究竟饿死了多少人，历史却不作统计了。不统计不等于没有这一页历史，人民自己会记着。人民分得清哪些是天灾哪些是人祸。灾难同样需要一座碑。

人行过街天桥正在日夜突击实施，晚报上公布的消息是"五一"前竣工，算是献给本市劳动者的节日礼物。但它更有可能是市长礼服上的一枝玫瑰，今后他便可以宣布：犁城是座现代化的城市，你看，我们也有了过街天桥，我们可以对外开放了。这话绝对不是调侃。去年犁城街上跑起第一批黄色面的，便有人以此大做文章，说这是"向首都看齐，向特区学习"，后来政府首脑在这种舆论的基础上，正式提出了所谓新的战略口号。"近学"什么，"远学"什么，一要"走出去"，二要"请进来"。于是乎一阵风，干部都去沿海特区考察了，没见带来什么经验，倒是抱回了一堆走私内销货。有人站出来批评，说这种远远近近的考察完全是变相公费旅游。而得到的解释是：学习总是需要一笔学费的。尽管这是一笔昂贵的学费，但该交还得交。

他看着眼下这施工的场面，心想过些日子这铁的架构便会被宣布为新犁城八景之一。这如果是条步行街多好。步行街就不现代化吗？

城市的面目像一个橱窗。

忽然听背后有个女声喊他。他转过身，看见一个陌生女人在对着自己微笑，这让他有些局促，他小心地问道：是喊我吗？

陌生女人大方地说：你不认识我。我是韦青的同学，我在她那儿看过一本杂志，上面有你的小说和一张很神气的照片。有一次我们逛街——那是去年的事，她无意中翻到了它。后来她就对我说了你们的以前……

他去旁边的一个摊买了两杯果汁饮料，有些激动地问道：韦青过得好吗？

陌生女人看了他一眼，做出一个"不怎么样"的表情，而且有些夸张。陌生女人说韦青的工作和家庭都不顺心，最糟糕的是孩子怀到七个月，在腹内绕脐窒息而死，剖腹拿了出来。她自己也险些丢了命，陌生女人叹道。

他直感到两腿发软，便靠到一旁的邮筒上。那个瞬间在他脑中沸腾的是韦青剖腹的血腥场面，他仿佛看到躺在产床上的韦青像一条孤单的蚕，正在接受人工的抽丝。韦青蜷伏着，没有一点挣扎的力气，她的脸苍白得像一张旧纸。他听不见韦青羸弱的呼吸声，耳边响彻的声响是那些狰狞的不锈钢器具。

公共汽车到了，他匆匆与陌生女人道别，上了车。这辆车摇摇晃晃慢到了极点。临近火车站还有两站路，车又被红灯拦住。他跳下车，拼命地跑了起来。他要买去上海的车票，越快越好！火车站售票处人头攒动，他气喘吁吁地跑来，塞给一位农村大爷十块钱，让老人帮自己带张票。老人就让他站到队伍里，问小伙子是不是出了急事。他一个劲地点头，说我爱人要生孩子。老人便感叹这是阴阳一层纸，把那十块钱还给了他。他谢了老人，但突然迟疑了。我爱人？他想，是的，我爱人也正怀着身孕，而我现在这么急着去上海看另一个"爱人"，我算什么？韦青的丈夫不是我，不是……

去哪儿？售票员冷漠的声音吓了他一跳。他没有再看这人第二眼，就闪到了一边。他也没有回头，他想此刻刚才那位大爷困惑的目光正打在自己背上，他没有勇气去与之相接。当他疲惫地走回招待所时，他隐约听见了火车出站的汽笛声——那正是开往上海的车次。

这个幻想的画面至今让我心悸不已，一种沉重的负罪感也将伴我终生。与我在街上邂逅的那个陌生女人，没有说明韦青手术的具体时间，于是我时常想到那个死于腹腔里的孩子很有可能是我的！1986年春末，我曾经给韦青写过一封长信。在这封伤感的信中，我暗示了这种不安。我不知道那个夭折的小生命是怀着怎样的心情拒绝来到这个世上，我这样写道，但他的离去让我悲痛！我甚至感到，割断与这个世界联系的不是他而是我，我苟活于世是一件极不体面的事，然而我还必须苟活。半个月后，信被送回来了，信封上贴着"查无此人"的标签。我怀疑韦青调动了工作，也曾想通过水市她父母那儿再作打听，可一想到自己的情况已非从前，这念头也就慢慢打消了。我已经愧对一个女人，不能再把另一个女人也伤了。这件事给了我警示，想自己也该作一次彻底的反省，和李佳去踏踏实实地过日子。这年夏天，女儿的出生给我带来了新的信心和热情。不久，我们告别了我现在写字的这间屋，迁入了"红门"。单位交给我的是一套六十年代盖的老房子，这实际是阶段性的调配，但在李佳看来却总是严涛风波直接导致的恶果。哺乳期的李佳情绪变得古怪而急躁，几乎没有一天是好脸色。她时常为一点小事与我发生争吵，而我只能忍让。终于在一个下午，争吵达到了升级。

那时我父母双双来犁城伺候李佳的月子，还带了一个农村表妹，这样加上我实际是四个人。我们总想让她母女养得好一些。然而李佳仍还是不满意，不是指责尿布没洗干净就是埋怨奶瓶消毒不够。她说你们可以不重视我，但没有理由不重视这个孩子！这话简直不可理喻，我责备道：不重视来这么多人干吗？来旅游吗？你没见我母亲带了十六包中药吗？说完这话我就生气地离开了，去了招待所的另一间屋。我母亲从我的脸色上知道，我们又吵了，就小心地问：怎么了？我说没什么，孩子闹，一吃奶就好了。我能怎么说呢？我之所以不紧挨着另开一间房，是怕父母听见我们的争吵而难过。就在这时，李佳抱着孩子冲了进来，孩子脸上全是吐出来的奶液，李佳哭着嚷道：你们太狠了！我孩子弄得这么可怜！她又指着我说：你听好了，孩子一满月我们就去离婚！

这是她第一次提到离婚。孩子吐奶本属正常，我实在惊讶李佳为何当着我父母的面如此恶语相加？如今在这离婚后的三年里，我确实也曾想到过复婚，因为这对女儿终归是件好事，但一想到类似上述的情形，我便不寒而栗。我惧怕那阴影笼罩怒气冲霄的家庭生活，我可以放弃温暖，更不奢望爱情，但至少我得求到一份安静。这是我最后的权利。

1986年！

机关和家庭的重负让我喘不过气。我们的"严涛同志"和那年春天同时离开了，但他的春事话题经久不息。严涛自然暂时不能往上走，却也没有因此朝下滑。在经过"批评和自我批评"之后，他又去了省直另一个厅局当了另一个主任。组织部门把这种安排称作"平行移动"。这让我想起那个不晴朗的下午严涛说过的一句话：我相信组织。与严涛共事一年多，听他流利地说过许许多多的废话，唯独这句话俨然像是真理。

没过多久，这个荷尔蒙过剩性生活失调的男人家庭矛盾公开化了，那时大家才知道，原来是他老婆把他举报了。

严涛留下的位子，组织上没有交给金一凡金典同志，而是从水市提拔了一个姓刘的副书记补缺。此人年近六旬，掐头去尾算五十七周岁。我在水市工作时每回去机关卫生所拿药，总看见他撅着屁股在那里打针，一副病的样子。现在这人似乎什么病也没了，整日红光满面像化了妆。这真是怪事。但这个人工作和生活上需要一个"用惯了"的秘书，于是也就把他以前的秘书一并调到了犁城。而这个秘书便是我的中学同学冯维明！三个月后，冯维明又成了我那个处的第三位副处长，我的顶头上司。我现在写到这里，维明当时那貌似谦逊实则春风得意的面容和仪态跃然纸面，栩栩如生。他握住我的手，说希望今后多帮助多支持。我讪笑着，使劲捏了他一把。但我表达的不是祝贺，很长时间过去后，我对维明这么解释道，我当然也不是嫉妒，或许我是希望你珍重吧。官场上从来就是如履薄冰，否则为什么偏叫它机关呢？机关这个词意味着明枪暗箭防不胜防，前途和末路总是混沌难辨暧昧不清。我还能说什么？

——1997年11月25日

水市：1987年1月

　　1986年底，犁城的冬天出奇地寒冷。他的住房格局怪异，竟没有一间屋朝南。阳光每天下午才能照到屋内的某个角落，那已是疲软的阳光，而且一会儿便溜之大吉。阴冷和潮湿使这套老房子像个地下室，一股霉气总驱之不尽。查阅一下那个时期他所写的手稿，篇末都注明着：写于西窗之下。很多年后，他将其中非小说的文字编成了一本小册子，取名《西窗偶记》。后来他去书店里发现了好几本与"西窗"相关的集子，如《西窗随笔》、《西窗漫话》、《西窗沉思录》等，觉得有些奇怪：作家与这"西窗"似有不解之缘，是否与李商隐那首著名的绝句有关？西窗秉烛无疑还是温馨浪漫的优美图景。但他的西窗只是对那段阴冷时光的纪念。

　　李佳没有像她所说的那样，"孩子满月后就去离婚"。她疼爱这孩子，为此接连更换了五个保姆。如今孩子已经半岁，怎么看都好玩，她下不了放弃这孩子的决心，于是便把自己全部的爱倾注在女儿身上。李佳的内心仍是苦不堪言、悲观至极。她的怨气也毫无顾忌地写在脸上，委屈却无处诉说。每天晚上她带女儿早早上了床，而他要做的，除了在西窗下另支一张床之外，就是在李佳脚下放上一只热水袋。这对夫妻其实开始了分居。李佳是一个性冷漠者。正是这至关重要的一点，使她内心的苦怨日积月累，无处排遣。他们的爱情从结婚那一天起就彻底死亡了。他们后来花费十年心血来寻求或挽回的爱，实际已是爱的观念与形式，本质的爱早就不复存在。

　　没有和谐，没有默契，更没有水乳交融和息息相关。一切看上去都是冰冰凉凉的。

　　对这两个人，每天上班倒成了休息和放松。有一次，他因一项调查去了审计局，便顺道去看看李佳。在走廊上他就听见李佳的笑声，这笑声竟是如此爽朗、如此开心，连他都被感染了。他看见李佳正与几位男同事交谈一宗强奸案，预审员问人犯（那时还不叫犯罪嫌疑人）：生殖

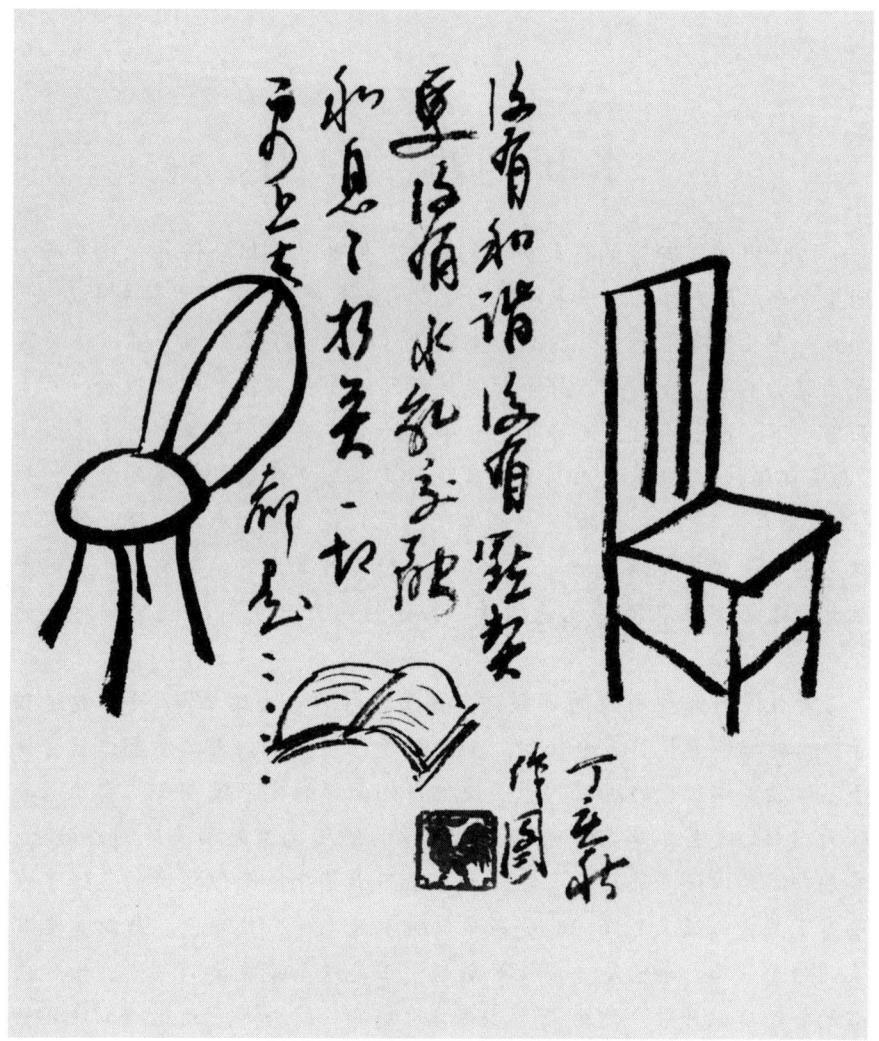

器是从哪儿掏出来的？人犯是个农民，不明白生殖器为何物。预审员便大叫一声：就是鸡巴！李佳欢快的背影让他沮丧无比，他觉得自己来得真不是时候，破坏了这其乐融融的气氛。他们发现了他，其中一个高个儿问道：找谁？

他说我找李佳。大家这才知道他是李佳的丈夫，便热情相待，并说久闻大名拜读大作之类。李佳的脸上还滞留着笑容，说你来得正好，我们处今天聚会，马处长过生日请客，晚上我就不回去了。正说着，被称作马处长的男人进来了，手里抱着两箱苹果，说：你们去办公室领吧，一人一箱，小李这箱我替你领了。李佳谢了副处长，又指着他介绍道：这是我丈夫。马处长就伸过手说：幸会幸会！早就听说小李嫁了个当作家的丈夫，我还是第一次这么近地看一个作家呢！他觉得这话有些阴阳怪气，但面前这个男人的面相倒很憨厚。他递给这人一支烟，这人说不会，说他抽烟是浪费，只有作家们抽烟是激发灵感云云，听得他心里直想笑。于是简单寒暄几句，他就离开了。李佳让他把那箱苹果带走，吩咐说：你放一半到冰箱，另一半这个星期天回去带给我父母。

　　李佳在人前与在人后判若两人。这天晚上，李佳很迟才回来，明显比以前愉快，还给他捎了一条烟。他竟有点感动。他想或许过去妻子在这个家陷的时间太多了，才使得心情那么灰暗。女儿来得太快，他们几乎没有一天的"二人世界"，所以一切都显得措手不及，日子才过得这么狼狈。那时孩子和保姆都睡了，他想趁这工夫同李佳谈谈心，彼此作些沟通。他们太需要沟通了。他给她倒了杯水，问道：玩得挺好？李佳说局里和一个港商弄了个歌舞厅，去跳了会儿舞，想不到处里几个家伙都跳得不赖，还有会跳"探戈"和"恰恰步"的。他问：老马也能跳？李佳说不会。李佳说你别叫人家老马，人家不过比你大两岁，也是七八届的，最近才提为副处长。人不可貌相，这家伙前途无量呢！他便笑道：我并没有说他相貌如何，更没有贬低人家的意思。当然我也不会羡慕。李佳顿时就不悦了，说你这是吃不到葡萄说葡萄酸。他有些惊讶，觉得妻子根本不该这样来想他。脱离机关是他一贯的念头，人各有志，干吗人人都必须挤在一条官道上呢？他叹了口气，说：李佳，你真不理解我么？我是存心想搞专业的。李佳说：你这专业其实早被时代淘汰了，是个失败的行当；即使有一天你取得成功，也不过是失败中的成功者。他愣了一下，说：你讲的或许不错，问题是我喜欢这个失败的行当，怎么办呢？李佳说：就是因为你一个人喜欢，所以全家人都跟着倒霉。说完，她去洗脚了。

　　他很难过。他仿佛又看见了当年李佳在火车上夜读陀思妥耶夫斯基的情形。毕业才几年，李佳的观念全变了，变得陌生而令他诧异。现在他意识到这日趋激化的矛盾将不可调和，他和李佳都窥见了来日那片巨大的阴影，将笼罩这个岌岌可危的家庭。这个家庭就像放在桌面上的一只鸡蛋，稍不平衡便会破碎而难以收拾。

这个幻象让他心颤不已！有很多次，这幻象出现在梦中，竟惊出了他一身冷汗。

几天后，他带着这种忧虑乘上了去北京的列车。这已是1986年最后的日子，他去首都出席一个规模空前的青年文学创作会议。他彻夜未眠，一直站在车厢连接处看着外面快速掠过的黑色旷野，很想听见一个声音：你吃橘子吗？

他至今认为十年前的北京之行是个错误。

政府花大把的钱，把全国几百号青年作家召到京城，听了一番语重心长的教训，意义何在当时他就极不明白。写作纯属个人的事，没有什么人能指导这项特殊的劳动，况且想指导的人本身能力就有限。当代文学最大的遗憾是缺少大师。会议召开的前一晚，他们像被押着似的去参加一个"文学晚会"，听一些人乏味虚假地朗诵豪言壮语，是一件莫名其妙的事。倒是其中有一位未出席的表演者，现场放出的一段录音给了他较好的印象，大意是说：不要把什么都推给历史，因为历史是人民创造的。伟大的历史和不伟大的历史都为人民所创造。再说，推给历史又能怎样呢？

北京就是这么个奇怪的地方，一点事会弄得像过节一样，哪怕是寂寞清冷之事。但是两天后，他们听到了中共总书记胡耀邦辞职的消息。可能因为这件真正要紧的事，关于文学的会议便草草收场了。与会代表领到了一些出版社卖不掉的文学书，真带回去的却不多，都在走之前堆到了门外的走廊上，惹得宾馆服务员大发雷霆。若想清除这堆漂亮的垃圾，非需要几辆大卡车不行。

他不适应北京的冬季，干燥得每天淌鼻血，虚火上升导致牙痛喉肿。北京对他永远是陌生的，于是在会议结束的前一天，他便匆匆离开了，于翌日上午返回了犁城。他惦念着在襁褓中的女儿。那天不是个星期日，但李佳没有上班。他走到西窗下听见她正在客厅里接电话，声音不高但充满着热情，她说：你得给我时间，让我想想……这毕竟是件大事。窗外的他顿生疑惑，随之产生了不安。这时，出来晾衣服的邻居老太太见到了他，就喊：你从北京开会回来了？他便支吾着，同时听见屋内的李佳说：他回来了，回头见面再说。显然这个电话是不便让他听见的，可命运偏偏安排他扮演了这个可耻而尴尬的角色，强加的窃听比强加的罪名更让他难受。他走进家,看见李佳已迎过来,她的表情因强制的镇定而变得呆板,她很想表现出若无其事的轻松劲,但那一刻竟很困难。

你没上班?他这样问道。

我也出了趟差,昨晚才到家。李佳一边说着一边削苹果,削得极不利落,地上的断皮厚薄不均。

孩子让保姆抱出去串门了。他洗了把脸,然后坐到李佳对面,他问道:很抱歉,我刚才听见了你的电话。我想知道,你与电话那边的人在商量什么一件我在场不便的大事。你最好别骗我。

李佳一下沉默了,削了一半的苹果也放到了茶几上。她的神色转为沉重的平静。过了片刻,她说了。对方就是那个憨厚而前途无量的马副处长,他们平时相处得很好。老马的家庭一直不正常,这回一道出差,他们谈了好几次,渐渐就有了一种同病相怜。李佳说老马对她很照顾,就是扫地,也顺手把她桌子底下带上一把。李佳说老马和你不一样,是个顾家顾口的人,能给人以安全感。李佳仍忘不了要强调一句:我没有做什么对不起你的事。这话好几年前她也说过,连措辞都一样。不过现在听起来倒不让他产生格外的痛苦了。李佳说得很诚恳,平淡的陈述比事实本身还让人信服。他想李佳公然宣布文学失败了,但她还是善于用文学的眼光去看待别人,去判断问题,因此别的男人扫地带去她桌底下的几片纸屑,足以能把她打动。这个细节后来成为他记忆中的一个亮点。李佳没有做错什么,错的是角色。几年后他在一篇随笔中谈到:老婆情人化是好老婆,情人老婆化是好情人,说的仍是眼光和角色。

他问李佳:眼下怎么办?

李佳有些为难地表明了这样一种态度,她原想私下同老马再接触一阵子,倘若真是那么合得来,便各自离婚然后再行结婚。

他说:这就不必了,你同老马谈开,说我等办了离婚手续之后立即请你们喝酒。

然后他就把电话交到了李佳手上,去邻居家找孩子了。他想明天就带孩子回石镇。

第二天,单位安排我去水市搞一项关于农村改革的调查。我便让石镇的父母赶来犁城,帮助照料女儿。我建议李佳住回娘家,因为这对离婚会有好处。再说，让她离开孩子一个阶段，彼此都适应一下。李佳敢走这一步，对我们都是一种解脱。我没有什么怨恨。只是在一点上我感到困惑。李佳为何不同我争这个人见人爱的女儿呢？哪怕是虚晃一枪也是个交代呀？我想可能是这个孩子把她折磨够了，这孩子确实闹人，不好带。

  这次大规模的调查是主任刘新上任后的第一把火。这人试图给沉闷的机关工作带来新的生机，认为不能浮在上面搞研究，待在屋里当参谋，应该走到最基层，下马观花、解剖麻雀。主任刘有一套过硬的基层工作方法，开口闭口说自己文化水平有限，理论一知半解，唯独能联系一点实际。这话让副主任金一凡很不舒服，觉得太有针对性。不讲理论，他金典同志就失去了逻辑性。但是，主任刘的话很缜密，兴调查之风还受到省委负责人的称赞。于是各处室只留了个别体弱多病者，其他人全撒下去了，要求干他三十天，回家正好过春节。

  我和冯维明一组，因为我俩都来自水市，情况比较熟悉，就没有多派人。我们计划把水市所辖的六县都跑一遍。冯维明现在不像在水市那会儿那么敏感，要从容一些，但仍是谨慎的。他也不再就我的状况发表意见，很公事公办的样子。去水市的路上他唯一关心的，是胡耀邦之后的中国政治，问我在北京可听到什么传闻。我说不知道。我确实也没听见什么。但是我已明显地感觉到，我和冯维明之间已有了隔膜。他是我的顶头上司，又曾经是我的同学，我们是很好的朋友，这种关系很微妙。在冯维明看来，工作关系大于私交，但又不能因为工作而失掉朋友。所以每回他向我布置什么，都尽可能做到分寸得当滴水不漏。这恰恰给了我一种压力。如果冯维明不是我的朋友，我可以直来直去，不满则言。现在我还得把他理解成副处长，否则便意味着我因嫉妒而不买账了。这让我痛苦，因为它改变了我的某些方式。

  行前，我向冯维明提出，可否单独行动？就是说我们与市委的陪同人员一块儿，各跑三个县。这样会摸透一些，他同意了，反正调查提纲是一致的。我又提出我不去石镇，说父母今天到了犁城，已见过面了。冯维明这时大概看出了我的情绪有些不对，问是不是同李佳又吵了。我说孩子太闹，谎称保姆撂了挑子。我又想起他的个人问题，以前听说过他的对象去了澳洲，两人一直在吊着。我问维明，今年会不会把事办了。

他说等对方拿了学位再说。我又问：拿了学位人会回来吗？冯维明便笑了，说腿长在人家身上，这可不是发个文件就能解决的事，走着瞧吧。那一刻我对冯维明其实由衷地敬佩。这个男人既不好色也不多情，在女人问题上如此达观，实属不易。而我正相反，似乎注定一生都会在感情上跌跌撞撞。我是否也该缓口气了？那时我想，等完成这次调查后就与李佳把离婚手续办了，静心写点东西，把女儿带好。我这个人说到底还是自私，自己的欲望高于一切，我这辈子实际是和自己的欲望纠缠不休。我对情感近乎贪婪，但眼下却需要一个真空时期。

这样，我又一次亲近了水市。现在这里就只有小丹了。我给小丹去了电话，约好晚上八点在江边某个地方见面。在我离开水市不久，小丹便与苏建设结婚了，去年初生了个儿子。远远地看她走来，似乎比以前胖了一些，很像个母亲。我从阴影中闪出，吓了她一跳，说这么冷把我叫到这里喝风呀！我说没什么地方好去，不如去江边走走。小丹于是叫了辆三轮车，告诉车快去水市二小，那是她母亲的学校。我们坐上车，小丹就说：到这里就知道打电话了，怎么在犁城一个信儿也没有？我说你老是有我的信儿，苏建设同意吗？小丹说苏建设不是那种心眼多的人，他只要看见老婆还有气便放心去刷牙了。说着，小丹便把手套脱了，把手放到我的掌中，我迟疑地又是紧紧地握着，小丹这才问道：出什么事了？我叹了口气，说待会再说吧。

水市二小坐落在城南的一个坡下，考虑到于阿姨上班较远，学校给了她一间单人宿舍。小丹成家后，这间房子暂时由保姆住着。现在小丹把我领到这儿，倒成了最好的处所。进了门，小丹仔细看着我，说你这脸色怎么灰蒙蒙的？这哪是你的脸呀！我突然涌起一股心酸，眼泪在眼眶里直打转。面对小丹我变得如此脆弱，就像一个受人欺负的孩子回家一头栽到母亲怀里。压抑多年的委屈似乎在那一刻全部喷涌而出，我紧紧抱住小丹，竟说不出一句话！小丹有些慌了，连声问道：你没事吧？你冷静一下，你慢慢说。我还是紧紧抱着她，等待着这痛苦的淡出。过了好长一会，我才坐下来，说：我没事了。

然后便慢慢诉说了和李佳的一切。

小丹很诧异，说你们怎么过成这样？这不是活受罪吗？

我说这的确是活受罪。我们早就该分手了。我刚才的难过，是为我和李佳共同的不幸。离婚对我们都不构成打击，我难过的是我们无端地让命运捉弄了。她嫁任何人都会比嫁我好，我也是一样，哪怕当初娶一位村姑，也不至于弄得这么焦头烂额。

小丹也叹道，早知这样，当初她还不如与苏建设翻掉。如今这弯子绕大了。

我便说：你别这么想，我来看你没有这个意思，这对苏建设也不公平。

小丹责备道：我有这意思！要是没这个儿子我就去找你。你现在这个样子看了让我心烦，让我难过，这样下去你会拖死的！

说着，她也流泪了。一边从箱子里翻出一条新床单换上，又让我同她换了一只干净的被套。小丹说晚上她不回家了，苏建设出差去了南京，儿子由保姆管着。显然她出来时就这么考虑的。小丹说：我们之间这辈子就这样了，要是有一天苏建设知道了，怎么办都行。她说她也从来不去问苏建设什么，据说他和人民医院的一个化验员挺要好。小丹说：我不会成心把这个家搞散，但我也不会屈了自己。

1995年我去杭州做事，曾把小丹接去过了半个月。有一天逛西湖，我问她把我看作什么人。她说：有时是前夫，有时是旧情人，有时还是表哥一类的角色，说不清楚。她说能说清楚的是几十年爱一个人不容易。

——1997年11月26日

似乎有一种感应，那天夜里我写到小丹，第二天一早就接到了她的电话。她说：我爸爸昨天夜里11点零7分走了。我还是觉得很突然，对小丹说：我现在就动身，你要照顾好你母亲。小丹这时有些难过，说爸爸走时很痛苦，把席梦思都咬烂了一块。小丹哭着叮嘱我开车小心，又说我父母现正往水市赶。

放下电话，我的眼前出现的不是齐叔消瘦的面容，而是这样的背影！

我忘不掉这"件"钢丝背心。一路上这东西总在我眼前晃动着，捆住的却是我这颗长期供血不足的心。这东西齐叔穿了它整整四十年，直到他的身体成为尸体，才得以脱下。齐叔，您不会再穿这东西走进焚尸炉了。我不能允许铁的渣滓弄脏您洁白的骨灰！

我给齐叔撰了一副挽联：

一生清白，老人遗产不过几根白骨，
半世风雨，书生感慨无非一句呻吟。

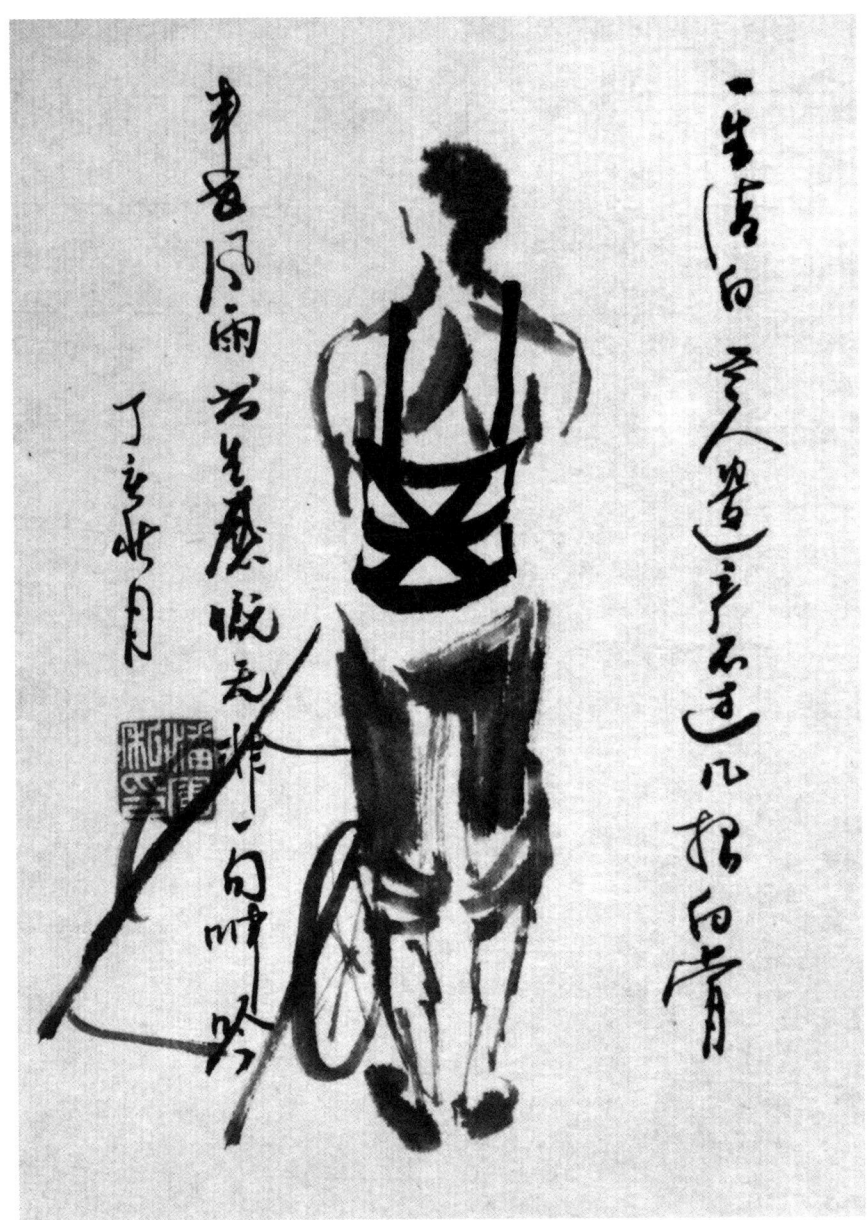

送走齐叔,我母亲担心过度的悲伤会把于阿姨拖垮,便把她接回石镇过一阵子。我则留在齐叔屋里。每天我在他的遗像前点上一支香烟。小丹有时过来陪我,如今我们竟都是四十岁的人了。过去的一幕幕依旧那么清晰,又仿佛被雨水淋湿,回想起来不免几分凄然。眼下又是一个冬季,窗外的叶子已经凋零。这几十年里,有很多的冬季属于我和小丹。尤其是十年前的那个冬天,那是我一生中最阴冷的日子。那天晚上,我才惊恐地发现,自己险些成了一个废人。而我不过三十岁,无论如何都不敢正视这个事实。是小丹疗治了我,使我挣脱了一张恐怖的罗网。我在水市附近的一个月里,只要相距不是太远,小丹都会让我回到那间小屋。她在屋里生了一只火盆,一丝不挂地向我展现着她的胴体。她吻遍了我的全身,直到我慢慢燃烧。她领导着艰难的做爱过程直至被领导。终于在一个大雪纷飞的晚上,我找回了从前的自己。我们几乎是通宵地做爱,展现出生命前所未有的辉煌。1987 年 1 月是我性爱复活的节日。性爱激发了我对生活的热情,那时我渴望的是一切重新开始。但是等我返回犁城后,情况又发生了意外的变化。

李佳三天两头地回来看女儿,并捎回一些菜,对我父母明显地礼貌。显然她没有住在家里,但这种迹象意味着什么我心里大致有数。一天黄昏,我接到了一个陌生女人的电话,对方自称是老马的爱人。她说老马已同她谈了和李佳的情况,她表示理解,并说这都是她平时对老马关心不够造成的,她也有责任。所以她决不会同丈夫离婚的,也希望我能原谅李佳。陌生女人说:他们才相处几天呢?我不信八年的夫妻感情对付不了几回谈心——他们并没有做什么嘛!

让这个女人来开导我岂不荒唐?我告诉李佳并让她转告老马,我需要同他谈一次。第二天李佳回话说马副处长出差了,而且一时回不来。这便很让我瞧不起了,我说:自古男人做事都是敢做敢当的。李佳辩解道:我们并没有做什么!我一下火了起来:你以为我在乎吗?我是真心希望你过得好,我也该释放了!

说实话,李佳在我心中的分量从那一刻起减轻了。我尊重她的选择,但我轻视她的调头,我更痛恨我的窝囊!我为什么不能坚持去离婚呢?是李佳的茫然让我彷徨还是幼小的女儿让我裹足不前?抑或上苍赋予我们的痛苦还显不够?或者我在感情上天生就是一副软骨头?现在看起来这些都是过眼烟云了，我倒是别有一番感慨。人的情感生活，最痛苦的莫过于不和谐的夫妻关系。但这只是一层意思。另一层意义是，最难割舍的也是夫妻之情。有时候，我把这种理解视为天字第一号的恶作剧，因为夫妻只有在离异之后才会去珍视对方。于是我便怀疑这婚姻制度的合理性，我无意去挑剔婚姻法规，我针对的是婚姻这种千年不变的形式。某种意义上，让两个人厮守一世就如同让一个人一生只吃一种食物、穿一件衣裳、读一本书一样地不可思议，尽管道德对此很恼火。

我告别了水市，告别了小丹。三个小时的夜路，到达犁城已是临近十一点的光景了。城市高大的建筑物几乎每个窗口都拉上了帘子，亮着微暗的灯光。这时分，有多少夫妻正在做爱？又有多少夫妻是同床异梦？

——1997 年 12 月 4 日

犁城：1987年7月

李佳是春节后回来的。那时不满周岁的女儿正患病毒性感冒，作为母亲，李佳理所当然地要回到孩子身边。孩子是她出入这个家的特别通行证。李佳不再提及离婚，用她本人的话来说，她当初只是有一种想离

的欲望，以为早些让他知道，可以逼他就范，其实很不现实。他想，真正的现实是那个姓马的男人没有离成婚。这个家不过是李佳的退路而并非前途。从这时起他和李佳以孩子为中心内容又生活了几年。后来他把这个阶段称作婚姻假释期。

1987年，胡耀邦的下台和大兴安岭的火灾，使这个国家格外令人忧虑而焦灼。年初《人民文学》杂志因一篇小说惹起的民族问题风波，也成了人们谈论的话题之一。在机关里，那些每天喝茶看报的人一夜间对文学发生了兴趣，都来向他借阅

那一期的《人民文学》。他说：我不订期刊。我对那篇小说也没有兴趣。人们又问：那篇小说问题大么？他说：好的小说从来都与问题无关。他只能这么说。他不会建议他们去接触一个叫博尔赫斯或者福克纳的老人。有意思的是，他关于小说与问题的信口开河传到了金一凡金典同志的耳朵里，于是这人就认为其观点极无逻辑性。有一天，他被金一凡叫去汇报不久前的那次赴水市的农村调查。但他的感觉是，金一凡真正关心的是那一个月中，冯维明向他透露了什么没有。譬如说，调查行动是否有针对性。倘若有，其背景是否来自高层？省委负责人的称赞是随意性的表扬还是倾向性、实质性的支持？金一凡就是这么一个神经过敏的人。胡耀邦执政时期，他曾就本省农村实行联产承包责任制的某些做法，给前者写过一封信，结果胡耀邦作了几句话的批示，这便成了金一凡最大的资本。现在胡耀邦辞职了，他金一凡就觉得一切都变得很不正常，似乎下一个辞职的就轮到他了。这合乎他的逻辑性。

那次他被金一凡连番的暗示弄得头昏脑涨。等谈完"工作"，金一凡便改暗示为明言，说起了"小说与问题"。金一凡认为他的这种观点不对，甚至是错误。小说能不反映问题吗？金一凡说，从"伤痕文学"到"反思文学"再到"改革文学"，有哪些小说不是反映问题的？不反映问题作家谈何社会责任感？他没说什么，因为这又很合乎金一凡的逻辑性。最后，金一凡同志说：只有深刻反映社会问题的小说才会经得起时间考验，为历史所记载。

这时他才说：可能会有另一种文学史会记载另一种小说。那些小说只提供语言和想象。说完，他就离开了。他能感觉到背后的金一凡一定是很不愉快的。但是这没有办法，既然谈到小说，他就需要坦言自己的立场。那一天他的情绪有些黯然，觉得自己从事的这个行当有一种说不出来的甘苦。他获得了写作过程中未知的不断显现的激动，又必须面临作品带来的种种烦恼。文学的愉悦无时不与功名的诱惑对抗着，存在与发展使你在妥协与媚俗的边缘徘徊，有时你就得打出一面白旗。他又想起年初北京的那个"文学晚会"。文学居然与晚会勾搭上了，作家与明星又有何区别？不久以后，文学开始走进了地摊，作家的照片成为畅销杂志的封面，以至一堆无聊小报就能生造出一个著名作家，以至一个电影导演就会捧红一个作家，成为中国文学界最失败的种种风景。

可悲的是他本人有时也是这败坏风景里的一笔无耻颜色。几年后，他只身去了南方，开始了自我放逐的生活。那是一次对家庭和文学界的双重逃离。其策划则始于1987年的夏天。那一天，是女儿周岁的生日。他在沙发上布置了十件东西，让刚刚学步的女儿玩"抓周"的游戏。结果这孩子三次都抓起了一本书。他激动地把女儿高高举过头顶，说：我的女儿！他为拥有这个爱书的女儿骄傲得落泪了。这天晚上，他和李佳有一次长谈。这是一次朋友式的谈话，理智而坦白，自始至终平心静气。过去的事已成为历史，不需要再纠缠谁是谁非。他们看重的是现在和将来。李佳说，我想把孩子带到上小学再离开这个家。她说我现在唯一的寄托就是这个女儿，我信赖的是血缘。我们今后也不必再吵了，想想终有分手的一日，吵就没有意义。他现在觉得，李佳实际上是一个外强中干的女人，对生活极度悲观。这个女人的梦想过早地结束了，余下的便是打发光阴。所以她总是很累，总是睡不够，也总是有发不完的哀怨。人是需要梦想的，人因梦想而活。梦想如同一条横亘于眼前的地平线，你见到了它你就必须接着走。从这个意义上看，存在就是虚无，人生如梦。然而做梦的过程是美丽的，生命本身是美丽的。

他告诉李佳，自己一直在考虑脱离机关甚至脱离文学界。这让李佳有些困惑，她问道：你不是一直爱这行当吗？他说：我爱的是文学，不是文学界。而且我也不会以写作为谋生手段。写作难以谋生。李佳说：写作怎么不能谋生呢？以你的才华，如果你写一些贴近生活的东西，写一些符合形势的东西，你一辈子会过得很好。然后李佳就列举了本省的几个人，说这些人的功力和感觉都远不及你，却比你来得实惠，什么都捞到了。他说：我本来就没想过靠写作来捞取什么，我只是喜欢。李佳说：你这人太固执了，我倒是希望你变得实际一些。你混好了，对女儿将来会很有用。你至少能养得起这个孩子。

他说，如果想赚钱，应该用赚钱的方式，比如做生意、炒股票。他说写作是看家本领，人不能拿看家本领去开玩笑，就像一个化妆师不宜去开美容院。

李佳便反问道：什么叫看家？看家就是养家。如果当初你听我一句话，我们会走到这步田地吗？

那时我的想法其实很简单。我想挣钱对我来说不应该是件十分困难的事。我设想做广告生意，设想为电视台制作栏目，设想过开一家书店。这些都是能挣钱的手段，而且我力所能及。我对文学界的失望在两个方面：其一是我不满现行的衙门化体制，说起某个作协主席是厅局级待遇，我就以为是一句笑话。我印象中，全世界只有苏联和朝鲜有类似中国的这种作协体制。我也不主张靠政府来养一些专业作家，这种雇佣关系会使作家和作品都变得十分尴尬。所谓职业作家，国外一般指的是那种靠卖文为生的专栏作家和靠畅销书发财的写手。政府的钱，应该针对性地发放给那些能够写作的人，而不是养一堆以文学为名义的机关。因为有与行政级别看齐的待遇，文学界便不安宁，丑闻迭出自然最平常不过。其二是我厌恶这个"界"庸俗不堪的学风，完全丧失了最起码的职业道德和学科标准，剩下的不过是乌合之众的欺行霸市与肉麻吹捧。

所以我必须彻底与之断绝关系。1992年，在我决定去南方之前，我先辞去了在省作协的全部职务。我觉得我应该有另一种生活。

和李佳交谈的第二天晚上，我又去了城南的那家啤酒屋。我从女老板嘴里得知海南将要建省的消息，说邓小平要把海南岛建成中国最大的经济特区。年轻的女老板现在对学潮已经没有了兴趣，已在超前考虑将去海南岛投资的项目。她说想在那里开一家玻璃店，因为海南要开发，首先必须是房地产，而盖房子是离不开玻璃的。女老板显得信心十足。但她的情绪并没有怎么感染我，让我惊讶的是她的胆识与眼光。这个女人顶多二十三岁，却能对世事作出如此敏捷的反应，且又不是文化人惯有的那种海阔天空，不简单。可是我突然转移了话题，很唐突地问道：赚钱是不是很有趣？女老板愣了一下，然后很沉着地答道：这要看你的欲望了。一种人赚钱是需要钱，另一种人是为赚钱而赚钱。我是第一种人。我需要钱买房子买车养老，我还需要钱办我想办的时装公司，需要钱出国旅游。我的乐趣是在赚到钱之后，不管大家怎么说，我还是相信，没有钱是万万不能的。钱甚至能帮你买回公道。

说到这里，她便有些激动，拿起我的烟点了一支。她告诉我她叫林之冰。名字有点怪怪的，又有点老气横秋。林之冰说我们其实是校友，她在校团委办公室还看见过当年我为学校挣来的那张大学生会演的奖状。林之冰闭口不提学潮那档子事，只说过去仿佛一个梦。这个梦结束了，她便开始去做别的梦。

那天夜里我和林之冰聊得很晚。因为是周末啤酒屋的生意比较清淡，这倒有点奇怪。林之冰说，犁城的男人一到周末都会在家陪老婆，而恋人这一夜的处所必定远离灯光。这一说，我们倒笑了。林之冰突然问道：你是不是离婚了？

我反问道：你看像吗？

林之冰说：我算不准你是否离婚，但我敢断言你的婚姻不如意。从你第一次来，我就注意到了。

我起身告辞，说：你认为婚姻有如意的吗？

我和林之冰就这么认识了。现在我仔细回忆那个周末之夜，觉得双方最后的话语都有些暧昧。林之冰不是那种靠眉目神情打动我的女人，不是那种看在眼里拔不出来的女人，她属于那种谈得来的朋友。投机相洽的话语是我们交往的前提。我和林之冰的关系从一开始定位就十分准确。我们都不信任婚姻，都觉得彼此可以成为患难之交但不会成为终身伴侣。林之冰后来说，我们都是以自我为中心的人，这种人永远只能做朋友。因为我们是异性，所以成为情人便是一件很自然的事了。

关于情人与妻子（或丈夫）的描述，最为精彩的话语出自李佳。有一次，那是我们离异后的第二年，我与她散步路过林之冰从前开过的那家啤酒屋。李佳问我有何感慨。我说林之冰给我最为深刻的印象是通情达理。李佳便嘲笑道：情人大都这样。情人看见的是孔雀的正面，孔雀开屏能不美吗？而老婆却绕到了背后，看见的只是脏屁眼。

李佳说，我们真是太冤了。如果我们是情人，我脑中就不会层出不穷那些油瓶忘了盖呀，水开了懒得冲呀，多开一盏灯浪费电呀这种破事了。情人吃饭嘴一抹走了，老婆却要收拾一桌子脏碗。老天对我们最大的不公，是让我们莫名其妙地夫妻一场。

那些年我们过得很不容易。虽说一些事谈开了，但我们仍不能理智地对待每一天。两个人有一个孩子，每天需要面对着，需要共同应付日常生活，还需要做出和好如初的姿态向外界展示。我们在等待着。李佳等待着女儿长大，我等待着李佳下一步的安排妥当——无论她作何选择，我都为她祝福。对李佳，我永远感到歉疚，因为她是我女儿的母亲。我们在彼此投下的阴影里度过的那些时光是人生最值得留恋的时光，是另一种的青春作证。一个男人不能给自己的妻子带来幸福，怎么看都是一种无能。我时常这么检讨着,李佳或许也有类似的自责。正是基于这一点,我们都尽量避免再去伤害对方。我们甚至强作欢颜去取悦对方,那种苦衷只有当事人才能体味。那些日子,两个人全部的欢笑都是虚伪的,愁苦却很真诚。这些愁苦让我想起我们仍是法定的夫妻。我们于愁苦中等待着一场玩笑的结束……

——1997 年 12 月 5 日

为了减少和李佳的正面接触,他决定着手写一部长篇小说。写作的时间自然是晚上,地点却挪到了机关办公室。李佳也希望这样安排,她担心的是被动吸烟会不利于孩子的健康。于是每晚《新闻联播》后,他提上一瓶开水,带上一盒风油精,去办公室。办公室与住所同在一座大院内,当中只有一堵墙和一道岗。他想每晚可以写到十二点甚至下一点,回家后李佳正在熟睡中。翌日早晨李佳又会先他一步出门去赶班车。这样,每天他们的见面时间便只剩了两顿饭的工夫。

1987 年的夏天可谓酷暑难熬。白天城市的最高气温一直在摄氏三十八度居高不下。夜晚无风,驱不散的闷热使空气中充满了煤油味。他打着赤膊在电扇下仍是汗流不止,于是就在脚下放了一盆凉水。他把双脚浸泡在凉水中,几小时下来,这水也热了,他又换上一盆。然而稿子却写得十分顺手。望着渐渐厚起的稿纸,他有一种说不出的开心。那时他觉得写作真是一门好手艺,最重的烦恼也敌不过一杆笔。他想起一个外国佬说过的一句名言:最伟大的东西都是管子制成的,比如枪、男性生殖器和我们手中的笔。三件东西他拥有两件,他不能不开心。但是他也偶尔生出一点悲哀来,他不明白李佳为什么就敌视这门手艺。李佳,我的要求其实并不高。他这么感叹着,我需要的不过是一张桌子,每天让我在上面伏两小时就足够了。

这天晚上,冯维明来了。看见他这副挥汗如雨的样子,冯维明便生出了几分羡慕。这羡慕看起来是由衷的,他就觉得有些奇怪。冯维明不是那种浅薄之人,决不会因为他在事业上成了点气候就一改过去的态度。他注意到冯维明近来显得憔悴,但不知道这人什么地方不顺心。

冯维明看了他的几页稿子,又点了一支烟,说:做自己想做的事,苦中有乐,至少心灵是自由的。这方面看,我便远不及你了。如果我当初坚持去搞西班牙语——不，这还不一样，因为我最终放弃它根本还是在于失去了兴趣。有时候我也想过，我究竟对什么有兴趣？你以为我看重仕途？不是的。仕途之乐在于治国齐家平天下，我们天天做的什么？

他着实感到意外，冯维明竟会有这番感慨！他印象中的这个冯维明历来是从容不迫的，面前从来就没有什么坎坷。冯维明眼下是不是遇到了什么麻烦？于是他问道：出什么事了？

冯维明说：会有什么事呢？我只是感到特别的累。主任又住院了，我刚从那儿回来。他的儿子女儿躲得远远的，我却要每天跑三趟。我父亲去年病故，我连回去奔丧都迟了一步……

说着，冯维明的眼睛湿润了。冯维明说父亲临终前还惦着他的婚事，说苦撑了这么久还是没有见到第三代人。冯维明这个晚上是来等澳洲的电话的，可是一直等到十二点，电话铃没有响。冯维明便不想再等，怕耽误明天一早去医院照看主任。临走，冯维明还说：不好意思，影响你写东西了。他说：维明，我们是朋友。人一生最终剩下的就只是朋友。父母要死，儿女要另立门户，老婆离开不过是迟早问题。

这一刻，他们都有些激动。

那时天空刚刚布起雨幕，城市仿佛凝固的热浪开始化解。他立在窗口，等待着冯维明的身影从视野中通过。可是冯维明没有出现。他想冯维明可能换了一条道。那是一条弯道，两旁生长着葱郁的樟树，每天清晨老干部们喜欢在那儿练习养身拳脚，一边听着新闻和报纸摘要的广播节目。现在，这个首脑大院在淅淅沥沥的雨声中显得格外的寂静而空旷。他却有些孤独，不想去找回几小时前掐断的思绪。这时，电话铃响了！他以为是澳洲打来的电话，便抓起话筒，听到的竟是那个女老板林之冰的声音。

林之冰说啤酒屋刚刚打烊，就随手拨了这个电话，想看看他可在。林之冰知道他近期在写一个长篇。

林之冰问：还想写吗？

他说今晚他几乎没写什么，和一个朋友叙旧刚结束。

林之冰说：要是你不太疲倦，就过来坐会儿吧。

我到的时候，林之冰正在收拾自己的小东西。我便感到，今晚我们可能会去另一个地方。于是关于性爱的欲念自然地生出。虽然林之冰说店里值更的伙计在场谈话不方便，但我仍理解为一种托辞。所以上出租车的时候，我故意扶了她一把。她光润的肌肤让我非常惬意。

果然，去的地方就是林之冰的寓所。那是犁城最早的一批公寓楼。林之冰在最高的一层租了一个小套。进来时，值班的老头用狐疑的目光打量着我。林之冰便给他一包烟，请他帮我们开了电梯。我的尴尬在电梯里达到了极点。后来这便成了林的笑料，说我骨子里还是个好男人，居然还知道脸红。

林的屋子陈设很简单，但布置得颇有情调。她对花布有特殊的癖好，几乎所有的东西都离不开花布的装饰与点缀。孤立地看，那都是些俗气的图案，没有变形，色彩也十分浓艳。但是集中到一块便出现了意外的效果，明亮的色块传达出生动活泼的气息，俗到了极端便不再是俗。这种安排非常吻合主人的气质。很多年后，当我鬼使神差地做起服装生意，一次去浙江柯桥的面料市场考察，蓦然想到了当初林在犁城的这间房子。那天我跑了很多店面，终于在一家极不起眼的小店里找到了这种印花的面料。主人向我抖开这花布时，林的形象便在那个瞬间清晰地出现了。然而我只买回了一小段。随行人员自然不理解我的心思。后来我把这段布制成了一幅床罩和两只枕头套。于是这之后的许多不眠之夜，我独自重温了与林在一起的日子。那个时期，我因生意屡屡受挫生活得沮丧不堪（我将在小说第二部中提及），是这富有朝气和生命力的图案给了我亲切的抚慰。

和林之冰的接触就像在听一首轻松的古典乐曲，照亮没有紧张的感觉。开始我们是坐在凉台上喝茶，处在这么高的位置，在这么深的雨夜，很快就有了凉爽。林的所作所为都非常磊落。她说好些日子没见我去啤酒屋，总觉得有点儿失落，突然就很想见我。你可以坐晚一点吗？林说。

我说：你不介意，我可以陪你一宿。

很明显，我有些闪烁其词，其中透着男人固有的狡黠。但我的行动又使适才的言辞变得十分可笑，我拉过林的手，从后面搂住了她的身体。

我的手从林的腰间向上滑动着，最后停在她结实的乳房上。林扭过脸吻着我的颈项，我们逐渐开始接吻。接着林说：去洗澡吧。

这是我有生第一次和一个女人共同沐浴，也是第一次在喷淋的水帘中做爱。林的身体丰润爽洁像一条鱼。林就是一条活泼会呻吟的鱼。后来我将这条鱼抱到花丛中。我们并排躺着，仿佛置身于一个花花世界。林亲昵地告诉我说，你很棒。林说她几天前就在设想今夜的情景，就把我想象得很棒了。林起身给我重新沏了杯茶，又拿起指甲钳来给我剪趾甲。这时她发现我的双脚很浮肿，问是怎么回事。我说是在冷水里浸泡久了的缘故，

不是病。林于是就有些心疼，叹道：我若做你老婆，是不会让你受这份罪的。但是我这种人天生不是个老婆料，我做不了任何人的老婆。

　　林之冰实际上是一个柔情的女人。在以后的相处中，我越发觉得最该去当老婆的就是她这种类型的人。但我没有道出这感受，我害怕因为这种观念而改变两个人的角色，使问题复杂化。虽然我同李佳的婚姻已没有前途，但我不能明火执仗公然与某个女人同居。犁城不大，我不想把事情弄得沸沸扬扬。林之冰自然也不希望出现这种难堪的局面，那时她只对我提出一项要求，她说：我唯一不能容忍的，是你从另一个女人的床上回到我这张床上。以后她又进一步声明道：如果有一天你们夫妻和好如初，或者你又爱上了别人，我们就不需要再见面了。我希望你在给我感情的同时也捎上我的尊严。

　　那天晚上我们谈了一宿。黎明时，我们又开始做爱——其过程十分地漫长。林在高潮临近的前夕将灯熄灭，她骑在我的身上不停地摇晃着，肆无忌惮的呻吟让我无比兴奋，我觉得我会把她杀了，剧烈的挺进带来痛不欲生的快感，我们几乎是在同一秒钟迎接了高潮。

　　然而这个早晨后来让我很尴尬。离开林之冰的寓所，我匆匆赶回"红门"，正好碰上等候班车的李佳。那会儿我的头发还没有干。李佳平静地看着我，什么也没说。我倒是心虚地支吾了几句，问今天该买什么菜。李佳说：你看着办吧。

　　女人是奇怪的。敏感的李佳一眼看出我在这个城市有外遇，心理上突然就不能平衡了。李佳视我为一本过期的刊物，她看完了或者不想再看了，可以随便扔到某个角落，但她不允许别人把它拾起来掸掸灰尘，更不允许招呼不打就拿走。直到今天，她还是这种心态。昨天她过来看装修的进度，顺便把这个月的长话费单据交给我。依据当初口头协议，凡长话费均由我支付，她只管市话费用，当然她也不打长途电话。费用每月都是她先垫付，等我回来一并结清。这本是件正常的事，但她从另外的角度作出解释，她说：你给远方的某个女人挂了几百块的长途，却由我这个前妻垫付交费，能让我平衡吗？

　　我于是赶紧交给她一张活期存折了事。我想我这辈子都要面对这种不平衡了。1994年我在回答南方一家妇女杂志的提问时，曾谈到这种状态。我说女性往往是不平衡的，除去与生俱来的某些不平等的因素，还在于在婚姻这一特殊人际形式中，女性无论是事实上还是假想中，大都自觉地把承担的一切看作了牺牲。如果我们承认这一点，实际表明婚姻从诞生之日起就失去了合理性。失败的婚姻在于不明智的索取，在没有血缘关系的基础索取远远高过血亲的情感，并绝对地霸占到底，这是连神也办不到的事。

——1997 年 12 月 7 日

犁城：1988年4月

犁城春暖花开的时节，一位满面红光的人却悄然谢世，讣告上标明：享年六十岁。倘若这人还健在，就只能算五十八岁了。谁也没有料到主任刘这么痛快地走了，当消息传到机关时，他还以为是恶作剧。但是不久冯维明证实了这一点。

主任刘是去年底转院去上海的。转院的理由却不是因为病情加重或恶化，而是犁城医院的设备受到限制。没有人怀疑这一说法的真伪，但人们普遍认为去上海治病绝对是个错误，因为今年上海突然爆炸了一颗称作甲肝的"原子弹"，三十万人受到威胁，整个华东极度恐慌。而主任刘就是死于肝病，且祖籍又是浙江沿海地区，他在治疗期间是否也吃毛蚶了？

这时候，金一凡金典同志要站出来说话了。作为现在主持机关日常工作的负责人，他有责任对死者的病因作必要的说明。他说主任患的是肝癌，而肝癌是不会一夜爆发的，况且是晚期肝癌。金一凡的意思实际是说，一年前主任刘从水市调来时就是个癌病患者，这一点被组织部门考察时忽略了。可选拔的干部很多，为什么偏偏要挑一个病人？金一凡的暗示很有用，没过几天，机关内部便有人对死去的主任刘大加演绎了，说主任刘总是找熟悉的大夫上门看病，是隐瞒；说主任刘每天上班要喝一杯酒弄得红光满面，是伪装；说主任刘当初向组织部门提供的病历档案纯属捏造，目的就是力争搭上这最后一班车。

这些话传到耳里，他似信非信。他想起在水市机关的卫生所里见的那个刘副书记，总是撅着屁股打针的情景。那是一种什么针呢？是止痛的还是麻醉的？肝癌是疼痛的病，这个人忍耐了多久？他又想到了冯维明。如今主任刘说走就走了，撂下了"用惯了"的冯维明，后者无形中便成了众矢之的。机关内部的人历来不欢迎这种外来户，也历来轻视靠给领导倒水拎包上来的干部。可是，冯维明又做错了什么？如果说他真的有错，那就是他没有算到主任刘这么快会死。冯维明这一枪的确没有打准。尽管现在冯维明格外地小心谨慎，但其所承受的压力丝毫没有减轻。而且祸不单行,从迹象上看,他同还在澳洲的对象关系完全断了。那个女人至少有近半年的时间没有来过一封信和一个电话。

于是他想今晚约冯维明一块吃顿饭聊聊。没想到下班前办公室发生了一件不愉快的事,以致他当众摔了一只茶杯。

是晚报送达的时候,处长那鞠躬尽瘁的背影突然跳动了,像发现新大陆似的宣布道:这儿有一条关于治疗癌症的新型疗法叫热疗,既不同于化疗也不同于放疗,你们看看!大家便抢着看报纸。处长一边踱步一边说:我们的刘主任走早了。这第一把火还没烧完呢!人呐,光急着搭车不行,还得想着替自己加油。冯处长,你同意我的观点吗?

冯维明看了处长一眼,又埋头做自己的事了。他看见冯维明整个脖子都红了。他看不下去,猛地把茶杯摔到了地上,处长吓了一跳,其他人也都吃惊地回过头。

他说:人都死了,再这么数落不觉得无耻吗?

处长有些惊慌失措,说:你怎么这样说话?

他说:我就这样说了,就说你这人无耻,怎么的?你敢把我从窗口扔下楼吗?

冯维明连忙过来拉住他。他甩开冯维明的手,指着处长的脸说:什么东西,老刘在位时你一天至少跑五趟!

说完他就走了。

苍茫暮色中城市露出夜的嘴脸。虚伪的灯光下只有这个橱窗神气活现地展示着春天。那时他就站在这些时髦美丽的木偶面前,等待着沮丧的冯维明。他想此刻冯维明一定是在同处长替自己作最和气的解释,说他文人气质太重,讲话没有分寸,如此等等。而那个鞠躬尽瘁的背影也会自动下台阶,做出他妈的大人不计小人过的姿态,说:年轻人嘛!然后第二天一早肯定会去向金一凡同志诉苦,说自己无辜受辱,组织上不能视而不见。他甚至会一口咬定下午的事与冯维明有关,他们是同学,又都是水市来的,他们就是在搞小圈子。

不多时,冯维明来了。后来他们就去了老街的一家小酒楼。他记得有一回冯维明说过,这条街很像水市的墨子巷。现在他们坐在楼上临街的窗边,天色转暗,沿街便亮起了小摊小贩卖烧烤、炸串子的灯火。犁城的小贩是不轻易吆喝的，他们大都是国有企业的职工，业余搞点外快以补贴生活。

喝过一杯酒，冯维明说明天想回石镇小住半月。一来他想休息，二来弟弟"五一"结婚，如今父亲不在了，他得出面帮着张罗。接着冯维明谈到了澳洲的女友，说两人的关系彻底结束了，对方刚刚嫁给一个外国老头，几乎可以做她的爷爷。我不怪她，冯维明说，都是为了生存，我只是有点懊悔，当初不该放她出去。这事在我意料之中，不像主任的死。我要是料到今天这个结果，我是不会急着往犁城调的。

他说：官场上都是身不由己。你打算怎么办呢？

冯维明说其实想通了也没什么大不了的，谁也未必敢对我怎么样。我厌烦的是那种无形的东西，压得你喘不过气。

他感叹道：你我有一点是共同的，都是孬种。你是一门心思走这条路了，那就不该有什么牢骚，因为是你自己的选择。我呢，不想赖在这机关里，却又没有勇气把饭碗砸了，搞得不伦不类，和尚不像和尚，道士不像道士。实际上吃饭并不是难事，比如说我们也在这街上支一个摊子，敢吗？不敢。为什么不敢？我们当然可以找出一百条理由，其实最根本的一条我们还没有说出来，那就是我们太拿自己当人了。

这个晚上他本想和冯维明去林之冰的啤酒屋接着聊，但因后者要去向金一凡告假，就在酒楼前分手了。于是他独自沿着这条老街向南而去。他手里拿着一本著名的文学期刊，这是昨天邮局才到的，上面登载着他的那部长篇。杂志社很重视这部作品，除用三分之二的篇幅一期载完，还配发了他的创作谈和约写的评论，并在封二上发表了他的近影与小传，这几乎成了他个人的专号。他自然有些得意，也自然要送一本给林之冰。尽管他们的交往是若即若离，但他感到离开这个女人将是一件困难的事。然而走在这条街上，他突然想到了韦青！

他清晰地记起在墨子巷与韦青不期而遇的那个微雨之夜，韦青撩开雨帽的手势栩栩如生。

他又想起在新华书店前碰见的那个陌生女人，她提到韦青逛街时买了一本载有他小说和照片的刊物。接着，他在想象中见到了那具已经完全成形的婴儿，突然张开了一只小手……

他为之一颤！

1988年4月13日第七届全国人大第一次会议,审议并通过了国务院关于设立海南省的议案,划定海南岛为海南经济特区。这无疑是那个春天最为亮丽的消息。它至少冲淡了人们对甲肝驱之不散的恐慌,也使"蛇口风波"黯然失色。所谓"蛇口风波"不过是所谓青年教育家的当众出丑,本是一件可笑的事,再闹便是无聊了。海南建省唤起了大陆人对岛屿的向往。当年深圳成为特区,人们没有反应过来,甚至很多人还不知道有深圳这个地方,把圳念成了"川"。当深圳的魅力动人地展现而出时,去就只剩下花钱旅游了。人们自然不肯再错过这个机会,一时间"下海"成为最流行的词汇。

那天晚上我去啤酒屋,几乎一屋子的人都在谈论下海。有一个戴眼镜的青年男子,正在向林之冰等人介绍着海口。这人刚从海口回来,海南省政府挂牌那一天他在现场,并说和许士杰梁湘握了手。他虽然有些夸夸其谈,但谈吐很具诱惑。我注意到林之冰的情绪特别兴奋,眼睛明亮,两颊绯红。我和她接触了这么久,似乎这时才发现她的美丽。这应该是个错误的感觉。林没有注意到我,而我也不想介入到他们中间去。我想我当时可能会有一种失落感,有一种类似两代人的隔膜。手里这本新鲜的期刊已被我握出了汗,我有点后悔带来这东西。就在准备离开时,那个平时值更看店的伙计端给了我一杯啤酒,并喊了我一声老师。林之冰这才发现我,走过来说:我正想给你打电话呢。一起听听?余强刚从海南飞回来。

余强就是那位眼镜了,我想。但我仍不想和他们挤在一块。我说:你们聊吧,我是路过,进来看看你就行了。然后便喝了两口啤酒,往门口走去。我低声告诉林,晚上我不过去了,孩子正感冒。林拿过那本期刊,随手翻了翻说:是给我的吗?我正好晚上看。我说今晚你就别看了,快想想你的玻璃店吧。这话一经说出,我便有些心酸。我好像已经看见了林向我道别的情形,这只是迟早的事。这提前预告的分手折磨着我,其痛楚不亚于癌病患者接到最后的诊断书。那个晚上我躺在西窗之下想了很多事,半夜里爬起来打算把这些都记在纸上,却又找不出头绪。后来我就画了一堆几何模型,越画越精细,但我不知道这个由几何形状构成的空间是否就是我的情感世界。

事隔多年再次面对这奇异的图景,我还是深感困惑。但我为它表现出的宁静与和谐怦然心动，我仿佛从日益喧嚣的世界中挣脱而出，等待着一声长吁。

——1997年12月8日

第二天上班他迟到了。刚落座，同事便告诉他，说金主任让他马上去一趟。他琢磨肯定是说昨天同处长的那点破事。处长现在不知去哪儿了，他那鞠躬尽瘁的背影一消失，窗户便明亮了许多。

他走到金一凡的门口，看见里面已经坐了好几个人，其中一个是电视台的什么导演，曾与他合作过一部反映洪水灾难的专题片，事后却克扣了他近一半的稿费。于是他说：我一会再来。

金一凡摆摆纤细的手说：就等你了，快坐吧。

他有些茫然地坐到那几个人一起，那位导演主动伸过手说：还记得我吗？他干笑着，心想肯定因为什么事又要同电视台搞到一块了。电视台差不多都是白痴，又都是牛皮哄哄，中国的好记者是拿笔的，不会扛着机器到处向人索红包。

金一凡同志清清嗓子，开始讲话了。角色调整使他说话的风格与语气也相应改变，他现在不大注意逻辑性了，喜欢东扯西拉随手拈来。喜欢这个那个的没完没了。总之，他已经不再是从前那个金一凡了，或者说是另一个版本的金典。现在我们的金典同志说：今年是十一届三中全会的十周年，这是个盛大的节日，宣传部、电视台的同志打算与我们联合制作一部大型电视专题片，好事嘛！回顾这光辉的十年，我们省是值得骄傲的，山重水复，柳暗花明，有许多值得一表。但我认为，应该强调的是我们的农村改革，可谓敢为天下先，走在全国的前列。十年辛苦不寻常呐同志们，但我们走过来了，告别了贫穷，黄鹤一去不复返……当然啰，这是我个人的意见。具体怎么搞，一要听省委省政府的，二要各位集思广益，三要下去摸点情况，四要敢于探索，总之，要搞好。

金一凡喝了口水，指了指他说：既然人家点将，我不能不支持。你把处里的工作移交一下，全身心投入。你最近在创作上有进步，很好，前些日子我在报纸上看到你的长篇小说目录，虽然没有来得及看，但能在那样的杂志上发表，说明具有一定的水平。这回大家很信任你，让你担任总撰稿,要认真对待,更要谦虚。另外在理论上要补补课,回头我给你推荐几本书。

当天下午,他便临时住到电视台包的房间去了。导演这回十分殷勤,因为他指望这部片子获得职称晋升。宣传部派来的两个人拎来了一大捆材料,说他们不知道专题片怎么做,他们只能当当参谋和助手。那时他对这件事并没上心,想最后的结果无非让呆板的材料来点文学化,像个说明词罢了。所以他建议,不妨先下去跑一圈。大家认为很好,导演摩拳擦掌地说事不宜迟,最好明天就走,台里给这个组配了专车,很方便。但他说不行。我还有点事要处理,他说:过了"五一"吧。他倒不是故意要拿那导演一把。他想现在要紧的是和林之冰认真谈一次。他摆脱不了昨夜林的那张激动的脸,就像雨后的虹一样奔放。

于是他给林打了呼机留言:黄昏我去花房见你。

他是有意留言而不与林直接通话。他不想听到林兴奋的声音,希望在自己到来之前林预先进入情人角色,暂时把南方的鼓舞收起来。后来的事实证明,林之冰完全领会了他企图表达的意思。黄昏不久来临,他骑车去了林的寓所。林的门虚掩着,他换了拖鞋,关好门,就向卧室走去,接着就见到了这幅如此绚丽的图景。

这是条美人鱼。一条刚要从蓝色的海洋里跳到花圃中的美人鱼。他的手从这条鱼身上一寸一寸地移过。鱼仿佛沉睡,仿佛陶醉于这花园的香沁之中。现在,鱼醒了。鱼慢慢脱去男人的衣服,鱼慢慢坐到男人身上,鱼抚摸着男人雄起的性器,再引导它进入自己微热湿润的体内,几秒钟后,鱼开始回归大海。鱼不断跃出海面去呼吸着咸腥的空气,鱼在挣扎,鱼的嘴贪婪地吞着浪卷起的泡沫。当窗台上最后一缕晚霞消失之际,鱼的呻吟便成了夜晚最新鲜的消息。

那一夜,他们谈了很久。

虽然半年前的约定是那么清醒理智,但面对即将到来的分手,他们仍怀有切不断的忧伤与悲痛。这无奈的离别近乎残忍,可是,又有什么力量能制止并改变这个结果呢?林之冰说她已打算把犁城的啤酒屋盘出去,这间屋子下半年的租金她也不打算再交了。林说:我现在对这个城市的怀念,就是你了。

他握着林的手,说:海南刚刚建省挂牌,那还是块不毛之地,不能再等一阵子吗?

　　林之冰说:这些她都想到了。她说她毕竟是和那些打工挣钱的不一样,她这几年开啤酒屋有点积累,去南边重要的是找机会,也不会吃多大的苦。林之冰问道:你想过陪我去吗?

　　他说:我想过。昨天晚上我想了一宿。但我一时下不了决心,辞职和女儿都让我迈不开这一步。我知道,这个时候你其实最需要我在你身边,至少有个人好商量事,睡觉也用不着害怕……

　　林之冰拭去眼泪说:你不用内疚。人生就是无奈,很多事都是可遇而不可求。我是学数学的,我记得初中二年级几何上到圆这一节,讲到两个圆的相切,共有的只是一个切点。我想我们就是这两个圆,各有各的天空。虽然我们仅仅拥有这一个点,其实这已经很够了,真的很够了。问题是,我在这个点上陷得太深了,就觉得特别难……

　　说到这儿,林之冰一头跑进了卫生间,对着马桶呕吐起来,吐出的全是稠稠的酸液。他轻轻拍着林的背,然后再次从后面搂住了她。

1988年5月3日，我随电视台的采访车去了乡下。按照预先拟定的提纲，我们打算去不同特点的几个地方实地考察。这次的乡村之行让我想起一年前的那次调查，从某种意义上，我已经把它理解成调查的继续。我对这个农业省份有一种复杂的情怀。这里既有率先包产到户日后成为中国农村改革圣地的样板，也有至今穷得叮当响一味靠政府救济的村落。这块并不富饶的大地曾经燃起联产承包责任制的星星之火，但又因土地的重负与新兴的商品经济失之交臂。我对这块土地的感慨一言难尽。当我们返回犁城已是6月上旬，没过几天，中央电视台播出了六集电视专题片《河殇》。我记得这部片子播到第四集时，金一凡同志亲自给我挂了一个电话，他说：你看《河殇》了吗？你看看人家是怎么搞的，思路开阔，很有气势，我觉得你们要借鉴人家的经验，把东西搞得有感染力一些。

《河殇》很快热遍了全国。电视台的那个导演急得团团转，说自己倒霉，慢了一步。我感到奇怪，这怎么叫慢了一步呢？我们并不是在作一篇同题作文。我当然明白这个人是痴迷于《河殇》这种形式，其实《河殇》里说的那些事，我敢起誓绝大部分他不懂。我是搞这一行的，我都有些不知所云。我既不懂马克思，也不懂费尔巴哈。我不懂"黄色文明"，也不懂"蓝色文明"，但我知道黄色文明绝不是指黄河、黄土和黄皮肤，因为日本人的皮肤也是黄的，塞纳河和密西西比河也没有一夜间变蓝。时至今日，我脑中的《河殇》仍是一位叫张家声的演员的优美悦耳的解说。我喜欢这个人特有的音质、天才的节奏感以及平实的语气。一部《河殇》给我留下的印象是奇异的：解说词大于画面，而解说则大于解说词。

电视台现在的观点很明确，就是希望我们搞出一个类似《河殇》的东西。我便有些作难了。其一是我不具备这种能力，我不过是一个写小说的，我重视的是想象而非思辨，追求的是叙述而非哲理。其二是原先我们想搞的片子，若嵌入类似《河殇》的框架很困难，至少是生硬的。这一路上，我们几个人大致找到了一条思路，就是立足于脚下这块土地做文章。在当代中国，这是一块最先觉醒也最先复苏的土地，其历史地位不容置疑。在这个前提下我们进入反思，指出土地对人造成的心理钳制，指出承包受益后的农民安于现状，甚至滋生出惰性而不敢把自己从土地中解放出来，投身到商品经济洪流中去。然后进而指出：历史的骄傲与荣耀假如不正确对待，便会成为今天的重负，农村改革若不深化便会在自然经济形态里兜圈子。正是在这个意义上，我们纪念十一届三中全会十周年。这也是我们作为创作者最朴素的责任感，因为我们不希望这个省在外界眼中永远是"洪水灾害"，我们试图作一次呼吁。于是我对电视台的人说：与其作空泛的感叹，不如发一声实在的呐喊。我只能这样去写。我没有一点咄咄逼人的意思，但我确实做好了抽身的准备。总之，我不会干东施效颦这类蠢事。电视台最后只好让步，说不干预，但坚持要在这部名为《面对黄土》的专题片中插入一些权威人士的实况采访。我想在他们眼中，这是《河殇》值得借鉴的特色之一。

那个夏天我便着手做这件事了。五集专题片写起来其实不费事，我等于连分镜头本都写了，电视台的导演不过是照上面找素材带而已。但我不想这么快写好，因为我实在是讨厌回机关坐班。这儿的食宿条件相当不错，我每天只是象征性地写那么一会，然后就回家带孩子去了。女儿刚过两岁，正是好玩的阶段。那时她最大的爱好是四壁涂鸦，特别喜欢画一种古怪的图案。

有一天，我的一位从事现代陶瓷与现代剪纸艺术的朋友来访，看到墙上这些图便夸赞说：这孩子不简单。朋友说他绝无讨好之意，接着他轻声说道：这孩子很忧郁。我着实吃了一惊，这图案怎么会"忧郁"呢？朋友说：你看这线条，没有一笔是果敢的，非常重又非常柔，拖笔如此之长，像思绪愁肠一般。你女儿不认生，声音又洪亮，却画出这样的笔触，你这当爹的不该好好想想？

我开始相信这位朋友不是危言耸听。那个下午我被这些图案折磨得很苦。我带着女儿，和她玩拼图游戏。我凝视着这孩子的一举一动，心里充满了苍凉与内疚。这个活泼可爱的生命，偏偏是我和李佳创造的。从她诞生的那天起，我们三个人就从未睡到过一张床上！这个图案一直萦绕在我纷乱的脑海，以后每次我离家远行，它都呈现在我的视野中，像一只脱线的风筝，像挂在天空上的一串放大了的省略号。几年后，当我和李佳最终商量出眼下这种"换防"制时，我深层的依据便是这个图案。

现在，十二岁的女儿来练琴了。放琴的屋子是先装修完工的，只剩下油漆工序。女儿如今不再画了，她对练琴其实也是心不在焉。可我还想对她作更多的要求，我甚至憎恨她那只硕大的书包。有时我也劝李佳，不要对女儿管束太琐碎，也不要把女儿全部的时间填满，多给她一些自由。李佳强调的是社会竞争激烈，她得为女儿将来的前途着想。我说，她的前途就是自由舒展像鸟一样快乐。这是人类最美丽的前途。女儿弹奏的是杜舍克的 G 大调回旋曲，这是她去年考级时的作业。每次练琴她喜欢以这支曲子作前奏热身。我也喜欢，这的确是支优美而轻快的旋律。它让我想起日出和山间流水，想起纷扬的柳絮和拱桥的倒影。后来，我又想起上次回来她对我所说的一段话。那次我们谈到将来去国外读学位的话题。女儿说，她既不想去美国姑姑那儿，也不打算去澳洲大姨那儿。我想去日本的早稻田，她这样说道，我讨厌日本，但我实在是喜欢早稻田这个名字。

——1997 年 12 月 10 日

犁城：1988年12月

  孤傲的林之冰是在那年秋天的一个下午离开犁城的。当时他正在电视台的机房合成这部《面对黄土》，根据画面的节奏调整解说词的长度，制作已接近尾声。林之冰的电话打到了隔壁的办公室，接电话的是那个导演，他刚从厕所出来。导演这些日子实际是四处闲逛，片子他已插不上手，但这个人的宝押在这部片子上，所以以监工自居十分自然。导演说：他正在工作。说着就把电话撂了。过了一会，林之冰的电话又来了，这回她先说有急事，并说：我是他爱人。导演便不敢再怠慢，去机房叫他。他以为就是李佳的电话，拿起话筒才知道是林之冰。

  林之冰说她本不想打这个电话。

  他立刻意识到林要走了，就问：你现在在哪儿？

  林之冰没有说，但他从话筒里听见了一阵尖锐的飞机引擎声。他说：你在机场吗？我马上过去！

  林之冰说：你别来了，我马上就要登机了。林的声音突然哽咽，她说：别忘了我亲爱的！

  然后她就挂断了电话。

  他像掉进了一口枯井，眼前突然就黑了。那一秒钟他相信是真正的失明！他匆匆跑到街上拦住一辆出租车直奔机场方向。他想飞机有可能误点，有可能正在排除一次地面故障，他一定会赶到机场的。林已经通过了安检，但候机厅是透明的，四壁都是玻璃，他可以见到她！

  林，你不是去南方开一个玻璃店吗？那就先让我们隔着玻璃道别吧！

  当出租车刚刚拐上通往机场的高速公路时，由犁城飞往羊城的麦道82型飞机正呼啸着拔地而起。他叫停车，惆怅的目光追随着飞机，看它穿过云层，直至从视野中完全消失。在那个阳光不肯久留的秋日下午，他心头最后的一片叶子落了。他单薄的肢体就像路边的一棵丑陋的杨树，在北风中抖瑟着。他不禁想起很久以前的雨浓和几年前离别的韦青，无常的命运竟把相似的遭遇赐给了自己。一种近乎悲怆的忧伤缠绕着他许多年，他曾经想躲避、想疏远这种情绪，现在他开始热爱它了。他想能够证明生命的，便是这悲怆的忧伤。很多年后，他时常这么假想着，他会走在一条林中小径上，夕阳把他伛偻的身影拉得很长。那时他会独自咀嚼这份凝重苦涩的感觉，去找回从前梦中的脚印。

  那个下午后来他去了原先的啤酒屋。现在它已是个茶楼了，崭新的装修很醒目。人事全非让他怅然若有所失，但他还是想进去安静地坐上一会，去感受那离人留下的气息。然而就在他推开玻璃门的那一霎，他看见了李佳的侧影。李佳正和一个清秀的男人在喝茶，看上去已坐很久了。这意外的情形顿时让他起了慌乱，他自然没有进去。后来一路上他都在努力想那个男人，总觉得在哪儿见过却怎么也记不起来。那是一张陌生而熟悉的白脸，显示着持有者的温和与懦弱。

  李佳回来得很晚。见他在家，她感到有些意外，因为这段日子他都住在电视台包下的宾馆里。李佳问：孩子睡了吗？他说刚睡，保姆也刚睡。李佳就没有再问，去卫生间洗脸了。这会儿工夫，他给她灌了只热水袋，塞在被窝里。李佳进门时，他觉得她的气色明显转好了，但仍然很怕冷。这屋子本来就寒。这个晚上他原想和李佳认真谈一次。分居这么久了，这么拖下去终归不是个办法。他们都还年轻，熬是没有前途的。但是女儿还小，李佳这个时候是不会撇下孩子的——也许是一年前的匆忙过失，使她变得格外疼惜这个孩子而不肯撒手，她越来越像一个称职的母亲了。李佳要把孩子带大，可是孩子有带大的一天吗？《宪法》的依据公民是年满十八周岁的成人……李佳似乎已经习惯了眼下的这种生活，似乎守住这个孩子就守住了一切，她再次从一个极端跳到另一个极端。

  让他更诧异的是，这个不满二十六岁的女人如今竟不存有一丝虚荣心。她从来没有觉得自己生活里有值得向人炫耀的方面，就像任何事情都不能引起她的兴趣。时间过去很久以后，连她本人也承认了这个事实，那时她说：我是一个乏味的女人。生活给予我的除了一堆责任，就只有女儿这仅此一点的乐趣。

  1988年秋天的这个夜晚，他最终还是离开了寒舍西窗下的床榻，去了机关办公室。他想或许林之冰会有电话打过来，同时查看一下近期的信件。那部长篇小说给他带来了一些好运气，这段时间他收到了许多读者来信和一些杂志社的约稿。这让他感到了少许的快乐,心情好的时候,他甚至有点沾沾自喜——一个人偶有沾沾自喜并不是件容易事。后来他就将这些信一一读了,这时发现报纸底下放有一包香烟和两包喜糖。他想机关最近又有谁结婚了。然而几天后他才得知,结婚者就是冯维明!他委实吃了一惊,这个冯维明居然不显山不显水地把这件大事给办了。半年前他还在等澳洲的电话呢。接着他进一步知道,冯维明的新娘是省里一位要人的女儿。他们是在上海华山医院认识的,当时这位未来的新娘正准备接受卵巢摘除手术。

大约是电视专题片做完的第二天,冯维明约我去犁城西郊的柏树岭。那天他要了一部伏尔加车,由他本人驾驶,他还带了一支崭新的小口径步枪,说这是体委的某个人送他的结婚礼物,他今天是第一次使用。我

便问了句：那人怎么知道你喜欢玩枪呢？冯维明说想知道的自然就知道了。我侧过脸看着冯维明，他久违的英气总算露出了一些端倪。很自然，我想到了多年前我们去石镇大成湖上的那次游猎，冯维明一枪穿透了那只白鸟颈项的血腥场面还是那么清晰。

然而这一次他打得很糟糕。他几乎是乱打一气，清脆的枪声自小洼里传出，惊飞了一群群的灰褐色小鸟和同样是灰褐色的野兔。我倒是刻意地瞄准，幻想着弹无虚发，结果当然是一一落空。我天生不是玩枪的料，我这样说道，我还是玩笔吧。所幸的是它们都是管子做的。冯维明说：谁又是天生玩枪的料呢？我吗？我其实是练出来的。他这才露了一手，对准一株枯树上停立的一只乌鸦，抬手就是一枪，乌鸦应声落地。然后我们就向那枯树边上走去，冯维明一脚将刚才击毙的黑鸟踢到了一边。

冯维明似乎不想再走了，我们便停在这枯柏边上，开始喝随身带来的水——那时市面上还没有矿泉水，我们背了一只军用的水壶。我抽的烟还是冯维明的喜烟，我记得牌子是香港产的那种红双喜。

冯维明一直看着我，说：你干吗不问我几句？

我心下顿了顿，说：一切都办妥了，问什么呢？问怎么这么快？这么突然？

冯维明说：你难道不想问问，凭什么要娶这个连月经都没有的女人当老婆？

我完全没有料到冯维明会想出这种质问。虽然我能感觉到他在这一刻心里很沉重，但我还是故意做出轻松自如的样子，我说：别人怎么看不重要，你爱她就行了。

冯维明说：爱就那么重要吗？我当初一门心思地爱着澳洲的那个女孩，她不照样嫁给了一个老头？再说，你爱李佳吗？李佳爱你吗？你们不是也生了个漂亮的女儿？

我被这一梭子扫晕了。在我印象里，冯维明从来没有像这么尖锐也这么坦率地表露过心思。我突然变得有点害怕他了。

冯维明重重叹了口气，说：你不知道我这一年里过着什么日子。主任一死，我好像成了孤儿，整天替人受过似的四处赔不是。我做错过一件事吗？金一凡这狗娘养的对我指手画脚，我怎么挠也挠不到他的痒处。

你知道那回你对处长摔了个杯子惹了多大麻烦？如果不是电视台搞这部片子，他想在中间露脸，他会整死你的。

我打断他说：这我不怕。

冯维明越发激动地说：可我怕！我从水市到犁城是真正的举目无亲，我怕人算计，怕穿小鞋，我已经走上了这条路，无法退，不像你拿香烟皮写文章都可以换钱的。我必须稳稳地站住，只能进不能退！我父亲尸骨未寒，我老娘的医药费报销一拖就是三个月，我弟弟结婚，女方家庭一改前言突然提出要彩礼，这在以前可能吗？

那次，冯维明点上烟接着说，你这边摔完杯子，处长便去找金一凡告状了。我知道你是在替我打抱不平，我总不能眼睁睁地看着你倒霉呀？那时我就下定决心怎么干了。我在楼梯上截住了金一凡，我一边作解释一边暗示我和现在的岳父的特殊关系——我说虽然在上海很辛苦，但也有所收获，我说我开始相信缘分了，就这些吧。金一凡是个聪明人，他自然听出了这弦外之音。我们在小酒楼分手后，我立刻去了女方家，而且我很坦白地说，我唯一能保证的是一辈子善待你，别人怎么看我不管，说我是因为你父亲向你求婚我也一样理解，因为这是事实的一部分，承认不承认它都存在。我老婆当时还很感动，说这样对我不公平。我说关于生育的问题我慎重考虑过了，就是按封建的说法，我还有个弟弟嘛！如果说我对我老婆有爱，那就是从那一霎产生的。我好像是被自己的行为感动了，我分明在利用这个家庭、利用这个女人，是赤裸裸的交易，但我突然意识到这个没有卵巢的姑娘其实很善良，她同样也需要公平……

冯维明无法再说下去，眼泪大颗地往下掉。我已经受到了感染并开始同情他。那一天我又一次正视了人生的艰难，同时掂出了友谊的分量。我甚至在反省自己以前对冯维明的种种挑剔与轻视，从中也找到了自己的浅薄。我也由衷地祝福冯维明能像他所保证的那样，善待他的老婆。我相信他们有爱。生活有时会弄得人不知所措。正如美丽的爱情大都以悲剧结束，不高尚的开始也有可能带来最后的幸福，尽管多数是出现在文艺作品里。我和冯维明的故事还将延续到这部小说的第二部《蓝色》——1990年，冯维明随岳父一家举迁海南岛。两年后，我成为他小家庭里款待的第一位来自大陆的客人。那时他已是政府某个部门的处长了。他们夫妇抱养了一个女孩，竟和我女儿长得有几分相像。在我和冯维明开怀畅饮时，那孩子在一旁唱着"小燕子，穿花衣"，勾起了我对远方的女儿的无限眷恋……

——1997 年 12 月 12 日

　　你现在看到的是五集电视专题片《面对黄土》的第一个镜头。我从一摞素材带中找到了这片田野以及那座竖立在田野尽头的老牌坊。这个镜头也是片头字幕的衬景。那时与画面同步出现的雄浑的交响乐，我记得最先出现的是一支长号的独奏，它似乎是代表我们清了一下嗓子，紧接着我们便说话了。我们说了真话，说实话，也说了许多煽情和貌似哲理的话。但没有说一句假话，当然我们也说了不少忧伤沉痛的话，因为我们不想呻吟而是想呐喊。缺乏学识使我们不能高谈阔论，但良知不允许我们信口开河。能证明我们的是广大观众的呼声，当这部片子首播之后的半个月内，电视台收到的观众来信已达三千多封，成为有史以来收视率最高的节目。

片子播出后的效果他始料不及，这时他忽然觉得累了。就像翻过一道岭似的，途中他非但不觉得疲惫还感到兴奋，累是后来的事。看来干什么都全靠一口气撑着，连做爱也一样辛苦。这个下午他原想沉沉地睡上一觉，结果刚躺下，机关办公室打来了电话，说金主任让他立刻去一趟。他不知道金一凡是什么时候回到机关的，几个月前他去北京参加了一个理论辅导班，探讨国际大循环理论和农村的产业结构调整。但他知道金一凡目前仍然是主持工作的副主任。机关这一点没有部队好，部队副就是副正就是正，机关却都成了正职。从来没听说过谁把刘部长喊成刘副部长，而王副处长总会让陌生人感到是王处长。机关就是这么怪。

多日不见，我们的金一凡金典同志明显臃肿也明显严肃了。当时副主任金正戴着老花眼镜在研读上一期的广播电视报，那是《面对黄土》的专号，除了第一版的消息和节目预告，二、三、四版全文发表了解说词。他突然觉得这个空间的气氛不对，似有一种阴森潜伏着。于是他轻轻咳了声，表示自己来了。

金一凡挥了一下纤细的手，说你过来。接着秀气的食指使按到一版的某个位置上。金一凡严肃地说：这上面说邀请了某某单位的同志，这同志就是你，你能代表这个单位吗？前几天电视上也是这么说的，我听得一清二楚。

他愣了一下，原来就为这事。但他没看出消息措词上有什么不妥，于是他解释道：这上面讲的是某某单位的同志，对其他单位的人也是这么个提法，并不表示我代表单位，只是说明我是这个单位的人。不是吗？

金一凡生气地站起来：给大家造成的印象就是你在代表本单位，很不好！已经有好几个同志向我反映过的，你这是什么意思？

他没有料到儒雅的金典同志如此逻辑性，而且面目如此可憎。他的口气也硬了，他说：如果我是运动员去参加奥运会，轮到我出场广播里就会宣布，下面出场的是中国的某某，难道谁还认为我是赵紫阳？就算这个提法让人误解，那也是电视台的事，与我何干？我什么意思？现在我明确告诉你——我不仅不想私自代表这个单位，我连是这个单位的人都不想!

这时门边和门外走廊上已站了不少人,却没有谁进来劝止。金一凡下不了台,便命令道:你必须写检讨!

他冷笑道:我不会写检讨。我会写一份申请,请你高抬贵手开除我,越快越好!我是吃五谷杂粮长大的,不是吓大的,你以为你是谁呀?

金一凡拍案说:我是主任!

他把门用力一掼:副的!

当夜他就着手写辞职报告。这东西十分好写,他特地选用了毛笔。他写下八个字:

厌倦机关,要求辞职!

那时分窗外正飘着犁城这一年的初雪。在他记忆里,犁城的这片天空从来没有落过如此美丽也如此壮观的雪!他凝视着这白色的精灵,感到心情无比舒畅。在多年后的一个夜晚,他于梦中与这场雪再度重逢,融为了一体……

冯维明是很迟才知道他与金一凡闹僵的。争执发生时,冯维明正在医院陪老婆进行身体复查。现在冯维明赶来了,二话没说先撕了他的辞职报告。冯维明说:你辞职干什么?辞职就是你自己的事了。

他说:我自己的事又怎么样呢?我倒应该感谢金一凡,对我这种优柔寡断的人,作任何选择都得由人在背后踹上一脚。

冯维明质问道:你是不是想证明他金一凡这一脚很有力?你是堂堂的国家干部,不是他金一凡家中的伙计。你不违纪犯法,他能对你怎么的?他敢对你怎么的?再说这件事错不在于你,金一凡整个就是荒谬,你干吗要赌这口气呢?即使要走,也不该挑这个时辰!

冯维明最终还是说服了我。但我决意离开机关是无法改变了。一年后,我由机关调入到作家协会,从事专业创作。关于这次调动,某种意义带有发配的性质,但感谢上帝,我实在是求之不得。从水市到犁城,我在机关前后了八年之久。这漫长厌倦的一页却带给了我莫大的荣誉感,因为当初我是怎样进去的最后还是那样地出来,除了政府普调的工资有所增加，我可以自豪地宣布我一尘不染。那八年我问心无愧！在一些人看来，这是一份失败的履历。这一点也不错，甚至精辟，但我要说的是，这无疑是幸运的失败。

我还想补充一点金一凡金典同志的故事。我毫不隐讳我的观点：在我接触的大大小小的官员中，此人最为卑鄙也最为可怜，因为他在卖人的同时也展览了自己。1989年夏天，当《河殇》受到批判时，在一次座谈会上，金一凡金典同志高兴地说：我认为，《面对黄土》就是我省的《河殇》。这部片子从头到尾散发着对农村改革的怀疑情绪，企图动摇"大包干"的历史地位，该不该批？

据我所知，金一凡之所以对此事耿耿于怀，根本原因不是记恨于我——他这位副厅级的干部自然不会把我当成对手，而是在于：当初这部专题片中没有安排他这个理论权威实况访谈，这不符合逻辑性。其实原先计划中有他，只是那会儿他人在北京学习，也就删除了。另一个更为深层的原因，是这个人长期以来自视农村改革的有功之臣，尽管那时他再也不提胡耀邦在他的信上作过批示。

但是很遗憾，金一凡金典同志的倡议没有得到与会者的响应。因为大家隐约知道，当初这部片子的终审权不是电视台也不是宣传部，而是直送了省委常委。

往事如烟，不知不觉这部小说的第一部已走向了它的结尾。可我的思绪还部分停留在那个记忆犹新的冬天。那年圣诞节的前夕，我意外地收到了韦青寄自美国洛杉矶的贺卡，那上面还是那样一句话——

一个人的时候，过去与你相伴。

一个人。最自由的是一个人，最孤独的也是一个人。最快乐的是一个人，最忧伤的也是一个人。一个人会孤芳自赏，一个人也会顾影自怜。一个人最无所顾忌，一个人也最惊魂落魄，一个人的时候最渴望有人与你耳鬓厮磨，一个人的时候也最厌烦听见另外的鼾声。最小的是一个人，最大的也是一个人。

对一个人，我还需要多少感慨？

北京的电话一小时前来了。那部关于南方与岛屿的长篇电视剧已通

过了终审,现已转入紧张的筹备阶段。制片人希望我尽快飞去,力争在春节前开机。我在北京的工作计划大致已排到 2000 年,但我不喜欢在那里度过冬季。在我心目中,北京不是我这条船最后的停泊地。

我的房子已装修完工,我现在需要把这把崭新的钥匙交到李佳手上。可这个家怎么看着像宾馆呢?

今天是 1997 年 12 月 15 日，犁城下着雨。我倾听着这淅沥的雨声，写完《独白与手势》第一部最后的文字。我会在放松的时候去写作它的第二部《蓝》，那是关于我在南方之南那个岛屿上的叙述。我还需要说明的，我只是这部小说的作者而并非故事中的主角，第一人称的叙述是我的钟爱。但我也坦白地承认，故事发展的线索与我的履历有关——这是由于我的胆怯造成的，因为脱离了我熟悉的历史我便有些不知所措。我熟悉的是我决不会忘记的。于是最为讨巧的做法是让故事的主角与我结伴而行。我们相依为命地度过了一百个不眠之夜，但我们很难成为朋友。我甚至不太喜欢这个由我一手炮制的男人，在我看来，他的一意孤行有时显得不可思议，但我十分羡慕他拥有不断的艳遇。我们最终还是分道扬镳了，这我一点不埋怨，他有他的路，语言使他身轻若燕。我唯一要做的便是目送他远去的背影。

　　现在这人已经来到了犁城的那条街上。这是临近子夜的时刻，街上人迹稀疏，冷雨纷纷扬扬。这个人手里打着一把黑色的雨伞，走在窄窄的人行道上，偶尔有机车自他边上掠过。他的步伐仍嫌迟疑，可以说有点茫然。我后悔没有把他车成一个盲者，使之神情与步履达到和谐。但他分明看见了雨夜的天空中飘动着千姿百态的手势——那都是女人优美的手，正传达着关于生命与宿命的话语。

　　男人专注地倾听着，把伞从左手换到了右手。这个动作让他想起三十年前的那个秋雨之夜，在一个叫石镇的地方，一个十岁的男孩企图用一把黄色油布伞去抵挡呼啸的弹雨，以保护另一个也是十岁的女孩。那一夜，男孩把害怕与哭泣的权利让给了女孩，但他一点不后悔。男孩那时最大的渴望是快快长到十八岁，以为这样便可以直起腰杆做人了，伞下便不再有恐惧与羞涩。这是个生就一副浪漫骨头的男孩，三十年后他又开始相信用手会捧起一捧水。他认为凡手能捧住的水是最纯净的，也永远不会干涸。

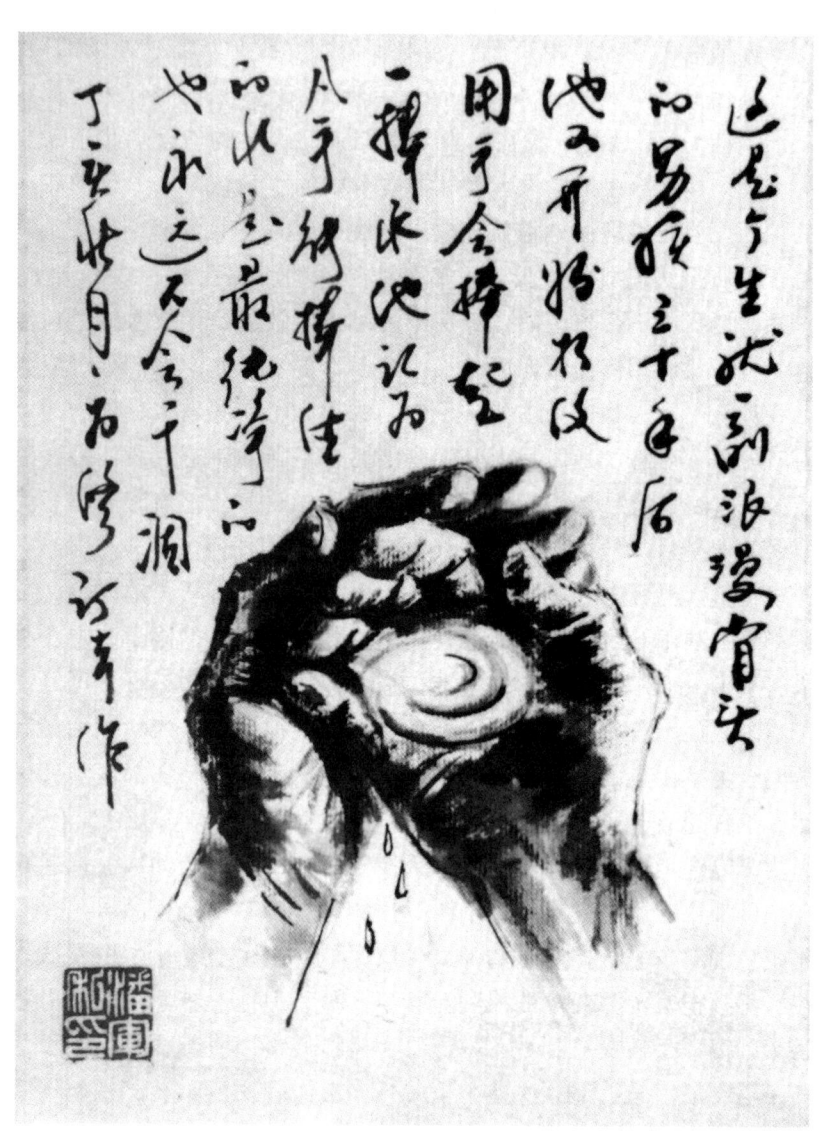

1999年3月3日写毕于北京—合肥
2007年7月15日，修订于北京
（连载于《作家》1999年第7—12期）

附　录：

《独白与手势·白》初版后记

这部书最初想写它的时间是1993年夏天，其时我在海口。我的小说写作，一般都是源于叙事形式的冲动，尤其是长篇。我需要首先找到一种与内容相对应的形式。换句话说，我是因为怎么写的激动才会产生写什么的欲望的。

然而在当时的情况下，这仍是一个较朦胧的想法，我无法腾出一大块完整的时间来写这部不短的东西，况且还将涉及大量的图画部分。我知道我要写的可能是一部有趣的小说，但就叙事而言，又无疑是一次冒险。于是就这么搁下了，一搁就是五年。直到1997年2月，我重返海口拍摄《大陆人》，脑中才又泛起要写这本书的念头，并且我已有了书名：独白与手势。

去年秋天，我在北京拍摄《对话》，人民文学出版社的刘海虹女士向我组稿。我便谈了这本书的设想，她立刻就有了浓厚的兴趣，并希望我尽早完成它。这样，在《对话》做后期的时候，我于一个雨天的后半夜开始写《独白与手势》的第一个句子。但在完成五万字之后，我感到我要写的还不是一本书，而是三本。我想等这三本书写完，这个世纪也就过去了，算是一个交代吧。

《独白与手势》第一部《白》，由《作家》杂志1999年7—12期连载发表。这份具有广泛影响的文学期刊发表长篇尚属首次，我感谢主编宗仁发先生对它的钟爱与支持。人民文学出版社对这本书予以重视，责编刘海虹女士和负责审定此稿的高贤均先生，从一开始就投入了很大的精力，他们的关心令我难忘。

我事先没有料到，本书的图画部分要耗去我绝不亚于写字的气力。我需要拍大量的照片，还需要画出一些。因为我的劳动不是为这本书寻找几幅插图，我要寻找的是构成小说叙事的另一个层面。

　　现在，我刚写完《独白与手势》的第二部《蓝》，还将继续第三部《红》的写作。我写得还算轻松，但也很累，因为某种意义上，我和书中的那个男人一样忍受着持久的心灵磨难，尽管这不是回忆录。我不免生出几分惶恐，好像这种真切的体验会惹出意外的麻烦。这让我想起欧内斯特·海明威的一个著名短篇《印第安人营地》。临盆的产妇经过长时间的挣扎活了下来，而她的丈夫却因无法忍受死亡气息的折磨，割断喉管自行解脱了。于是年幼的尼克问父亲：死难不难？

　　他父亲说：死是很容易的。

潘　军

1999 年 8 月 16 日　北京

《独白与手势》（修订版）自序

　　《独白与手势》之《白》、《蓝》、《红》三部曲，写于1999年前后，第一卷《白》和第三卷《红》，首发刊物是《作家》杂志。第二卷《蓝》则是由《小说家》刊出。之后由人民文学出版社2000年和2001年统一出版。毫无疑问，这是我的一部重要作品，也是我在小说形式上的一次冒险——我把图画引进了文本——这些图画不再是传统意义上的插图，而是构成了小说叙事的另一个层面。因此，《独白与手势》应该是一个复合的文本，由文字和图画共同构成。图、文之间是互动的。无论今天还是以后，别人怎么看，作为作者，我对这种尝试迄今依旧是怀有几分激动。

　　之所以需要进行一次全面修订，基于以下三个原因。首先，由于当时的我漂泊不定，居无定所，写的和画的都显得比较急就，我本人需要进行一次修订，包括文字和图画两个部分。其次，当初由于出版技术上的局限，使本书的"图画部分"没有达到预期的效果，这是很觉遗憾的，几乎成了我的一块心病。再次，是初版的印数较少，一些热心的读者很难买到，我在网上经常看见他们求购的消息，有的还直接写信向我索书。因此，事隔六年之后，我完成了这次全面的修订，交文化艺术出版社重新出版。修订本的面貌将焕然一新。

　　这次修订工程不小，除了对文字部分进行修改之外，更重要的是，对全书的"图画部分"作了彻底的更新，统一换成了水墨，使之形式上得到和谐。读者现在看到的书中图画，绝大多数都是这次的新作。

　　以前看过这本书的一些读者，常常有一种误解，很容易把这本书看作我本人的准回忆录。这是不确切的。第一人称的叙事可能是导致这种判断的一个原因，另一个原因，我必须承认，这本书也确实打上了我个人履历的印记。但这只是一种故事背景的颜色，我要写的，是一个男人三十年的情感心路历程，以及这个人在这三十年里心灵磨难与煎熬。还有读者给我写信，询问为什么这本书取名为《独白与手势》？说实话，当初取这个名字，我没有怎么多想，只觉得这是一个不错的名字，用它命名一部长篇小说很合适。等书的第一卷《白》写完之后，我忽然有了别样的理解。我愿意把"独白"看成文字，可以把"手势"看作图画；或者，"独白"是倾诉，是言说；"手势"则是比画，难以言说。说的，和难以言说的，就是《独白与手势》。

初版是分别以三个单行本陆续出版的，这次，我接受了责任编辑李世跃先生的建议，把三册合为一卷。

是为序。

潘　军
2007 年 10 月　北京寓所